Emile Trommel

Der

SCHILD

DES

LICHTES

Die 64 Lichtgebete
DNS

1. Auflage November 1999

Umschlaggestaltung: Richard Weigerstorfer

Postfach 20 04 54
93063 Regensburg
Tel. 09 41 / 799 45 70
Fax. 09 41 / 799 45 72
Http://www.Satori-Verlag.de
eMail Info@Satori-Verlag.de

ISBN 3-89758-028-4

Leser dieses Buches sind völlig frei, an den Inhalt dieses Buches zu glauben oder nicht.

Der Schild des Lichtes
64 Lichtgebete
DNS
Der Urbrunnen
Gott der Vater
Der Mensch
Körper, Seele, Geist
Verbinder Himmel und Erde
Akkupunktur-Nadel
für die Erde
Planetaire Hierarchie
(Begleiter)
Geistliche Heilung
der Erde
Die Einheit der Erde
für Alles was lebt und blüht
Körperliche Heilung
der Erde
Sichtbares und Unsichtbares Leben
Alles ist mit Allem verbunden
Wenn Du helfen möchtest das
Gesamte zu heilen, wirst Du auch Dich selber heilen

Erklärung der Zeichnung

Der Schild des Lichtes ist eine Methode, die einspielt auf den Schöpfungsimpuls unserer Zeit (DNS) der Pflanzen-, Tier- und Menschenwelt.

Durch die Wechselwirkung aus freiem Willen nimmt der Mensch auf sich, zu arbeiten für das Gesamte (als Instrument wie eine Akupunkturnadel) unter Begleitung der planetaren Hierarchie (Christus- oder Buddhisches Bewußtsein) im Namen des Urbrunnens.

Die Verschmutzung unserer Erde auf der materiellen Ebene wird nie aufhören, wenn wir unsere geistige Haltung nicht transformieren im Namen der Einheit (MerKa Bah).
Als Folge werden wir den Reinkarnations-Zyklus durchbrechen, und wenn die Zeit da ist, in die Einheit eingehen.

Der heilige Maya Kalender (Tsolkin), ist Regler des Zeitgeistes und ändert dauernd den Energieimpuls.

Hingabe

Er ist der Schild, der Dich schirmt,
das Schwert, das Dich erhöht

Denk. 33:29

Bemerkung:

Dieses Buch wäre ohne völlige Unterstützung meiner Frau Irene nicht möglich gewesen.

Es ist eine Zusammenfassung von Vorträgen und Seminaren, die von Rolf Linnemann aus Bad Salzuflen niedergeschrieben wurden, innerhalb seiner Möglichkeiten und Interpretation. Mit seiner Einsatzbereitschaft ist dieses Buch zustande gekommen, und ich danke ihm dafür.

Der Text ist von mir gelesen und begutachtet worden.

Die Lichtgebete sind original.

Für neue Entwicklungen, erwünschte Seminare und Vorträge, können Sie sich wenden an:

DER SCHILD DES LICHTES
Postfach 260
NL-3880 AF PUTTEN
Niederlande –

Auch in Ihrem Hause können Seminare organisiert werden. Fragen Sie bitte bei uns an.

Ein neues Buch ist in Vorbereitung, und der Titel wird
„Das Schwert Michaels“
sein.

Emil Trommel

Inhaltsverzeichnis

DER SCHILD DES LICHTES

1. Vorwort (von Emile Trommel)

Mein Name ist Emile Trommel. Ich bin im Juni 1941 in Holland geboren. Seit 25 Jahren habe ich im Auftrage der Holländischen Industrie beruflich über 100 Länder besucht und in Afrika, Südamerika und im karibischen Gebiet gelebt. In Deutschland würde man mich als einen erfolgreichen Geschäftsmann oder auch als *Industriemanager* bezeichnen. Vor etwa acht Jahren fragte ich mich, ob dies das ganze Leben sei. Ich fragte mich: Bin ich nur auf der Erde, um Geld zu verdienen? - Ich fühlte intuitiv, daß etwas fehlte, wußte aber nicht, was es war.

Allmählich vollzog sich eine Änderung meines Lebensstils, und ich wurde mehr und mehr an die Metaphysik herangeführt. Mein neuer Weg begann damit, daß ich mich anfangs intensiv mit Kristallen beschäftigte. Bei anderen Menschen wird es vielleicht ein anderer Weg sein.

Vor etwa fünf Jahren machte ich eine außerordentliche *persönliche ERFAHRUNG*, die mich in Kontakt mit dem WEISSEN LICHT brachte. Seit diesem Erlebnis verbreite ich nun diese sehr individuellen LICHTGEBETE in Holland und anderen Ländern. Im Laufe der Zeit wurde mir mehr und mehr klar, wie überzeugend die vorgestellten LICHTGEBETE für die kommende Zeit sind.

Doch machen Sie Ihre eigenen Erfahrungen. Weitere Ausführungen meinerseits in dieser Hinsicht wären Manipulation. Sie haben die Wahl! Wer von Ihnen diese LICHTGEBETE annehmen kann, möge seine Erfahrungen selber durch *eigene Seminare* und Vorträge an interessierte Menschen weitergeben.

> Es ist vielleicht nicht so bekannt, aber der Mensch ist das perfekteste EMPFANGSINSTRUMENT der Welt. Leider werden meistens die Konsequenzen, die damit zusammenhängen, nicht realisiert.
>
> Emile Trommel

2. Die HARMONISCHE KONVERGENZ

Wir alle sind auf der Suche, auf der Suche *wonach*?

Ist es, daß wir die Realität, in der wir leben, *total* erfahren möchten, oder daß wir aus einem Traum, in dem wir vielleicht leben, erwachen möchten?

Was ist Realität?

Was ist Leben?

Was ist Traum?

Wer kann dies wissen?

- *Wir Menschen dürfen davon ausgehen, daß wir mit einem bestimmten AUFTRAG, mit einer AUFGABE oder mit einer GEBURTSINTENTION auf die Erde gekommen sind.*

Doch wie lautet diese AUFGABE? - Warum haben wir sie vergessen?

Vor etwa 60 Jahren empfing die Engländerin *Olive Pixley* die später vorgestellten LICHTGEBETE im Süden Frankreichs. Anfangs dachte sie daran, diese LICHTGEBETE *für sich selbst zu behalten.* Sie wurde aber dann von der göttlichen HIERARCHIE darauf hingewiesen, daß sie sich für die *Verbreitung* dieser GEBETE einsetzen soll. Diese GEBETE sind bis zur HARMONISCHEN KONVERGENZ im August 1987 von etwa zehn Leuten in England behütet worden. Die Verbreitung dieser GEBETE war bis zu diesem Zeitpunkt nur minimal.

Es gibt viele unterschiedliche Qualitäten des *immateriellen* LICHTES. Jede Form des LICHTES ist jedoch eine Realität und spielt eine wichtige Rolle in der Regeneration unseres Zustandes. Es ist sehr wahrscheinlich, daß das Blut als Träger der LEBENSENERGIE - wovon die Wissenschaft noch immer nichts weiß - eine sehr kräftige Strahlung emittiert, vergleichbar mit LICHTVIBRATIONEN.

Wenn der LICHTKÖRPER, respektive die Seele, sich während der Geburt mit dem materiellen Körper verbindet, hat sich das LICHT mit dem Blut verbunden. Das Leben kommt in den materiellen Körper. In diesem Moment ist der Mensch, bzw. die Seele, wieder *erdgebunden* und befindet sich auf seinem individuellen irdischen Evolutionsweg.

CHRISTUS sprach von der lebensgebenden KRAFT in seinem Blut und die Notwendigkeit für uns, diese *zu absorbieren*:

- *Die Lebensessenzen des Blutes CHRISTI, die absolut perfekt waren, sind die ENERGIEN, die durch die vorgestellte Methode an Menschen übertragen werden können, wenn sie sich der VIBRATION des CHRISTUSBEWUSSTSEINS angepaßt haben.*

Die Zeit hat sich geändert:

Im August 1987 fand die HARMONISCHE KONVERGENZ statt, eine Erhöhung der immateriellen LICHTFREQUENZ für die Erde. Die dunklen geistigen Kräfte spüren dies und versuchen alles, um ihre bisherige Position zu erhalten. Seit dieser Zeit ist vieles im Umbruch. Es findet eine *„Scheidung der Geister“* statt. Früher war es einfach, sich einer Maske zu bedienen, die den persönlichen Charakter verdeckte.

- Heute finden sich immer mehr Menschen zusammen, die geistig und seelisch *zusammengehören*.

Alles, was man auf der Welt und in den vielen Universen findet, besteht aus ENERGIE und GEIST. Wir können davon ausgehen, daß im Kosmos alles aus FREQUENZ und

RESONANZ besteht. Der Mensch kann seine Beschränktheit nicht erkennen, weil er in der Dritten Dimension lebt.

- *Die Dritte Dimension des Geistes ist der irdische, menschliche Verstand.*

Wir werden in der Dritten Dimension der Erde geboren, zu der auch unser Verstand gehört. Der Verstand beschränkt den Einblick in das GESAMTE. Wenn wir so weit sind, daß wir uns aus freier Wahl heraus entscheiden, auf unserem geistigen Evolutionspfad weiterzukommen, dann gebrauchen wir dazu *auch* den Verstand. Wir werden dann aber auch einsehen und feststellen, daß wir zu beschränkt sind, es allein zu schaffen. Wir brauchen HILFE! Aber:

- *Wenn wir HILFE haben möchten, müssen wir um HILFE b i t t e n!*

Goethe sagte: „In der Beschränkung zeigt sich der Meister.“ Viele Leute interpretieren dies so, indem sie die Beschränkung mit der Meisterschaft gleichsetzen. Es gibt auch eine andere Möglichkeit der Interpretation:

- *Wenn der Mensch seine Beschränkung e i n s i e h t, kommt der MEISTER, um zu helfen!*

Wenn also der Mensch *von sich aus* einsieht, daß er im GESAMTEN - bedingt durch die Dritte Dimension - *beschränkt ist* und nichts allein ändern kann, muß er die göttliche HIERARCHIE um HILFE bitten, damit ihm von hohen WESEN geholfen werden kann.

Unser Verstand ist nicht nur Kopf, er steckt auch in unserer Zellstruktur, die man DNS nennt. Wie bekannt, hat die DNS 64 verschiedene Möglichkeiten. Die Schlüssel des I Ging sind auch 64 an der Zahl. Es deutet vieles darauf hin, daß die 64 Strukturen der DNS und das I Ging identisch sind. Zur Zeit ist dies aber alles noch durch die Dritte Dimension beschränkt.

- Auch die Zellstruktur unseres Körpers ist durch unseren Verstand beschränkt.

Die Erde bewegt sich auf ihrer Bahn im Kosmos, und der Mensch läuft mit seinen Füßen über die Erde. Die Menschheit sollte begreifen lernen, daß die Erde ein lebendiger Körper und *kein toter Felsbrocken* ist! Die Erde besitzt genau wie der Mensch Meridiane, ENERGIEPUNKTE und Flüssigkeiten, analog dem menschlichen Blut.

- *Es ist die Absicht der göttlichen HIERARCHIE, die Erde am Ende der Zeit in Harmonie, in Synchronisation mit den KOSMISCHEN BEREICHEN zu bringen.*

Es ist der AUFTRAG des Menschen, auf die Erde zu kommen, um mitzuhelfen, dies zu realisieren. Wir sollten es in unserem irdischen Leben zustandebringen, denn jetzt kommt noch der Begriff der *Reinkarnation* hinzu. Die Reinkarnation spielt sich auch in der Dritten Dimension ab. Denn, wenn wir in diese Welt kommen aufgrund dessen, was man *Karma* nennt, ist alles gebunden durch die Dritte Dimension. Wenn wir z. B. über Heilungen reden, ist die Heilung, die wir erwarten, auch wieder beschränkt durch die Dritte Dimension. Alles, was wir bekommen, müssen wir uns zuvor *e r a r b e i t e n .* - Es wird uns nicht geschenkt!

Wenn jemand einen anderen Menschen heilt, heißt das kosmisch gesehen, daß wir etwas *für heute* bekommen, etwas für die Dritte Dimension. Wir können es aber nicht behalten. Wenn der Mensch wieder in ein neues Leben in der Dritten Dimension inkarniert, weil er es *wieder nicht* geschafft hat, ins LICHT zu gehen, wird er in ähnliche Situationen reinkarniert, die er vorher verlassen hat.

Zur *Vierten Dimension* gehören sieben Sphären bestimmter Farbgebung. Auch unsere sieben Chakras, unsere ENERGIEZENTREN, und die Intensität der AUSSTRAHLUNG unseres Körpers hängen damit zusammen.

- *Die Farbe unseres LICHTKÖRPERS zeigt an, zu welcher der sieben Sphären wir gehören.*[1]

---

1 Der Leser möge beachten, daß alle Erklärungsversuche auch dem Vokabular der Dritten Dimension unterliegen!

3. Die PLANETARE HIERARCHIE

Mit dem Begriff "HIERARCHIE" ist die „WEISSE" BRUDERSCHAFT gemeint, der neun MEISTER (Engel) angehören, die alle mit einer gewissen FREQUENZ operieren.

- *Die FREQUENZEN, mit denen die MEISTER DES LICHTES operieren, gehören zur Fünften Dimension. Es sind FREQUENZEN des immateriellen LICHTES, die frei sind von der Erde und damit frei von Zeit und Raum.*

Zu den insgesamt neun MEISTERN gehören: JESUS CHRISTUS, BUDDHA, HARA KRISHNA, SAINT GERMAIN, EL MORYA und andere. Der *ausführende* MEISTER des LICHTES ist EL MORYA. Er ist in dieser Zeit für die Verbreitung des LICHTES in der Welt zuständig, damit den Menschen, die ihre Beschränktheit *einsehen* und sich durch LICHTGEBETE an GOTT und CHRISTUS wenden, auch durch das LICHT geholfen wird.

Durch die sog. HARMONISCHE KONVERGENZ, die Erhöhung der LICHTFREQUENZ, kommt die HIERARCHIE näher zur Erde heran. Der Mensch, *der erkennt*, kann sich *direkt* an diese HIERARCHIE wenden, d. h. direkt an das CHRISTUSBEWUSSTSEIN.

Merke:

- *CHRISTUSBEWUSSTSEIN ist geistiges LICHT und hat nichts mit der Kirche zu tun.*

Die Institution Kirche hat jahrhundertelang das LICHT verwendet, um ENERGIE und Geist als Macht anzuwenden, damit die Menschen manipuliert werden konnten!

Merke:

- *Wer durch die Macht des Geistes freie Menschen manipuliert, betreibt Schwarze Magie!*

Gerade in dieser Zeit ist es sehr wichtig, daß jeder Mensch lernt, sich *direkt* an die HIERARCHIE zu wenden, um die LICHTQUALITÄT zu bekommen, die der einzelne auf seinem *individuellen* Weg braucht. Wir Menschen wissen nicht, *welche* Qualität des LICHTES wir brauchen, um weiterzukommen in unserer Evolution, weil wir - wie bereits gesagt - im inkarnierten Zustand durch die Dritte Dimension und durch unseren Verstand, der auch zur Dritten Dimension gehört, beschränkt sind.

Momentan wird die Welt vom Kosmos aus sehr unterstützt, denn *die Zeit drängt*! Die BRUDERSCHAFT sendet bestimmte FREQUENZEN besonderer LICHTENERGIEN *verstärkt* zur Erde, damit sich die EIGENVIBRATION des Planeten *allmählich ändern kann*. Die Wirkungen werden bereits überall sichtbar. Der Umbruch auf der Erde ist in vollem Gange.

Übrigens:

- LIEBE heißt in diesem Zusammenhang nicht nur liebhaben, sondern auch: Tun, was getan werden muß! Diese LIEBE wird UNIVERSELLE LIEBE genannt. ENERGIE und Gedanke sind dabei miteinander verbunden.

Fassen wir kurz zusammen:

- Das LICHT kommt von *außerhalb* der sieben Sphären. Die sieben Sphären sind auf die *Vierte* Dimension beschränkt und mit *Karma* behaftet.

- Wenn wir uns aber durch LICHTGEBETE an GOTT, den VATER, den URBRUNNEN des LICHTS wenden, dann kommt das LICHT - nennen wir es CHRISTUSBEWUSSTSEIN - um uns zu helfen. Es wird uns durch die Dritte Dimension und Vierte Dimension führen.

Zuerst aber muß sich die Zellstruktur unseres physischen Körpers und die Ausstrahlung unseres LICHTKÖRPERS

(Seele) ändern. Dadurch wird *eine Anpassung* an die höhere FREQUENZ des LICHTES, eine Synchronisation mit der HARMONISCHEN KONVERGENZ, erreicht.

- *Ein Abstimmen auf GOTT, den URBRUNNEN, ist dabei enorm wichtig, um die individuelle FREQUENZ zu bekommen, die man für seinen Weg braucht.*

Der Leser könnte nun sagen: „Ich kenne das alles." – Aber das reicht nicht aus!

- *Der Mensch muß lernen, um das LICHT zu bitten und ohne Angst in seinen Biorhythmus einbetten.*

Wer nicht durch *eigene freie Wahl* um das LICHT bittet, wird es auch nicht bekommen. Man kann Berge von Büchern lesen und darüber Gespräche führen, man erhält *nichts*, wenn man nicht darum bittet!

Zu lange ist behauptet worden, daß *der Mensch* das Wichtigste auf Erden sei.

Das ist ein Irrtum!

- *Die Erde* ist das Wichtigste in KOSMISCHER BETRACHTUNG!

Doch der Mensch läuft über die Erde und sucht Heilung nur für seine *eigenen* Zwecke. Wer jedoch zum Einsehen und zum Verstehen kommt, daß *nicht er* das Wichtigste auf Erden ist, sondern daß es sein GEBURTSVORSATZ war, der Erde *zu helfen*, bekommt alles, was er dazu braucht, ohne dies immer genau zu wissen.

4. Die Arbeit JESU CHRISTI

Sie werden sich fragen, ob es wirklich notwendig ist, eine neue Interpretation der Arbeit und LEHRE JESU CHRISTI zu bekommen. In diesen Tagen einer chaotischen Welt ist es wichtig und von größter Bedeutung, daß wir *verstehen lernen*, daß *jeder* Mensch die Möglichkeit besitzt, eine völlig neue Qualität von Leben in sich aufzunehmen.

- Der Mensch *urteilt* und *bewertet* mit seinem begrenzten Verstand. Wenn er das UR - teilt, teilt er das GANZE und ist nicht mehr in Resonanz mit dem URBRUNNEN und somit auch aus dem Bereich des CHRISTUSBEWUSSTSEINS!

Zunächst folgende Definitionen:

CHRISTUS selbst ist *kein Mensch*, sondern BEWUSSTSEIN! Eine geläuterte EDELSEELE, ausgestattet mit außerordentlichen KRÄFTEN des Geistes, körperlos, und damit außerhalb des Einflusses der sieben Sphären, die noch zur Vierten Dimension gehören.

Der Mensch, der JESUS genannt wurde, war *der Träger* des CHRISTUSBEWUSSTSEINS. In die menschliche Hülle inkarnierte der CHRISTUSGEIST. Durch IHN wurde eine LICHTBRÜCKE zur Erde gebaut und damit die Basis für das CHRISTUSBEWUSSTSEIN auch auf Erden geschaffen.

In *allen* Weltreligionen gibt es LICHT. Man könnte sagen: JESUS war Träger des BUDDHISMUSBEWUSSTSEINS oder Buddha war Träger des CHRISTUSBEWUSSTSEINS. - Die FREQUENZ ist *dieselbe*! Die Unterschiede sind und werden nur *von Menschen* gemacht, mit allen ihren schrecklichen Konsequenzen!

Im Bereich der westlichen Welt ist JESUS, der CHRISTUS, der wichtigste LEHRER. Es gibt andere Weltteile, wo sich auch wichtige LEHRER inkarnierten, und die auch alle die gleiche Nachricht gebracht haben. Aber die Menschen haben sie nicht verstanden. Selbst Gleichnisse reichten dazu nicht aus. Die reine LEHRE wurde verfälscht und zur Machtausübung mißbraucht.

JESUS sagte: „Ich bin das LICHT der Welt. Wenn du mich fragst, werde ich die GESETZE des VATERS in dein Herz schreiben. Ich bin die WAHRHEIT und das Leben." - Und er hat auch gesagt: „Was ich kann, kannst du auch."

Leider haben die „großen" Kirchen das nie geglaubt.

Die Theologie hat JESUS zu GOTT gemacht, weil er gesagt hat: „Ich und der VATER sind eins." GOTT und JESUS waren und sind eins - *in ihrer Meinung!* Denn Jesus sagte auch: „ Ich bin es nicht, der es tut. Es ist der VATER." Dieser Unterschied ist immer am mangelnden Verstehen des Menschen gescheitert. JESU Wort: „Was ich kann, kannst du auch", heißt nichts anderes, als daß wir Menschen den gleichen Weg gehen können, den er vorausgegangen ist.

CHRISTUS kam in diese Welt mit dem AUFTRAG, eine neue Dimension von Leben zu bringen. Er ist nicht nur gekommen, um eine LEHRE zu verkünden, sondern das Verstehen der Menschen zu fördern, bezüglich ihrer göttlichen individuellen KAPAZITÄT. Er kam, um eine Demonstration eines universellen Geschehens durchzuführen und um der Welt zu erzählen, daß jeder andere Mensch auch kann, was er vorlebte.

Es gibt viele christliche Menschen, aber keiner weiß so genau, wie er z. B. einen Tag so wie CHRISTUS leben kann. Keiner unter uns kann auch seine KRÄFTE demonstrieren. Eine Imitation CHRISTI auf dem Gebiet von Selbstaufopferung ist leicht, aber nur wenige Menschen unter uns haben verstanden, was er *wirklich* zustande gebracht hat, als er in der niedrigsten Funktion den menschlichen Körper annahm.

Der Leser sollte sich nicht nur theoretisch darauf einstimmen, was JESUS vor fast 2000 Jahren wirklich gemacht hat. Er sollte auch *verstehen*, daß es für einen wirklich christlichen Menschen möglich ist, genau diese Dinge in unserem 20. Jahrhundert *auch* zu machen. Wir Menschen besitzen den Verstand, um zu verstehen und zu wählen!

- Es hat keinen Zweck, den Fußstapfen CHRISTI zu folgen, wenn man nicht versteht, was er *wirklich* gemacht hat.

Heutzutage hat uns der menschliche, wissenschaftliche Geist das Spalten des Atoms gebracht. Dabei wird eine *zerstörende* Kraft frei, die die Erde als Ganzes vernichten kann. Vor 2000 Jahren gab es einen Menschen, der *auch* eine „Formel" brachte, aber nicht mit dem Zweck der Vernichtung, sondern für die Kreation eines neuen Körpers durch *Integration* des immateriellen Atoms in menschliches Fleisch und Blut. CHRISTUS hat seinen eigenen materiellen Körper angepaßt und TRANSFORMIERT zu einem perfekten Kanal der LEBENSENERGIE, die er ausstrahlte durch die Materie seines Blutes, in die Körper derer, die krank waren. CHRISTUS hat durch den Menschen JESUS die SCHÖPFERKRAFT zur Erde gebracht, um die perfekte Materie und das perfekte Fleisch und Blut zu schaffen und zu *demonstrieren*!

Merke:

- *Das gespaltene Atom vernichtet. Das unbeschädigte Atom besitzt SCHÖPFERKRAFT!*

Wenn der Mensch *nicht geerdet ist*, wird er *keine* perfekte Übertragung der ENERGIE erhalten. Die Menschheit hat die letzten 2000 Jahre gelebt, *ohne* geerdet zu sein. Wir haben nur ein „gutes Leben" im Kopf und unsere Füße sind dabei *nicht* geerdet. CHRISTUS hat dies zustande gebracht, nämlich die perfekte Ausstrahlung der immateriellen ENERGIE und das mit *absoluter* Sicherheit.

- Die METHODE DES LICHTES ist eine christliche Einweihung und hat den Zweck, den Menschen *zu erden*, damit er eine perfekte, schaffende ENERGIE in seinem physischen Körper empfangen kann, um diese dann *unbewußt* auszustrahlen und weiterzugeben als natürliche Folge eines GESETZES, das einen Kanal göttlicher ENERGIE schafft.

CHRISTUS meldete *niemals* Ansprüche auf seine ererbten KRÄFTE an. Er wies immer darauf hin, daß er *von sich aus nichts tun kann.* „Es ist unser aller VATER, der die Arbeit leistet!"

- Das heißt, wir können nichts von uns aus tun, aber alles würde *durch uns* gemacht werden können! Genau dies ist der Schlüssel zu allem. Wenn wir das *verstanden* haben, bekommen wir die Lösungen für alle Weltprobleme in die Hand.

Wir sollten die Bereitschaft zeigen, diese menschliche Erfahrung durchzumachen, um unseren GEBURTSVORSATZ zu erfüllen!

Innerhalb seiner irdischen 33 Jahre wurde JESUS trainiert in menschlichen und emotionellen Reaktionen, bis das Ende sich ausgleichend ankündigte. Die Juden verstanden das GESETZ nur so, wie es geschrieben steht. Aber JESUS war die lebendige Manifestation der WAHRHEIT. Und weil er das jüdische System „bedrohte", brachten sie IHN um. JESUS hat keinen Widerstand geleistet, und es war keinerlei Haß auf seine menschlichen Verfolger in ihm. Dadurch war es ihm möglich, seine wundervolle Wiederauferstehung *sichtbar* zustandezubringen.

Es gibt wohl kein menschliches Individuum auf der Erde, das unter solchen Umständen *ohne* Haß und *ohne* Rachegefühle ist. Rache *zu leben* hat aber zur Folge, daß wir unsere FREQUENZ beschädigen und verwüstende Situationen entstehen können. Man glaubt zwar, daß so eine Reaktion, wie JESUS sie zeigte, für einen Erdenmenschen unmöglich ist. Aber sie ist möglich! Sie wird durch die EMPFANGSBEREITSCHAFT möglich!

- JESUS CHRISTUS empfing seine KRAFT durch den VATER. Er konnte nur empfangen, weil er seinen Geist auf den GEIST GOTTES *abgestimmt* hatte! GOTT ist Leben, LICHT und LIEBE.

Worauf der Mensch seinen Geist abstimmt, darauf wird er abgestimmt sein.

Zwei Beispiele:

- *Wenn Menschen Angst haben* und ihren Geist auf Angst abstimmen, wird sich die Angst physisch manifestieren, weil der Geist dazu vorhanden ist!

- *Wenn Menschen verliebt sind*, ist der Geist abgestimmt auf Liebe, und sie wachsen und strahlen aus und fühlen, daß das Leben lebenswert ist.

Können Sie jetzt verstehen, daß eine *falsche* mentale Abstimmung die Ursache von Krankheit, Frustration und Restriktion ist?

Genauso ist es mit dem Tod!

Der Tod gehört zum Leben wie die Geburt. JESUS CHRISTUS hatte nie versucht, dem Tod zu entfliehen, sondern inkarnierte auf der Erde, um sich für uns lebendig zu identifizieren. Der Tod JESU CHRISTI zeigte der Welt genau, was der Tod *in Wirklichkeit* ist. Weil JESUS *freiwillig* starb und *nicht* als Büßer für die persönlichen Taten der Menschen, war er in der Lage, die Atome seines Körpers zu rekonstruieren und diese während seiner Auferstehung *sichtbar* von der Erde mitzunehmen.

- In dem Moment, wo sich aber der Mensch *separiert* in Seele und Körper, in Materie und Geist, ist er eine *dualistische* Persönlichkeit.

- *Die christliche Einweihung dagegen ist die VERSCHMELZUNG der Seele mit dem Körper zu einer EINHEIT.*

Zur Zeit präsentieren sich die Seelen der Welt im physischen Körper, bis sie ihren physischen Teil zurücklassen müssen und weitergehen in die unsichtbare Phase. Ursprünglich war diese Separierung *nicht* geplant! CHRISTUS inkarnierte daraufhin auf Erden, um Seele und Körper in einer *integrierten* Manifestation auf physischem Niveau *zu zeigen.* Dies tat er für uns, damit wir ihm folgen können! Bei der Auferstehung nahm er seinen TRANSFORMIERTEN physichen Körper mit zum VATER.

Weil wir christliche Menschen sind, sollten wir durch den erwähnten Prozeß lernen, die Atome unseres Körpers noch während unseres irdischen Lebens zu strukturieren. Dadurch kann man hier und heute eine *perfekte Gesundheit bekommen.*

Was sind Gesundheit, Leben und Tod? Ich selbst habe keine Theorie darüber. Ich kann nur meine Erfahrungen an die Menschen weitergeben. Was ich weiß, habe ich vom URBRUNNEN erhalten, und ich gebe dies weiter an jene, die sich trainieren lassen wollen, so, wie ich trainiert worden bin. Mir ist klargeworden, daß unser Leben eigentlich die ENERGIE des LICHTES im Blut ist. Die Geburt eines Kindes findet statt, wenn das LICHT sich mit dem Blut des Kindes verbindet. Wenn das LICHT das Blut verläßt, tritt der Tod des Menschen ein. Oder anders ausgedrückt:

- *Das Blut ist der Träger der Seele!*

CHRISTUS kam zur Erde, um das ewige LICHT in die Materie des menschlichen Fleisches und Blutes zu bringen. Das heißt: CHRISTUS ist gekommen, um auf *menschlichem Niveau* göttliche ENERGIE ewiger Qualität in Fleisch und Blut zu bringen. Das Ganze war kein mentaler Prozeß, denn die mentale Frequenz wird im Gehirn entwickelt und strahlt auch vom Gehirn aus. Die göttliche ENERGIE kommt von - sagen wir „oben" und formt das perfekte Kreuz von LICHT. Dieses

Kreuz wird geformt und geerdet durch zwei Prozesse: Durch EMPFINDSAMKEIT und ÜBERTRAGUNG.[2]

- *Die göttliche FREQUENZ kommt direkt von GOTT zu den empfindsamen Menschen. Und nur die Menschen, die an IHN glauben, können diese FREQUENZ überhaupt empfangen!*

Seit dem Sündenfall haben Männer und Frauen in eigener freier Wahl gewählt, sich von der FREQUENZ GOTTES zu isolieren. Die einen mehr, die anderen weniger. - Das menschliche Blut als Träger der Seele bekam dadurch Kontakt mit *dunkler* ENERGIE und der Mensch wurde anfälliger für Krankheiten. Dabei kann der Mensch selber sein Blut nicht von den Einflüssen der *dunklen* ENERGIE isolieren. Jeder Mensch, der in Kontakt kommt mit der kranken Strahlung aus dem Blut, nimmt diesen Zustand auch auf. Er hat keinerlei Kontrolle darüber.

Zu weit hat sich der Mensch mittlerweile FREQUENZMÄSSIG (gedanklich) von seinem VATER entfernt, als daß er sich ohne ein wenigstens *teilentwickeltes* CHRISTUSBEWUSSTSEIN auf den URBRUNNEN abstimmen könnte. Die FREQUENZ ist viel zu hoch für eine irdische menschliche Seele, die darüber hinaus auch noch *karmabelastet* ist. Ohne ein entwickeltes CHRISTUSBEWUSSTSEIN würde bei einem *direkten* Kontakt mit der FREQUENZ GOTTES die betreffende Seele zerstrahlt oder „zerliebt“.

Allerdings besitzt jeder Mensch eine „SICHERUNG“, die ihn gegen eine zu hohe ENERGIEDIFFERENZ abschirmt. Einen zu hohen SPANNUNGSUNTERSCHIED würde der einzelne Mensch nicht ertragen können. Wenn das Quantum der empfangenen ENERGIE zu groß wird und das Maß des Ertragbaren unser System übersteigt, und diese SICHERUNG wäre nicht vorhanden, würde uns das Leben verlassen, und das Blut würde ohne LICHT sein.

---

[2] Der Mensch symbolisiert mit ausgebreiteten Armen ein Kreuz.

- *Das CHRISTUSBEWUSSTSEIN des Menschen wirkt wie ein TRANSFORMATOR. Es läßt nur das Quantum LICHT an den empfangsbereiten Menschen durch, welches er gemäß seines Entwicklungsstandes verarbeiten kann.*
- *Die Anerkennung JESU CHRISTI und seiner Lehren ist absolut wichtig, denn: „Niemand kommt zum VATER denn durch mich!“*

Ursprünglich war der menschliche materielle Körper dazu ausersehen, das perfekte Instrument in der Verbindung zu GOTT zu werden, aber auch zur Kommunikation zwischen der einen und der anderen Welt. JESUS wußte dies, und er wußte auch: daß, wenn es nur *einen einzigen* irdischen Menschen geben würde, der sein Leben in völliger Selbstlosigkeit führt, abgestimmt auf die FREQUENZ des VATERS, sich dessen Blut *auch* ändern würde. Die STRAHLUNG dieses *einzelnen* menschlichen Körpers könnte die Empfindsamkeitskapazität des GANZEN, also der Menschheit, ändern!

- *Eine Abstimmung auf das Morphogenetische Feld, das heißt hin zur höheren VIBRATION, führt zur TRANSFORMATION der gesamten Welt!*

CHRISTUS inkarnierte, um die perfekte Situation menschlicher Empfindsamkeit wieder herzustellen. Dafür hatte er in seinem eigenen Körper eine perfekte Ausstrahlung ewiger LICHTENERGIE empfangen und diese wieder ausgestrahlt, ohne Widerstand seiner menschlich mentalen Frequenz. Wenn JESUS nicht absolut sicher gewesen wäre, die KAPAZITÄT des VATERS perfekt aussenden *zu können*, wäre er gescheitert!

JESUS CHRISTUS lebte auf Erden gemäß seiner *absoluten* Sicherheit! Der Mensch lebt aufgrund seiner *eigenen* Einschätzung! Das ist der große Unterschied! - In Momenten, wo der Mensch zweifelt, handelt er gemäß. Wenn der Mensch jedoch *weiß*, daß er ein *sicherer* Experte ist, wird die eigene Überzeugung handeln. Daraus folgt:

- *Wenn wir lernen, unseren Geist auf den GEIST CHRISTI abzustimmen anstatt auf uns selbst, werden wir seine Blutradiation empfangen.*

JESUS wußte genau, je länger er auf Erden blieb, desto weniger konnten die Jünger ihre *eigenen* KAPAZITÄTEN entwikkeln. Darum war es für die Jünger wichtig, daß JESUS sie wieder allein ließ. Er verließ die Jünger, um eine VERBINDUNGSLINIE aufbauen zu können, damit er sein LICHT in die EMPFINDSAMKEIT *aller* seiner Nachfolger senden konnte.

- Das Empfangsinstrument des menschlichen Körpers ist *der Verstand*!

- Das Empfangsinstrument des Geistes ist *die Hypophyse*!

Auch der Mensch von heute besitzt diese Hypophyse! Durch die Hypophyse empfing JESUS seine Anweisungen *direkt* vom VATER. In dem Moment, wo der Mensch dieses GESETZ anerkannt hat, wird CHRISTUS imstande sein, die benötigte Materie zu schaffen, um den Plan des VATERS durchführen zu können.

- *JESUS war die perfekte Manifestation des GEISTES GOTTES. Wenn der Mensch die perfekte Manifestation des GEISTES CHRISTI wäre, bekäme auch er die perfekte Kombination aus Fleisch und Blut.*

Ein Beispiel:

Wenn elektrische Energie übertragen werden soll, müssen die dafür nötigen elektrischen Leiter vorhanden sein. Ähnlich verhält es sich auch mit den LICHTGEBETEN. Die Kapazität unseres Geistes wird durch die GEBETE IM LICHT *zunehmen* und einen *unmittelbaren* Kontakt mit dem göttlichen LICHT zulassen. - Dies wird *jeder* Übende *registrieren* können!

Wenn wir uns auf die beschriebene Weise dem LICHT *anvertrauen*, wird am Ende das erreicht, was JESUS CHRISTUS durch seine Auferstehung bewiesen hat: In fast drei Tagen hatte

er seinen physischen Körper auf die gleiche VIBRATIONSSTUFE seines LICHTKÖRPERS bringen können, und so konnten beide Körper vereinigt werden. Die Römischen Soldaten fanden nichts. Das Grab JESU CHRISTI war leer! - „Was ich kann, kannst du auch“, dies waren häufig JESU Worte. Aber die Menschen glaubten IHM nicht!
Wie schon gesagt: Unser menschlicher Verstand ist auf die Dritte Dimension *begrenzt*. Auch die erdnahe, astrale Welt ist dreidimensional gebunden. Wollen wir *andere* Dimensionen erreichen, *muß* zuvor eine TRANSFORMATION stattfinden! Nur auf diese Weise werden wir unser Karma auflösen, um dann durch Verschmelzung auf die nächste Stufe zur Fünften Dimension treten zu können. Solange wir unseren physischen Körper *nicht* TRANSFORMIEREN können, kommen wir in die Dritte Dimension der Materie zurück, was auch eine Art ewiges Leben ist.

Definition:

Dritte Dimension	=	
Personenbezogen	-	Beschränkung
Vierte Dimension	=	
Sphärenbezogen	-	Beschränkung
Fünfte Dimension	=	
CHRISTUSBEZOGEN	-	Einheit in Hingabe

5. Die Seele oder Lichtkörper

Die ewige Seele ist die physische Manifestation des individuellen Ich's und *nimmt die Materie der Umgebung an*, in die sie *hineingeboren* worden ist. Wenn eine Seele auf Erden geboren wird, erhält sie einen Körper aus Fleisch und Blut, *angepaßt* an die örtlichen Lebensbedingungen des Planeten und der Strahlung seiner Sonne. Wenn dieselbe Seele in der WELT DES LICHTES ist, benutzt sie wiederum ein *anderes* „Material" und strahlt das LICHT oder die Dunkelheit ihrer Umgebung aus, abhängig von der Lebensebene, die sie sich *verdient* hat.

Die Struktur des Seelenkörpers *ähnelt* der Struktur des materiellen Körpers. Manche Menschen, die die Gabe des Hellsehens besitzen, können den Seelenkörper sehen. Ist die Seele entwikkelt, besitzt sie einen strahlend weißen Stamm, worin jede bekannte und unbekannte Farbe eingebettet ist. Wenn wir uns dem URBRUNNEN (GOTT) anvertrauen, werden wir geführt. Der Mensch bekommt die BASISUNTERSTÜTZUNG seiner Seele, zum Empfang für WEISHEIT und RICHTUNG durch den Stamm weißen LICHTES - der seelischen ICH BIN Individualität.

- An der *linken* Seite des feinstofflichen Körpers befindet sich eine Strahlung aus wunderbarem aquamarinfarbenem LICHT. Dieses LICHT stellt die UNIVERSELLE LIEBE dar und spiegelt die persönlichen Emotionen wieder.

- An der *rechten* Seite besitzt der Seelenkörper eine Strahlung aus gelbem, amberfarbigem LICHT, das die UNIVERSELLE KAPAZITÄT darstellt, Weisheit empfangen zu können.

- An der *Hinterseite* der Nackenbasis bis zur Basis des Rückgrates strahlt ein sehr klares, rubinfarbenes LICHT heraus: Das Organ für die RICHTUNG aus der SICHT des SCHÖPFERS.

Wenn Sie mit den LICHTGEBETEN weitergehen, werden Sie bald bemerken, daß Sie die GEBETE immer häufiger *intuitiv* durchführen und zu einem geführten, materiellen Instrument für das GESAMTE werden. Sie werden die kosmische ENERGIE mit der Erde durch Ihren Körper verbinden und dabei automatisch auch Ihren eigenen Lichtkörper entwickeln und intensivieren. Der Mensch wird zu einer Art "Akupunkturnadel" der Erde.

Doch stets gilt der Leitsatz:

1. Nicht des Menschen Wille geschehe, sondern *allein SEIN WILLE*!

Wenn wir Menschen tatsächlich Instrumente CHRISTI sein möchten, ähnlich wie es seine Jünger auf Erden waren, werden wir genaugenommen keinen eigenen Willen mehr besitzen. Ich weiß, daß diese Tatsache für viele Leute sehr schwierig zu akzeptieren ist, denn unser egoistischer Wille ist sehr dominant. Aber ist es nicht logisch, daß es gar nicht anders sein kann? - Wenn wir *tatsächlich* für das GESAMTE auf Erden arbeiten wollen, in Zusammenarbeit mit allen HIERARCHIEN wie der PLANETAREN HIERARCHIE, der DEVA-HIERARCHIE und vielen anderen, dann hat *unser Wille* überhaupt keinen Spielraum mehr, egoistisch zu handeln. Bei allem, was in Harmonie gebracht werden muß, in Zusammenarbeit mit den anderen ENTITÄTEN, die im PLANE GOTTES arbeiten, kann unser egoistischer Wille *nur schaden*, weil uns Erdenmenschen die Übersicht fehlt.

- Die Übersicht über die Dritte Dimension kann nur ein höherdimensionales WESEN besitzen, d. h. ein *äußerer* BEOBACHTER.

Wenn der Mensch ausschließlich *nur für sich selber* denkt und wirkt, trennt er sich damit vom GESAMTEN ab. Dies zu verstehen ist außerordentlich wichtig! - Die LICHTGEBETE haben die Aufgabe, den Willen des Menschen in die Richtung des GANZEN *zu lenken*. Die LICHTGEBETE zeigen den Weg zurück zur EINHEIT, zurück zum URBRUNNEN, zurück zu

GOTT. Das Resultat: ALLES WIRD EINS SEIN! - Aber: wir werden dabei *nicht* zu Marionetten! Jede Seele behält ihre *persönliche Individualität*! Nur der Wille ist dann ausgerichtet auf das GESAMTE und nicht mehr auf die eigene Persönlichkeit.

Der irdische Verstand ist *gleichzeitig auch unser Widerstand* und interveniert leider allzuoft, wie z.B.: „Warum machst du überhaupt diese LICHTGEBETE? Es ist doch auch so alles gut. Sei doch nicht so blöd und spar dir die Zeit!“

Stellen Sie sich einmal vor, jemand käme jetzt hier zur Tür herein, und diese Person wüßte überhaupt nichts von geistigen GESETZMÄSSIGKEITEN. Diese Person hört nun, daß wir mit Hilfe der LICHTGEBETE versuchen, uns höherdimensional auszurichten, um einmal die Fünfte Dimension zu erreichen. Was meinen Sie, was passiert? - Der Besucher würde denken, daß wir alle zusammen komplett verrückt sein müssen. Dies ist nur ein Beispiel dafür, wie ein *abgeschlossen* denkender dreidimensionaler Verstand arbeitet. Auf der anderen Seite ist man sich aber wiederum darüber einig, daß der Mensch auf Erden lebt, um *irgendeine* Evolution durchzumachen. Solange wir Menschen auf dieser Erde leben, sind wir mit dem zur Erde gehörenden niederen Verstand verbunden, der immer wieder versuchen wird zu intervenieren.

Die materielle Lebens- und Schulungsebene ist eine *Illusion.*

Illusion bedeutet, daß die materielle Lebensebene nicht die *eigentliche* Heimat der Menschenseelen ist. Unser Verstand ist das *Licht der Illusion.* Der Verstand kann keine höherdimensionalen Zusammenhänge erkennen, da er zur Dritten Dimension gehört.

- *Gefühl und Glaube sollen auf Erden geschult werden, denn beides haben wir verloren!*

Im Geistigen Reich besitzt der Mensch einen *anderen* VERSTAND, der ihn seinen persönlichen Entwicklungsweg wieder erkennen läßt. Doch dann ist es meistens zu spät, um das Rad der Wiedergeburt verlassen zu können! Der Mensch kommt zurück und *erntet,* was er einst *gesät* hat. Darin liegt ein großer Teil der göttlichen GERECHTIGKEIT begründet.

Doch inwieweit glauben wir das?

JESUS sagte: „Was ich kann, kannst du auch. Geh zum VATER, ER wird dir die WAHRHEIT in dein Herz schreiben." Diese WAHRHEIT sollte in uns *resonieren*, d. h. etwas zum „Klingen" bringen! Um das zu erreichen, muß man sich *nicht* an mediale Menschen wenden, die meistens nur ihre eigene *persönliche Interpretation* von sich geben.

Die Zeit der irdischen Medien, so wie *Rudolf Steiner* und andere, ist eigentlich vorbei. Ich weiß, daß es immer wieder Leute gibt, die dies weiterführen wollen, weil es natürlich auch ein gewisses Ansehen mit sich bringt. Doch die Neue Zeit erlaubt uns, daß wir *nicht* mehr auf Menschen dieser Erde hören müssen, sondern uns *direkt* an die aufgestiegenen MEISTER DER HIERARCHIE, die auf der CHRISTUSFREQUENZ arbeiten, wenden können. Dadurch können wir die *unverfälschte* WAHRHEIT und die nötige ENERGIE *direkt* in unserem Herzen und in unserem Körper empfangen.

Ich kenne in Holland viele Leute vom *Anthroposophischen Institut.* Kosmisch gesehen laufen diese Menschen mindestens 50 Jahre der Entwicklung hinterher. Sie haben keinerlei Ahnung von kosmischer ENERGIE und der Geistigen Welt. Das Anthroposophische Institut hat Steiner zu einem „Gott" gemacht! Es ist eigenartig: Immer wieder wird auf dieser Welt der gleiche Fehler gemacht. Einer der führenden Leute dieses Anthroposophischen Instituts in Holland hat zu mir gesagt, daß für ihn persönlich Steiner „unveränderlich" sei. - Ein absoluter Unsinn, wenn man weiß, daß *alles* im Kosmos dem Wandel unterworfen ist. Die Steiner-Leute haben sich nicht weiterentwickelt und sind im wahrsten Sinne des Wortes "versteinert".

- *Man sollte nur lesen und interpretieren mit innerer Verbindung zum Urbrunnen, e r s t d a n n bekommt man inspirativ d i e r i c h t i g e Interpretation.*

Jede Seele ist mit dem „Körper" GOTTES durch STRAHLUNG verbunden, denn sie ist *SEIN Kind.* Der Verstand eines irdischen Menschen kann sich stets für oder gegen einen Kontakt zum URBRUNNEN entscheiden. Er kann sich geistig mit diesem BRUNNEN der LIEBE, WEISHEIT und RICHTUNG *einigen* oder sich von IHM *separieren* -, jeder nach eigener Wahl. Es ist eine mentale FREQUENZ, die dieses bewirkt.

JESUS kam in diese Welt, um den Menschen die Möglichkeiten, die sie besitzen aufzuzeigen, z. B. ihren ewigen LICHTKÖRPER auf den von GOTT abzustimmen.

- *Der Geist steuert die Form der Materie.*

Darin liegt die Ursache begründet, daß sich der Geist auf das Leben abstimmt und der materielle Körper dieses Leben empfängt. Wenn der Geist sich zurückzieht, sich also abstimmt auf den „Tod", so zieht sich das Leben zurück.

Alle wunderbaren und perfekten Seelenkörper könnten über das „physische Haus" siegen und es überwinden, wenn sie imstande wären, die Materie mit der Ausstrahlung des wiederauferstandenen Körpers CHRISTI *zu verschmelzen.* Es bleibt zu wünschen, daß auch die Menschheit einmal den hohen ethischen GEIST CHRISTI bekommt. Der GEIST, der sich nie nach innen kehrte, sondern sich in der äußeren Welt manifestierte. JESUS hatte sich niemals vom wirklichen Leben isoliert.

- *Nur durch Übung und eigene Erfahrung kann unser „Seelenflügel" in die Welt ausstrahlen und unsere Seele im LICHT des CHRISTUSBEWUSSTSEINS glühen.*

Wir sollten lernen, uns auf CHRISTUS abzustimmen und ihm unsere Bedürfnisse vorlegen. Wir sollten ihn bitten, unsere

Sorgen wegzuschaffen, aber auch unseren Humor mit ihm teilen. Wir sollten bereit sein, alle unsere eigenen Bedürfnisse und Geschäfte mit seiner Erfahrung zu verschmelzen, *dann* werden wir verstehen, was wir für Möglichkeiten haben!

Wenn wir *nicht mehr depressiv sind* und auch kein menschlicher Geist mehr über uns siegt, werden wir immer unseren Dank abgeben können, zu *jeder* Zeit, egal, was mit uns passiert. Dann, und nur dann, werden wir teilnehmen an seiner FREIHEIT und losgelöst sein von unserem Ego und unserer einengenden persönlichen Individualität.

6. Die Methode des LICHTES

Die vorgestellte Methode geht von einem physischen Körper *und* einem LICHTKÖRPER aus. Das LICHT reist dabei mit enormer Geschwindigkeit und stammt aus dem URBRUNNEN GOTTES. Die GEBETE lehren die *persönliche* Abstimmung auf diese URQUELLE des LICHTES, um die Strahlungskraft des eigenen LICHTKÖRPERS zu erhöhen.

- *Jeder Mensch kann seine persönliche Verbindung zum URBRUNNEN GOTTES schaffen, o h n e irdischen Guru! Auf dieses wichtige GESETZ hatte schon JESUS CHRISTUS hingewiesen!*

Wir arbeiten mit dem CHRISTUSLICHT, d. h. wir stimmen uns darauf ab und lernen durch Visualisation das LICHT in uns *hineinzuziehen*, um auch unseren physischen Körper *zu verändern und zu stärken.*

Geht unser physisches Leben auf dieser Erde einmal zu Ende, wird die Klarheit des LICHTKÖRPERS zeigen, inwieweit der einzelne Mensch fortgeschritten ist auf seinem Weg der geistigen Evolution. Dies wird in der nächsten WELT anhand des LICHTKÖRPERS *erkannt.*

- Es gibt nur *zwei absolute „muß"* für jeden Menschen: *Geburt* und *Tod*. Darüber hinaus besitzt jeder Mensch seine Willensfreiheit!

Es ist positiven Kräften nicht erlaubt, einem freien Menschen irgend etwas aufzudrängen.

Daraus folgt:

- Wir empfangen das transformierende LICHT des URBRUNNENS nur, *wenn wir darum bitten!*

Sollte sich der Leser für diese Methode entscheiden, wird er von der HIERARCHIE GOTTES begleitet, denn alle LICHTGEBETE basieren auf dem folgenden *Trinitätsprinzip*:

1. GOTT, als unendlicher Punkt von Strahlung der URBRUNNEN.

2. CHRISTUS, die persönliche Lichtfigur als „Ihr" Teil des CHRISTUSBEWUSSTSEINS, mit Anschluß zum URBRUNNEN. Die Lichtfigur ist dabei als sehr wesentlicher, transformierender Faktor zu sehen!

3. Sie selbst, der Mensch.

Anders ausgedrückt:

1. Das Alte Testament, gleichbedeutend mit dem VATER.

2. Das Neue Testament, gleichbedeutend mit dem SOHN.

3. Der HEILIGE GEIST, den es *zu entwickeln gilt* und mit dessen Hilfe der „erwachte" Mensch an sich arbeiten kann.

- *Der Sinn des irdischen Lebens ist es, daß der Mensch lernt, das Wachstum seines LICHTKÖRPERS* ***zu*** fördern. *Seine AUFGABE besteht darin, gedanklich Himmel und Erde zu verbinden und die hohen VIBRATIONEN des Morphogenetischen Feldes zu* leiten. - *Das GESETZ dafür lautet: ALLES IST EINS UND EINS IST ALLES UND NICHT UMGEKEHRT!*

Eines Tages werden die VIBRATIONEN beider Körper *gleich* sein und der Weg in die nächste Dimension ist frei. Dazu müssen wir selbst LICHT *werden(!)* und durch freien Willensentscheid die eigene persönliche „Harmonische Konvergenz" einleiten.

- Die GEBETE IM LICHT sollten *jeden* Tag geübt werden!

Sie sind vergleichbar mit der Bitte um das TÄGLICHE BROT. Dabei bereitet ein GEBET das andere vor.

- Halten sie deshalb die angegebenen *Reihenfolgen* und *Tageszeiten* ein.
- Warten Sie mindestens zehn Tage oder länger, bis Sie mit dem nächsten LICHTGEBET beginnen.

Dies sind aber lediglich Richtwerte!

- *Achten Sie bei den GEBETEN IM LICHT stets auf Ihr Gefühl!*

Sie werden bemerken, wie sich allmählich Ihr spirituelles Bewußtsein ändert und auch Ihr physischer Körper. Es werden langsam die Wege gebahnt, auf denen das LICHT in ihren LICHTKÖRPER hereinkommen kann.

- Versuchen Sie *nicht*, während Sie beten das LICHT gedanklich zu steuern. Das LICHT findet seinen eigenen Weg, der bei jedem Menschen *individuell verschieden* ist.

Die LICHTGEBETE sind kurz und kontemplativ. Sie enthalten Atmung, Laut und Farbe. Sie spielen sich in verschiedenen Dimensionen ab. Dadurch wird eine Verbindung mit dem URBRUNNEN in verschiedenen EBENEN hergestellt. (kontemplativ heißt LICHTGESCHWINDIGKEIT)

Die inneren Organe des menschlichen Körpers spiegeln sich in seinen Fußsohlen wieder. Durch unsere Füße stehen wir täglich mit der Erde in Verbindung. Wir können uns von unseren Füßen an aufwärts einen neuen Körper aufbauen und damit die Verbindung zwischen Himmel und Erde schließen. Ein Hilfsmittel dazu sind die GEBETE IM LICHT, eingeteilt in folgende vier Stufen:

1. Buch
An sich selbst arbeiten(!) — 26 LICHTGEBETE

2. Buch
Kosmische Bewußtseinserweiterung — 14 LICHTGEBETE
df

3. Buch
Befreiung und „Aufstieg“ — 14 LICHTGEBETE

4. Buch
Der Verschlußstein — 10 LICHTGEBETE
(werden später publiziert)

Ihr persönlicher Kontakt ist und bleibt eine *total individuelle Erfahrung*. Erwarten Sie anfangs keine sensationellen Ereignisse. Dies wäre schon zu Beginn eine falsche Einstellung!

Die GEBETE IM LICHT sind eine Technik der lebendigen Erfahrung, bei der das innerlicheVerstehen ständig zunimmt. Fakten, die vorher unbegreiflich waren, werden *kristallklar* sein und falsche Gedanken und Beurteilungen werden vergehen. Sie werden *sich selbst* kennenlernen, wie Sie sich noch nie kennengelernt haben - so, wie Sie *wirklich* sind.

Für manche Leute wird anfangs ein gewisses Leiden entstehen. Das kommt daher, weil die Entwicklung der Selbsterkenntnisse zunimmt. Doch allmählich wird sich das Bild ändern. Ängste, Hoffnungen und Schmerzen schwinden, denn der lebendige CHRISTUS, mit dem wir in tiefstem Vertrauen täglich zusammenarbeiten, wird keinen Menschen fallenlassen, der zu IHM kommt und um HILFE bittet.

Natürlich wird es auch *körperliche Reaktionen* geben, sonst ändern wir unseren Körper nicht. Körperliche Änderungen sind da. Wenn wir der Seele Raum geben und die VIBRATION des physischen Körpers erhöhen, werden auch die Krankheiten verschwinden.

Doch der Mensch von heute besitzt viele Blockaden. Das LICHT wird nach und nach diese Blockaden öffnen und lösen, und auch das wird für manche Leute vielleicht ein gewisses Leiden auslösen. Dies muß aber nicht geschehen, aber es *kann geschehen*. CHRISTUS hat nicht nur den Willen, sondern auch die Kraft, uns in das LICHT hineinzuführen, in das LICHT der LIEBE und des LEBENS.

- *CHRISTUSBEWUSSTSEIN ist LICHT und hat nichts mit der Kirche zu tun!*

- *LICHT ist eine KRAFT und nicht nur ein Symbol!*

Anfangs ist es natürlich so, daß der Verstand diese GEBETE erst lernen bzw. *anerkennen* muß. Später laufen die GEBETE dann in einer so hohen Geschwindigkeit ab, daß der menschliche Verstand sie nicht mehr blockieren kann.[3]

Doch bevor man die GEBETE in den eigenen Biorhythmus eingetragen hat, vergeht eine Zeit. Die ersten 20 GEBETE, bis sich die LICHTFREQUENZ *spürbar ändert*, dauern für einige Menschen vielleicht ein halbes Jahr, für andere vielleicht zwei Jahre. Man kann das vorher *nie* wissen. Die HIERARCHIE entscheidet *individuell*, welche LICHTINTENSITÄT der einzelne Mensch *vertragen* kann und welche nicht.

Wenn man die GEBETE *ohne* vorherige Abschirmung und ohne BEGLEITUNG der HIERARCHIE durchführt, wird man merken, daß man *schwindelig* wird. Auch ist es nicht gut, bestimmte GEBETE *häufiger als angegeben* durchzuführen. Dies wäre esoterischer Materialismus!

Der Mensch will alles immer unbedingt *sofort* haben, aber es ist der Rhythmus und die Geduld, die es letztendlich bringt. Am Ende, wenn man die LICHTGEBETE langsam und allmählich durchlaufen hat, wird jeder bemerken, daß sich auch der Biorhythmus geändert hat.

---

[3] Ein deutlicher Unterschied gegenüber der Meditation!

- Die LICHTGEBETE laufen später *mit der Geschwindigkeit des LICHTES* ab und außerdem mit allen Farben des Spektrums, die es gibt - und das sind unendlich viele.

Es gibt sieben Hauptfarben, die auch mit unseren Chakras korrespondieren. Aber auch dort ist Wachstum vorhanden. In der Neuen Zeit werden *aufnahmebereite* Menschen ihr achtes und neuntes Chakra ausbilden, das für die Neue Welt, in der wir *dann* leben werden, wichtig ist. Das gilt natürlich nur für diejenigen, die für sich freiwillig *gewählt* haben, diesen Weg zu gehen.

Die dazu notwendige Entwicklung können wir aus unserer eigenen Kraft heraus *nicht* durchführen, weil wir nicht wissen, *was* wir alles dazu brauchen, um die nächste Dimension des GEISTES zu erreichen. Wir wissen es nicht, denn der Verstand ist so wie ein Computer: was nicht eingegeben worden ist, fließt auch nicht mit in die Berechnungen ein.

- Bei jedem Menschen - und keiner ist davon ausgeschlossen - dominiert der dreidimensionale Verstand. Die Resultate sind weltweit sichtbar. Deshalb braucht die Erde *dringend* die CHRISTUSFREQUENZ!

Die LICHTGEBETE oder GEBETE IM LICHT werden bereits in einigen Ländern der Welt durchgeführt. Es wäre gut, wenn man sich auch in Deutschland dazu entschließen könnte. Kein Mensch kann jedoch *von sich aus* sagen, welche Qualität des LICHTES er braucht und welche nicht.

Wir Menschen wissen es einfach nicht!

Ganz wichtig ist noch folgendes: Wenn Sie sich entscheiden, mit den GEBETEN IM LICHT zu beginnen, können Sie das LICHT *nur* in LIEBE, Demut, Empfindsamkeit und *ohne* Angst(!) empfangen.

Die Voraussetzungen für die GEBETE IM LICHT sind:

- *Ein fester Glaube an GOTT, dem URBRUNNEN und*
- *die bedingungslose Anerkennung der unverfälschten LEHRE JESU CHRISTI.*

Erst dann werden Sie auch erfahren können! Es ist immer *die Nuance*, die alles zur Wirklichkeit werden läßt!

Vergleiche oder Analysen mit anderen Techniken sind wenig sinnvoll. Nur wenn Sie die *feste* Absicht haben, die LICHTGEBETE *seriös* in Ihr tägliches Leben aufzunehmen, sollten Sie damit beginnen!

Sie haben die Wahl!

7. SCHUTZ vor Schwarzer Magie

In der menschlichen Geschichte und in verschiedenen Religionen ist manchmal von ORTEN DER KRAFT auf unserer Erde die Rede. Es handelt sich um ENERGIEPUNKTE der Erde, deren ENERGIEN mit der Kraft der Gedanken gelenkt und gesteuert werden kann. Denn beide ENERGIEARTEN sind verwandt.

- *Freie geistige ENERGIEN reagieren auf Gedanken!*

Nach freier Wahl kann man die ENERGIE zu positiven Zwekken steuern und benutzen. Man kann jedoch diese ENERGIEN auch mißbrauchen und mit *eigenen* Machtgedanken infiltrieren. Dann jedoch kippt die WEISSE MAGIE um und wird zur Schwarzen Magie!

Ich kann nur davor warnen!

Wenn man einen *eigenen Zweck* verfolgt, dann ist das *nicht* zum Vorteil des GESAMTEN. Wir Menschen verfolgen meist alle unsere *eigenen* Zwecke! Aber damit *separieren* wir uns wieder und koppeln uns ab von der GEMEINSCHAFT.

Eines der göttlichen GESETZ lautet dagegen:

ALLES IST EINS UND EINS IST ALLES!

Auf der Welt wird auch heute noch *sehr viel* Schwarze Magie betrieben, die genauso wie die WEISSE MAGIE durch Kristalle *verstärkt* werden kann.

- Schwarze Magie ist im Grunde genommen das Unterdrükken der freien, bewußten Entscheidung eines einzelnen oder mehrerer Menschen und bedeutet: *Macht auf freie Menschen ausüben!*

Die folgenden wichtigen Leitsätze sollte jeder Übende genauestens beachten, wenn er sich entscheidet, die LICHTGEBETE anzuwenden:

1. Beobachten Sie sich ständig, wenn Sie mit der LICHTKRAFT umgehen.

2. Prüfen Sie Ihre Objektivität.

3. Jeder Gedanke von „Auserwähltheit" übt schädliche Kraft auf freie Menschen aus.

Das Lenken von schädlicher KRAFT auf freie Menschen wird von der göttlichen HIERARCHIE *absolut nicht gestattet.* In dem Moment, wo dies geschieht, wird Schwarze Magie ausgeübt! Wenn sich der Mensch für die Schwarze Magie *entscheidet,* wendet sich die göttliche HIERARCHIE von dem betreffenden Menschen ab!

Ich kann Ihnen bestätigen, daß die Schwarze Macht *sehr, sehr stark* sein kann. Doch sie wirkt nur in der Dritten/Vierten Dimension. Jeder Mensch kann sich vor ihren Einflüssen schützen. Dies geschieht folgendermaßen:

- *Wenn Sie das erste LICHTGEBET durchführen und sich jeden Tag morgens mit einem weißen LICHTKREIS abschirmen, wird die Schwarze Kraft, die jemand versucht auf Sie zu übertragen, auf den Sender zurückreflektiert. Sie selbst können nicht mehr durch Schwarze Magie beeinflußt werden. Dies wird durch das erste GEBET: „Der persönliche SCHUTZKREIS" absolut unmöglich gemacht! (Die Effektivität ist an Ihre Glaubensintensität gebunden.)*

8. Morphogenetische Felder (Gedanke und ENERGIE)

Man könnte sagen, daß alles, was bekannt und noch unbekannt ist, aus ENERGIEN einer gewissen Verdichtung besteht und aus Geist, der natürlich auch wieder ENERGIE ist.

Wenn wir auf dem Pfad der Evolution an Fortschritt denken, dann ist es sehr wichtig, daß wir uns abstimmen auf das HÖCHSTE im Kosmos, auf GOTT, dem URBRUNNEN. Wenn wir uns auf eine noch selbst in der Entwicklung stehende Entität (Geistwesen) abstimmen, können wir nur empfangen, was diese Entität *selber weiß* und sind auch abhängig von der Bereitschaft, es an uns weiterzugeben.

- *Es ist ein kosmisches GESETZ, daß GOTT uns alles gibt, was wir w i r k l i c h brauchen, wenn wir richtig darum bitten!*

Wir beschränken also unsere Möglichkeiten, wenn wir uns auf eine Entität (Geistwesen) abstimmen! Hinzu kommt, daß wir nicht immer beurteilen können, ob diese Entität gut oder schlecht ist. Die ersten Kontakte sind manchmal gut, aber die können sich ändern und Versklavung kann stattfinden. Wir wissen jedoch *ganz sicher*, daß GOTT, der VATER, *gut ist* und darum ist es sehr vernünftig, sich auf IHN abzustimmen!

Man kann dies mit Hilfe des CHRISTUS-BEWUSSTSEINS oder des BUDDHA-BEWUSSTSEINS tun. Es gibt aber noch eine andere Abstimmungsmöglichkeit, und zwar: Das *Morphogenetische Feld.*[4] Wir können Energien der Dritten Dimension steuern. Die Macht und die Kraft besitzen wir. Wie wir unsere Macht benutzen, liegt in unserer eigenen Entscheidung. Die KRAFT steuern heißt: durch Gedanken ENERGIEFELDER formen und steuern. Diese ENERGIEFELDER werden als „Morphogenetische Felder“ bezeichnet.

---

[4] Nach *Prof. Dr. Rubert Sheldrake*, Großbritannien; Biochemiker (Cambridge University), Autor („Das Gedächtnis der Natur“) und einer der wichtigsten Vordenker eines neuen wissenschaftlichen Weltbildes.

- *Morphogenetische Felder sind ENERGIEFELDER, die von persönlichen Gedanken, Willen und Gewohnheit geformt werden.*

Viele Tausende von Jahren hindurch haben Menschen in zahllosen Zivilisationen durch die Kraft ihrer Gedanken und durch ihre Gewohnheiten ENERGIEFELDER aufgebaut. Diese ENERGIEFELDER sind *überall* auf der Erde vorhanden. Zivilisationen sind gekommen und gegangen, aber diese Felder sind *geblieben*! - In dieser Hinsicht ist der Mensch ein Schöpfer.

Sie werden in Ihrem Leben feststellen, daß Sie an Ihr *persönliches* Morphogenetisches Feld gebunden sind, das Sie sich selbst geformt haben. Jeder Mensch, der geboren wird, baut sich *sein* Morphogenetisches Feld innerhalb seiner eigenen Möglichkeiten auf. Jeder Mensch besitzt also sein *eigenes* Morphogenetisches Feld.

- *Das individuelle Morphogenetische Feld*: Durch Wiederholungen, beispielsweise durch bestimmte Gewohnheiten, wird dieses darauf abgestimmte ENERGIEFELD immer stärker. Wenn ein Mensch *nur an sich selber* denkt, wird dadurch ein *separates* bzw. sein persönliches Morphogenetisches Feld erzeugt.

- *Das Morphogenetische Verbundfeld*: Eine Gruppe kann von bestimmten Gedanken, Willen und Gewohnheiten beherrscht sein und baut damit eine GRUPPENENERGIE auf, die als Morphogenetisches Verbundfeld bezeichnet wird. Die irdischen Zivilisationen haben durch ihre Gedanken und Gewohnheiten Morphogenetische Felder *über die ganze Welt verstreut* aufgebaut. - Sie wissen alle, daß ENERGIE niemals verloren gehen kann!

Jeder Mensch geht einst hinüber in die ANDERE WELT, aber die geschaffenen ENERGIEFELDER ganzer Zivilisationen bleiben auf der Erde *bestehen*. Seitdem Menschen auf der Erde leben, sind in jeder Zivilisationsstufe Morphogenetische Felder gebildet worden, bedingt durch Gewohnheiten. Wenn Sie z. B. in die Türkei, nach Ägypten, in das Land der Mayas oder der Inkas reisen, können Sie diese Felder *spüren.*

Wir haben viele Leben gelebt und haben in unserer Seele eine *intuitive* Erkennung für diese bestehenden Morphogenetischen Felder entwickelt. Sind wir *vor Ort* und stimmen uns auf die VIBRATIONEN jener Zeit ab, z. B. durch konzentriertes Betrachten von Malereien oder Bauwerken dieser Zeitepoche, ziehen wir die Psychometrie, die diese VIBRATIONEN besitzen, an. Wenn wir uns damit verbinden, können diese VIBRATIONEN durch das Morphogenetische Feld wieder in unsere heutige Welt *eindringen.*

- An uns geht meistens die Tatsache vorbei, daß *auch wir* damals schon gelebt haben!

Die meisten Pharaonen der damaligen Zeit waren Schwarzmagier, die Macht auf andere Menschen ausübten. Man kann dann verstehen, daß man diese Nuancen auch wieder verstärkt in unsere Zeit transportiert. Die Pharaonen mußten dadurch verschwinden. Ihre Zeit war fällig, weil ihr IMPULS *verschmutzt* war. Damals wie heute werden Morphogenetische Felder der Macht entwickelt oder wieder angezogen.

- Möchte man an einer *NEUEN WELT* arbeiten, dann ist *nur eine* Abstimmung möglich: Auf den URBRUNNEN, auf GOTT, dem VATER.

Wenn Touristen in die genannten Gebiete reisen und sich auf die VIBRATIONEN der vergangenen Zeit abstimmen, ziehen Sie *automatisch* die Morphogenetischen Felder dieser Zeit an und bringen Sie damit in unsere Welt. Durch diesen Gedankenprozeß wird das Morphogenetische Feld des alten Ägypten in das 20. Jahrhundert hineingezogen. Auch die dortige Zivilisation der damaligen Zeit ist untergegangen, weil Macht und Unterdrückung, d. h. Schwarze Magie, vorherrschten.

Dies sollte beendet werden!

Wenn jedoch Menschen aus Unkenntnis die Morphogenetischen Felder der damaligen Zeit in unsere heutige Welt ziehen und nicht die Möglichkeit kennen, diese Felder zu TRANSFORMIEREN, bringen Sie die VIBRATIONEN von damals wieder in diese Welt. Das gehört ebenfalls zur Schwarzen Magie, auch wenn es aus Unkenntnis geschieht. - Doch genau das wird heute gemacht.

Es könnte sogar sein, daß man eine Verbindung mit dieser Zeit zustande bringt, wo vielleicht Bilder und sogar Kontakte mit Entitäten entstehen können. Es besteht auch die Möglichkeit, daß man eindringt in diese vergangene Welt und Kenntnisse daraus bekommt und diese in die Welt hineinbringt, in der man *heute* lebt.

Die meisten Menschen sehen das leider nicht, und doch ist folgendes nicht abzustreiten:

- An den Ängsten der damaligen Zeit hängt viel dran, und es wäre *besser* für unsere *heutige* Welt, wenn diese ENERGIEN und VIBRATIONEN mit Hilfe der LICHTGEBETE im NAMEN des GESAMTEN TRANSFORMIERT würden!

Wenn wir uralte Felsmalereien betrachten und dabei in Nostalgie verfallen, findet die seelische Übergabe meist in der Form statt, daß man sagt: „Oh, ist das herrlich!" - Sie erkennen die Malereien in sich selber und vergessen dabei, daß Sie *jetzt* leben! Sie ziehen die Morphogenetische Energie zu sich und damit in diese Welt. Und wenn Sie diese ENERGIE, diese VIBRATIONEN nicht TRANSFORMIEREN, *bleiben Sie* in dieser Welt bestehen! Doch so werden wir niemals die Möglichkeit haben, auf dem Pfad unserer Evolution weiterzukommen.

Viele Leute sind „satt" von der Bibel, aber es stehen auch sehr große WAHRHEITEN darin. Eine davon lautet: „Man soll keinen neuen Wein in alte Schläuche füllen." Dies bedeutet, daß man alles *loslassen* sollte, *was alt ist.* Denn das führt nur zu Illusion und zur Vermischung mit älteren Impulsen, die vorbei sind und ihre Zeit hatten.

Wichtig ist, daß man sich als Mensch einsetzt, um die alten Energiefelder in SEINEM NAMEN durch TRANSFORMATION zu klären, damit diese Felder aufhören, den Menschen zu beeinflussen. Die LICHTGEBETE des SCHILD DES LICHTES werden dies durch die DNS der Schöpfung dieser Zeit genau tun..

Es wird Ihnen jetzt vielleicht klar geworden sein, daß die Abstimmung eine der wichtigsten Bedingungen ist, für die Entwicklung auf dem Pfad der Evolution. Mit Hilfe der Morphogenetischen Felder kann *jeder Mensch* die Erde wieder in ein Paradies verwandeln.

Dazu ist folgendes nötig:

- Haben Sie ein Auge für die Schönheiten dieser Erde.

- Suchen Sie sich *bewußt* die Schönheiten in der SCHÖPFUNG dieser Welt heraus. Auch wenn Sie es nicht glauben: Es gibt Sie noch!

Wenn Sie dann sagen: „Oh, wie ist das herrlich!" und Sie fühlen sich in Ihrem Inneren mit der Schöpfung verbunden, dann ziehen Sie diese *göttlichen* ENERGIEN zu sich und damit in diese Welt! Sie haben sich damit abgestimmt auf die KRAFT, die alles erschaffen hat und durch diese Verbindung helfen Sie sich und *anderen*, aber auch der Pflanzen- und Tierwelt.

Ist das verständlich?

Beispiel Ausländerhaß: Deutschland hat seine Naziperiode gehabt. Das Deutsche Volk hat zum größten Teil diese Zeit TRANSFORMIERT. Das Morphogenetische Feld dieser Zeit ist aber nach wie vor *vorhanden*! Wenn sich also gewisse Leute wieder auf dieses Feld abstimmen, wird es angezogen und verstärkt. Und wenn mehr und mehr Leute sich darauf abstimmen, wird diese ENERGIE so stark, daß Sie in den einzelnen Menschen *eindringt* und diesen verändert.

Es muß also mit diesem Morphogenetischen Feld etwas passieren!

Wir werden innerhalb unseres Seminars die Externsteine besuchen, wo während der Nazizeit von der SS und anderen verstärkt schwarzmagische Rituale durchgeführt wurden. Wenn man auf diesen zentralen Plätzen spezielle TRANSFORMATIONSGEBETE durchführt, wird das dortige Morphogenetische Feld aufgebrochen und umgewandelt.

Die Morphogenetischen Felder der Externsteine sind teilweise auch auf Leute zurückzuführen, die in der *heutigen* Zeit leben und zu den alten Umständen zurück möchten. Durch das Abstimmen auf jene Zeit ziehen Sie die Morphogenetischen Felder der Nazizeit an und bauen Sie wieder auf. Das Feld wächst und wird stärker und stärker. Von einem Moment zum anderen kann dann plötzlich eine Stadt oder ein Landstrich unter der Wirkung des angezogenen Morphogenetischem Feldes stehen, welches durch Abstimmung und Resonanz gebildet wurde. Deshalb gibt es auch die unterschiedlichen gefühlsmäßigen „Atmosphären“ in den verschiedenen Ländern, weil die dortigen Bewohner andere Gewohnheiten und damit auch andere Abstimmungen und Gedanken haben.

Auch *seriöse* Hellseher bedienen sich der Morphogenetischen Felder. Der Hellseher nimmt z. B. einen gewissen Artikel, der einer bestimmten Person gehört und versucht dadurch die VIBRATIONEN dieser Person zu sich zu ziehen und in das Morphogenetische Feld der Person einzudringen.

Auch Gegenstände wie Antiquitäten besitzen das Morphogenetische Feld *Ihrer Zeit* und können dadurch Ihr Umfeld *beeinflussen*, wenn die Besitzer mit Hilfe Ihrer Gedanken die VIBRATIONEN dieser Zeit anziehen.

Erkennen Sie jetzt die enorme Wichtigkeit und Wirkung der Morphogenetischen Felder?

- *Das Morphogenetische Feld enthält die gesamte Persönlichkeitsstruktur, alles, was wir sind.*

Wenn wir jetzt versuchen als Teil des GANZEN und im Namen des GESAMTEN, LICHTVIBRATIONEN anzuziehen, so wird natürlich *auch* dieses Morphogenetische Feld immer stärker. Das heißt, daß Menschen oder Gruppen, die sich in diesem Bereich abstimmen, im Namen des GESAMTEN Morphogenetische Felder aufbauen, *die die Welt verändern*! Sie bekommen die Möglichkeit *eins zu werden* mit dem GESAMTEN. Auch JESUS CHRISTUS sagte: „Der VATER und Ich sind eins". Es ist genau das, was ich hier in diesem Seminar versuche, Ihnen zu vermitteln: Einheit mit dem GESAMTEN.
Ist Ihnen klar geworden, wieviel Macht *jeder* Mensch besitzt, um Situationen der Zeit zu ändern?

- Das LICHT des URBRUNNENS stammt von *außerhalb* der Einflußsphäre der Erde, d.h. außerhalb der Dritten/Vierten Dimension.

- Schwarze Magie ist *erdgebunden* und gehört damit zur Dritten/Vierten Dimension.

Man kann in der Tat mit erdgebundener, schwarzmagischer ENERGIE riesige KRÄFTE entwickeln, aber wenn Sie *unerschütterlich fest* an das LICHT des BRUNNENS glauben, kann Ihnen wirklich *nichts* passieren. Alles hat mit *Vertrauen* zu tun. Das LICHT des BRUNNENS ist *immer* das stärkere.

Ich selbst würde keine Sekunde überlegen, wenn irgendeine Konfrontation ansteht. Ich gehe da hinein, mache mir keine Gedanken darüber und schaffe mir dadurch keine eigenen Probleme. Durch *echtes* Vertrauen entstehen Gedanken wie: „Ich habe Vertrauen. - Es kann nichts passieren". Es ist wirklich so einfach und keineswegs in komplizierten Zusammenhängen zu suchen, die sogar ein Studium erforderlich machen würden. Alles ist einfach und genial. Genau so, wie man es von dem SCHÖPFER aller Welten erwarten kann.

- *Würde die Wissenschaft den SCHÖPFER mit in ihre Überlegungen einbeziehen, bekäme sie die Lösungen für alle Weltprobleme in die Hand, denn der Mißbrauch der Macht ist dann unmöglich geworden.*

Wird Gedankenenergie aber *nicht* im Namen des GESAMTEN eingesetzt, sondern nur zur Schaffung von Macht, ist dies als Schwarze Magie zu sehen!

Die Kirchen haben mit Recht vor der Dämonie und der Schwarzen Magie gewarnt. Weil aber die Kirche selbst *auch Macht ausübt*, kann sie nicht die ganze WAHRHEIT sagen, weil sie sonst ihre Macht verlieren würde. - Auch das ist Schwarze Magie!

- *Unsere heutige Welt kann n u r d a n n geheilt werden, wenn das GESETZ: ALLES IST EIN UND EINS IST ALLES Beachtung findet.*

Es ist die AUFGABE der Menschen, die diese Zusammenhänge erkannt haben, in *freier Wahl* und im NAMEN des GESAMTEN die ENERGIEFELDER zu einigen, aufzubrechen und die Macht des Bösen zu TRANSFORMIEREN als Instrument.

Die Kraft dazu haben wir für unsere heutige, gefährliche Zeit bekommen.

Wir hatten diese Kraft viele Jahrzehnte *nicht*!

Die HIERARCHIE unterstützt jeden Menschen in seinen *diesbezüglichen* Bemühungen.

Das bedeutet SYNTHESE!

- Wir sollten in kleinen oder größeren Gruppen zusammenarbeiten und damit die Welt *einigen,* dann wäre der VATER mit unserer Welt EINS!

Natürlich können wir auch mit ENERGIE *spielen*, sogar sehr kraftvoll. Aber dahinter steckt immer die Macht und damit die Verführung. Schon eine bestimmte Situation mit dem Willen beherrschen zu wollen, heißt, Macht auszuüben. Es ist so, als würden wir sagen: „*Mein* Wille geschehe." Sind wir eins mit dem VATER, würde es heißen müssen: „*DEIN* WILLE geschehe." –

Sie haben die Wahl!

- *Demut ist der Gegenpol zur Macht!*

Aber Demut heißt auch Mut zur Arbeit, im NAMEN DES GESAMTEN, gerade das ist in unserer heutigen Zeit so unwahrscheinlich wichtig.

Wenn man sich beispielsweise die Esoterik ansieht, werden Sie feststellen, daß jede Denkrichtung wieder *ihr eigenes* Morphogenetisches Feld aufbaut. Man arbeitet *nicht* zusammen. Jede Gruppe will es „besser" machen als die andere. Man separiert sich von anderen Gruppen und damit separiert man sich vom GANZEN und ist *nicht* mehr eins damit.

Ist das wirklich so schwer zu verstehen?

Das NEUE ZEITALTER hat noch *nicht* begonnen, denn NEW AGE bedeutet EINIGUNG! Es haben sich zwar einige großartige Dinge ereignet, z. B. hat in einigen Ländern die Freiheit Einzug gehalten. Aber was werden die Leute mit ihrer Freiheit machen? - Wieder ein *eigenes* Morphogenetisches Feld aufbauen, das *wieder* keine Einheit bringen kann?

Ich wünsche mir in unserem eigenen Interesse:

EIN MORPHOGENETISCHES FELD IN EINHEIT MIT DEM GANZEN.

9. Dimensionen

Wir sprachen schon einmal von der Dritten Dimension und von der Vierten Dimension.

In der Dritten Dimension empfängt die Erde das Licht der Sonne. Die Atmosphäre der Erde hat dabei die Aufgabe, das Licht der Sonne zu filtern und das gefilterte Licht zur Erde durchzulassen, wo es letztendlich das Leben im Stoff ermöglicht. Die Atmosphäre ist also eine Art Schild vor der Sonnenstrahlung.

- Wir Menschen müssen uns mit der Erde verbinden, denn *ursprünglich* sollten *wir* ein Schild für die Erde sein, nämlich ein SCHILD vor dem LICHT der Vierten Dimension.

Unsere AUFGABE ist es also, das lebenswichtige geistige LICHT unter BEGLEITUNG des CHRISTUSBEWUSSTSEINS vom URBRUNNEN anzuziehen und durch unseren Einsatz an die Erde weiterzugeben. Unser Geist und unser Körper sind so ausgestattet, damit dies getan werden *kann.* - „SCHILD“ heißt also *nicht* Abschirmung!

- *Ein SCHILD für die Erde im LICHT zu sein - in SEINEM NAMEN - d a s ist die AUFGABE der Menschen dieser Welt!*[5]

Weil wir Gedanken und ENERGIEN im NAMEN DES GESAMTEN durch unseren Körper anziehen können, sind wir auch „Das Kreuz“. Die Energie fließt nach unten in die Erde und über unsere Arme strahlen wir sie ab in die Welt. Der Mensch ist das perfekte Instrument zum Empfang und zur Weitergabe geistigen LICHTES.

Das bedeutet nichts anderes als:

---

[5] Um sozusagen als Filter vor destruktiver Energie aus der Vierten Dimension zu wirken.

DER SCHILD DES LICHTES IST DER MENSCH DES LICHTES IN EINHEIT!

Unterschiedliche Bedenken!

A. **Ich in Einheit** (Harmonie von Licht und Dunkel) kann von uns nicht gesteuert werden. Dies darf auch nicht sein, weil dies Machtausübung ist! Es reist mit **Lichtgeschwindigkeit** und ist kontemplativ. Wenn in den LICHTGEBETEN angegeben wird, dass wir an Personen usw. Licht schicken, wird **nur** die Begleitung des göttlichen URBRUNNENS, die PLANETARE HIERARCHIE (Lichtfigur) entscheiden, ob dieses Licht diese Person erreicht. **Es muß das Gesamte nicht schaden und im Interesse** dieser Person sein. Wenn es diesen Bedingungen nicht entspricht, erreicht es nicht. Von uns Menschen so oft gedachte Begutachten entspricht diesen Bedingungen leider oft nicht. Wir können dies in diesem Sinne auch nicht.

B. **Visualisierung bedeutet:** „Ich denke in SEINEM Namen, also akzeptiere ich auch die Gedankenmuster, die zu den LICHTGEBETEN gehören. Ich glaube daran. Nur auf dieser Basis können wir mit Lichtgeschwindigkeit arbeiten. **Sie brauchen nichts zu sehen, zu spüren oder was dann auch**

10. Die KOSMISCHE INFORMATION

Man darf das LICHT nicht nur als Auslöser der Photosynthese oder als Lebensgeber betrachten, sondern auch als Geber der INFORMATION. Wenn wir uns auf das LICHT GOTTES abstimmen, werden wir nicht nur Leben besitzen, sondern auch die neue INFORMATION in unserer Zellstruktur empfangen.

Der Mensch besitzt seinen Kopf und seine Füße. Der Kopfbereich steht - wenn wir dies möchten - in Verbindung mit dem URBRUNNEN. Es gibt Mönche, die eine bestimmte Stelle auf ihrem Kopf haarlos halten, damit nichts der INFORMATION aus dem URBRUNNEN im Wege steht. Fast niemand mehr weiß heutzutage um diese Symbolik.

- Die INFORMATION des URBRUNNEN kommt durch das LICHT in unseren Kopf, geht durch unseren Körper und fließt weiter durch unsere Füße in die Erde hinein, zusammen mit unseren guten Gedanken.

Der durch die Kirche gelehrte Sündenfall begann, als sich der Mensch entschied, auch *ohne* die INFORMATION des URBRUNNENS auszukommen. Der Mensch entschied sich in seinem Wahn, durch eigene freie Willensentscheidung, eine *unabhängige* Basis zu werden, die *alles selbst machte* und konnte. ENERGETISCH gesehen, koppelte er sich an Kopf und Füßen ab. *Vorher* war er ein Teil der GESAMTSTRÖMUNG gewesen.

- Der Mensch wurde zu einer unabhängigen Einheit und hatte sich durch diesen Schritt selbst von der INFORMATION des URBRUNNENS *ausgeschlossen.*

Heute drängt die Zeit, weil die Erde in einer besonderen kosmischen ENERGIEBAHN läuft, die man auch im Maya-Kalender findet.

Viele sehen die Mayas als Indianer. Das stimmt nur zum Teil. Am Anfang waren die Mayas ein „IMPULS aus dem

URBRUNNEN zur Erhöhung der VIBRATION der Erdenmenschen auf ihrem Weg der Evolution. Die Mayas haben uns ihren Kalender hinterlassen.

Auf *Yukatán* erkannte ich, daß im Maya-Kalender vom *„LICHT-in-den-Körper-bringen"* geredet wird. Das ist die NEUE ZEIT! Der Name Maya kommt aus dem Hinduistischen und bedeutet: augenscheinliche Wirklichkeit, Illusion. Auf *Yukatán* lebte seinerzeit der Maya Meister *Pacal Votan*, der den IMPULS zur Erhöhung der VIBRATION bringen sollte. Aber auch er *scheiterte*, weil der Mensch immer alles von seinem *eigenen* Gesichtspunkt aus bewertet.

- *Wenn man ENERGIE und Geist kontrolliert, besitzt man Macht!*

Solange wir Menschen *nur reden* und von allem *nur Kenntnis nehmen* und selbst unsere Gebete nur so *dahinsprechen*, wird sich *nichts ändern*. Wir müssen die LICHTFREQUENZ aus unserem eigenen freien Willen heraus und unter BEGLEITUNG der göttlichen HIERARCHIE in unseren Körper ziehen.

Wie macht man das?

Bis vor etwa 60 Jahren gab es noch keine richtige Methode dafür.

Bei den GEBETEN IM LICHT handelt es sich *nicht* um MeditationsGEBETE! Auch die Meditationen sind einen weiten Weg gegangen und haben mittlerweile auch in der westlichen Welt sehr an Bedeutung gewonnen. Jedoch müssen wir das, was wir erhalten, auch wieder loslassen können. Das ist ein kosmisches GESETZ! Kein Mensch *besitzt* LICHT für sich allein! Durch die Erhöhung der LICHTFREQUENZ zum Zeitpunkt der HARMONISCHEN KONVERGENZ sind die meisten bekannten Meditationen dem beschränkten Verstand der Dritten Dimension unterworfen und daher *nicht mehr ausreichend*, um auch die Zellstruktur unseres Körpers zu ändern. Immer wieder blockiert der dreidimensionale Verstand das LICHT auf seinem Weg. Wir können es nicht *frei strömen* lassen.

Was passiert?

Das *„Licht der Illusion"* kommt, und es sieht so aus, *als ob* es seine Arbeit macht. Doch wir *verbleiben* im Kreislauf. -

- *Das LICHT und das „Licht der Illusion" liegen dicht beieinander!*

Das *„Licht der Illusion"* kann man kosmisch gesehen mit dem Spruch: „Ich tue mein Bestes" usw beschreiben. Was fehlt ist jedoch die Tatkraft! - Denn macht etwas *zu viel* Mühe, brauchen wir es ja nicht zu tun. Wenn der Mensch auf seinem individuellen Evolutionspfad weiterkommen will, *muß er* Tatkraft aufbringen. Tatkraft im LICHT steht für:

- UNIVERSELLE LIEBE

- BRUDERSCHAFT

- OFFENBARUNG

und außerdem für eine Menge Nuancen, um das LICHT in uns hineinziehen zu können. Die eigenen *persönlichen* Zwecke treten dabei automatisch in den Hintergrund.

Die Geschwindigkeit, mit der mittlerweile alles auf der Erde abläuft, hat zugenommen. Aber anscheinend nur im politischen und wirtschaftlichen und nicht so sehr im esoterischen Bereich. Wir *reden* immer nur darüber, aber die Tatkraft ist noch nicht da.

- *Im esoterischen Bereich ist bis heute von einer EINHEIT noch wenig zu bemerken, dafür ist das Konkurrenzdenken s e h r ausgeprägt!!*

Wie könnte nun Tatkraft auf europäischer Ebene aussehen?

Wir haben schon über das Morphogenetische Feld gesprochen: Es ist nicht so, daß wir gegen irgendetwas kämpfen müssen, sondern wir müssen lernen, Himmel und Erde *in uns* zu verbinden und diese FREQUENZ in EINHEIT zum Morphogenetischen Feld zu bringen, damit die Spannung, die durch die Ökonomie entsteht, transzendiert wird. - *Das* ist die AUFGABE!

Vielleicht sind hier und da kleine, aber *isolierte* Gruppen damit beschäftigt, auf dieses Ziel hinzuarbeiten. *Gemeinsam* und in EINHEIT geht jedoch alles *viel leichter* und vor allem - *schneller*! Es ist an der Zeit, daß diese kleinen Einheiten, auf dieser Grundlage basierend, *zusammenarbeiten*!

- *EINHEIT in der Esoterik ist außerordentlich wichtig!*

New Age heißt *nicht*, aufs Neue anfangen mit Astrologie, Tarot usw. New Age heißt: Wir Menschen müssen zu LICHT *werden*! Darin liegt auch die Bedeutung der HARMONISCHEN KONVERGENZ. Es gibt Menschen, die sagen: „Wir sind doch von göttlicher ABSTAMMUNG.“ - Ja, wir sind *alle* von göttlicher ABSTAMMUNG, das stimmt. Aber wir sind es noch nicht *geworden!* Wir haben unseren Verstand, um uns *entscheiden* zu können! Wir sollten mit unserem Verstand die Wahl treffen, es *zu werden!*

Es gibt kein esoterisches Zentrum, wo man hingehen muß, um das LICHT empfangen zu können. Zentren sind das Alte! - Zentren, in denen einer oder eine in der Mitte sitzt und sagt, was man machen und was man nicht machen soll, gehören zur *alten* Zeit. Auch das Gurutum ist eine *alte* FREQUENZ! Die neue FREQUENZ liegt in der NEUEN ZEIT bei der HIERARCHIE. Es ist möglich, vom einzelnen Menschen aus gesehen, daß jeder, der es will, die Möglichkeit hat, *direkt* die HIERARCHIE zu kontaktieren. In der heutigen Zeit wird auch die Meditation noch viel geübt, aber das NEUE wird die Meditation *ablösen*. Das NEUE ist:

DER SCHILD DES LICHTES!

11. DER SCHILD DES LICHTES

Das erste Buch

Das göttliche LICHT reist mit seiner ureigenen Geschwindigkeit. Diese Erkenntnis ist im esoterischen Bereich kaum vorhanden. Konzentrieren Sie sich daher auf das LICHTGEBET. Behalten Sie bitte die Reihenfolge im Auge. Das erste GEBET ist die Vorbereitung für das nächste. Das erste GEBET visualisiert den überaus wichtigen SCHUTZKREIS.

11. 1. Der persönliche SCHUTZKREIS (MORGENGEBET, einmal)

Dieses GEBET wird einmal am Morgen, direkt nach dem Aufwachen, durchgeführt. Das Resultat bleibt den ganzen Tag bei Ihnen und begleitet Sie. Es sorgt dafür, daß Sie nur die für Sie *geeignete* LICHTRATION für Ihren Körper bekommen. Man kann dieses GEBET auch als das RITUALLICHT bezeichnen. Nach dem Trinitätsprinzip: GOTT - CHRISTUS - Mensch.

1. *Wenn Sie morgens aufwachen, bleiben Sie völlig entspannt in Ihrem Bett liegen. Die Arme liegen entlang Ihres Körpers, die Handflächen nach oben. Das erste, was Sie tun: Bitten Sie um HILFE in* ***SEINEM NAMEN.***

2. *Visualisieren Sie eine LICHTFIGUR, die Ihnen als Spiegelbild gegenüber liegt. Ihre Fußsohlen berühren die Fußsohlen der LICHTFIGUR (siehe Zeichnung). Die LICHTFIGUR wirkt wie ein „Filter" und stellt „Ihren" persönlichen Teil der CHRISTUSENERGIE dar. Es kann auch der persönliche SCHUTZPATRON sein, ausgestattet mit der Frequenz des CHRISTUSBEWUSSTSEINS. Diese LICHTFIGUR hat genau die Abstimmung, die Sie persönlich brauchen, um Kontakt zur Fünften Dimension zu bekommen.*

3. *Visualisieren Sie den UNENDLICHEN PUNKT VON STRAHLUNG: GOTT, den URBRUNNEN, als eine Lichtformation oder als einen Stern am Himmel über Ihnen. Atmen Sie ein und ziehen Sie gedanklich einen Kreis aus weißem LICHT um sich und die LICHTFIGUR herum. Beginnen Sie an der rechten Seite Ihres Hinterkopfes, über den Kopf der LICHTFIGUR und zurück zur linken Seite Ihres Hinterkopfes. - Der Kreis aus weißem LICHT ist geschlossen.*

4. *Atmen Sie aus und visualisieren Sie die zurückfließende Atmung zum URBRUNNEN.*

Machen Sie sich keine Gedanken darüber, ob der Kreis aus weißem LICHT *tatsächlich* rund ist und ob weißes LICHT das *richtige* ist. Wenn Sie sich einen Kreis denken, ist der Kreis da! Außerdem *beinhaltet* weißes LICHT die Summe aller möglichen Farben.

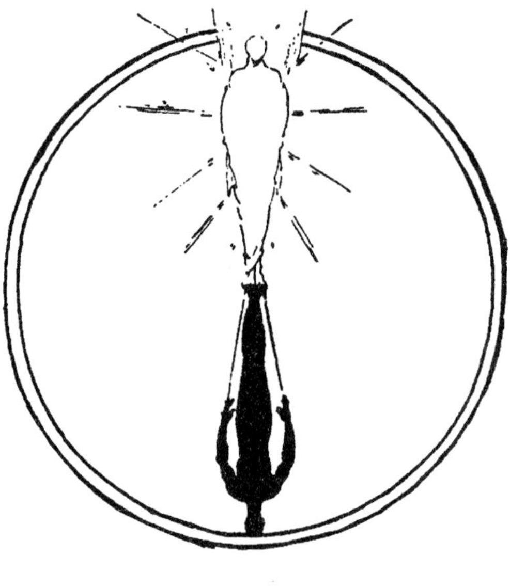

11. 2. Die Bewußtatmung

(MORGENGEBET, sechsmal, danach beliebig)

Wenn Sie sich mit dem ersten GEBET verbunden haben, kommt die Bewußtatmung oder göttliche Verbindung. Die Bewußtatmung muß *regelmäßig* jeden Morgen durchgeführt werden. Sie sollte sofort nach dem ersten GEBET gemacht werden, und zwar mindestens *sechsmal*. Das GEBET wirkt sehr entspannend und kann je nach Bedarf auch im Laufe des Tages wiederholt werden.
Wenn Sie nicht schlafen können oder sich entspannen möchten, ist dies ein sehr gutes GEBET. Immer, wenn Sie sich wohl dabei fühlen, dürfen Sie das GEBET machen.

1. *Atmen Sie **bewußt** tief ein und ziehen Sie gleichzeitig vom URBRUNNEN die ATMUNG nach unten zu Ihrem Solar Plexus, der zwei Fingerbreit über Ihrem Nabel liegt. Sehen Sie diese ATMUNG **bewußt** als nebelartige STRÖMUNG - ähnlich der Ausatmung an einem kalten Wintertag - auf der Oberfläche Ihrer Haut an der Außenseite der Beine entlang, in die LICHTFIGUR hineinwandern. Die STRÖMUNG dringt also **nicht** in den Solar Plexus ein! Sie machen also zwei Einatmungen: 1. Normale körperliche, 2.visualisierte geistige Atmung (Nebelströmung)*

2. *Halten Sie Ihre körperliche Atmung an und ziehen Sie den ATEMNEBEL wieder aus der LICHTFIGUR zurück, an der Außenseite Ihrer Beine bis zum Solar Plexus.*

3. *Atmen Sie körperlich aus und sehen Sie auch gleichzeitig, wie der ATEMNEBEL GOTTES zurück zum URBRUNNEN fließt von Ihrem Solar Plexus.*

Es handelt sich hierbei um zwei *verschiedene* Atmungen!

1. Die eigene Atmung, rhythmisch und normal wie immer.

2. Die GÖTTLICHE ATMUNG vom URBRUNNEN, nebelartig und gleichzeitig mit der körperlichen Atmung.

Wiederholen Sie diese Bewußtatmung am Morgen zum Abstimmen auf den Kosmos *sechsmal.* Üben Sie beide GEBETE etwa für 10 Tage, denn alles muß richtig eingetragen werden in Ihren Biorhythmus. Erst dann gehen Sie bitte mit der nächsten ÜBUNG weiter. In Zukunft werden diese beiden GEBETE die Grundlage aller LICHTGEBETE sein: *Atmung als Träger von LICHT und Ton.*

Die Säuberung oder TRANSFORMATION erfolgt durch die LICHTFIGUR, die wie ein „Filter" wirkt, und wir geben die gereinigte ENERGIE über die Atmung zurück an den URBRUNNEN. - *Wir nehmen und geben.* Es findet eine Wechselwirkung, ein Austausch, statt.

Die physische Atmung sollte dabei vollkommen *normal* ablaufen. Versuchen Sie diese so rhythmisch wie möglich zu machen. Die Atmung sieht dabei aus wie an einem kalten Morgen. Träumen Sie nicht weg und stellen Sie sich auch keine mystische Darstellung vor. Sie wissen, wo Sie sind: Im Bett! - So, wie es *wirklich* ist. Der christliche Eingeweihte muß *vernünftiger* und *wirklichkeitsbewußter* denken als der noch nicht erwachte Mensch. Er sollte positive KRAFT und Bewußtsein inmitten seiner täglichen Umgebung und *besonders am Arbeitsplatz* AUSSTRAHLEN können. Durch sein positives Beispiel, durch sein Vorbild, wird er erkannt werden.

Versuchen Sie auch nicht nach mysteriösen Resultaten oder psychischen Sensationen zu suchen. Alles wird eintreffen, wenn es an der Zeit ist. Dies alles ist abhängig von Ihren Möglichkeiten, Ihrer Geduld und Ihrer Einsatzbereitschaft. Dies alles wird für jede Person *unterschiedlich* sein, aber *jedem* wird Kenntnis darüber gegeben, wie er *wirklich* ist. Das zu entwikkelnde CHRISTUSBEWUSSTSEIN wird dafür Sorge tragen, daß Sie sich der Anwesenheit der göttlichen KAPAZITÄT *bewußt* sind.

Erwarten Sie nicht, daß sich die Resultate wiederholen. Auch das wäre keine gute Basis. Das Leben eines Eingeweihten verläuft nicht kreisförmig, sondern in einer Spirale fortschreitender Erfahrung. Wenn Sie sich Sorgen machen oder unsicher sind, können Sie dieses GEBET machen. Ob Sie sitzen, stehen oder liegen, das macht nichts aus. Atmen Sie ein paarmal die „Bewußte Atmung“, und Sie werden bemerken, daß Ihre innere Harmonie zurückkehrt.

11. 3. Der KOKON (Ah-Mer) (MORGENGEBET, dreimal)

Eine Abgrenzung des Körpers mit weißem LICHT bis zur Kehle. Es hat seinen Grund, warum es nur bis zur Kehle geht, denn die Kehle ist Treffpunkt des eigenen physischen Körpers mit dem feinstofflichen KÖRPER. Im Bereich der Kehle gibt es bei vielen Menschen Probleme! Dieses GEBET sollte *jeden* Tag *dreimal* gemacht werden, *nur* am Morgen. Bleiben Sie dabei völlig entspannt im Bett liegen. Die Arme liegen längs des Körpers, am Ellenbogen etwas eingeknickt, Handflächen *nach unten.*

1. *Atmen Sie ein auf dem Klang* ***„Ah“****, und visualisieren Sie aus den Fußsohlen der LICHTFIGUR einen WEISSEN LICHTSTRAHL durch Ihre Fußsohlen hindurch an der Außenseite Ihrer Beine hoch bis in Ihre Hände. Halten Sie die ENERGIE fest, wie die Zügel eines Pferdes.*

2. *Atmen Sie aus auf dem Klang* ***„mer“****, und behalten Sie dabei das LICHT fest in Ihren Händen.*

3. *Atmen Sie wieder ein auf dem Klang* ***„e“****, und visualisieren Sie die beiden LICHTSTRAHLEN aus den Händen heraus, an den Armen hoch, bis zu Ihren Ellbogen, und immer noch mit der gleichen Einatmung, auf dem Klang* ***„ie“****, erreicht das LICHT an beiden Seiten Ihre Kehle.*

4. *Atmen Sie aus auf dem Klang* ***„u“****, und schicken Sie die Atmung zusammen mit dem weißem LICHT zurück zum URBRUNNEN.*

Sie dürfen auch *ohne* akustischen Klang arbeiten! Sprechen Sie es nicht aus, sondern lassen Sie alles auf *gedanklicher* Ebene stattfinden. Die GEBETE sind dazu geeignet, daß Sie diese überall durchführen können, *ohne* Aufsehen zu erregen.

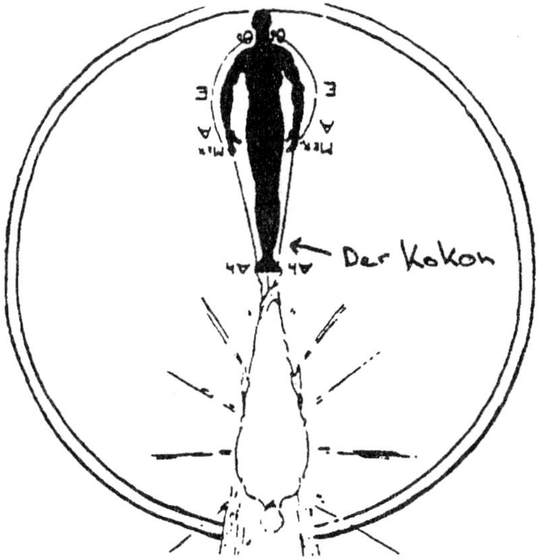

Gehen Sie *bewußt* vor, damit die GEBETE auch im persönlichen Biorhythmus eingetragen werden können. Was jetzt noch schwierig in der Koordination von Körper, Atmung und Visualisation erscheint, geht später *blitzartig*. Und denken Sie immer daran: Sie haben stets die freie Wahl, sich zu verbinden oder nicht.

10. 3. 1. Erklärung

Mit Hilfe der LICHTFIGUR verbinden wir Füße, Hände und Kehle mit dem URBRUNNEN, so daß wir *eins werden* können mit dem Vater. JESUS CHRISTUS wußte das, wenn er den Kontakt zum VATER herstellte. JESUS CHRISTUS vereinigte sich mit der EWIGEN ENERGIE und wurde dadurch *selbst* zum SENDER.

Wenn wir Menschen uns Sorgen machen, depressiv sind und das Leben als enorm schwer empfinden, sind wir nutzlos für unsere FREUNDE im LICHT und werden dadurch ein Teil der Finsternis. Wirkliche Christen besitzen dagegen einen gewissen Widerstand. Sie können eins werden mit dem ewigen Leben des BRUNNENS, d. h. sie identifizieren sich damit. Wenn wir das tun, wird unser Leben erfüllt, und wir bekommen eine Vitalität, die wir mit anderen Menschen teilen können.

Glauben Sie nicht, daß die christliche Einweihung selbstsüchtig ist. Es kann nicht selbstsüchtig sein zu empfangen, wenn wir gleichzeitig anderen Menschen Gelegenheit geben, *durch uns* zu empfangen. Wir sind das, was wir AUSSTRAHLEN. Wenn wir nichts Besseres besitzen als ein „besorgtes Ich", geben wir das an andere Menschen weiter. Genauso STRAHLEN wir unsere mentalen Depressionen in die Welt. Daher sind wir auch *verantwortlich* für die Kondition, in der sich die Welt zur Zeit befindet. Wir Menschen steuern weiter in Richtung Finsternis ohne Erleuchtung.

- *Wirklich wichtig ist nicht nur ein starker Wille, sondern auch die Empfänglichkeit für positive INSPIRATIONEN aus der GEISTIGEN WELT.*

Sie können versuchen, Ihre Depressionen zu *verbergen*, aber die Depressionen werden aus jedem Teil Ihres Körpers AUSSTRAHLEN. Auch wenn Sie versuchen, diese mit all Ihren Kräften unter Kontrolle zu halten, werden Sie das nicht schaffen.

Die LICHTMETHODE ist nicht eine Methode der Selbstkontrolle, sondern sie TRANSFORMIERT durch ein neues ICH. Sie können eine STRAHLUNG empfangen, die Sie auf keinerlei Weise aus der Finsternis bekommen können. Ein tapferes Gesicht ist meist nur eine Fassade. Dagegen ist ein neues strahlendes ICH eine wunderbare Gabe, die man mit anderen Menschen teilen kann. Es kann wie eine Ansteckung wirken.

Wenn Sie das GEBET „Ah-Mer" dreimal nach oben gezogen haben, werden Sie in Ihren Fingerspitzen Funken fühlen. Wenn

Sie das LICHT von den Armen zur Kehle dirigieren, verbinden Sie Ihre Kehle mit SEINER KEHLE. Sie werden bemerken, daß die Dinge, die schaffende KRAFT beinhalten, *spontan* hochkommen. Ich selbst habe SEINE KRAFT auf eine sehr spontane Weise empfangen.

Ich überlege z. B. nie, was ich sagen soll. Ich habe die Erfahrung gemacht, daß die WAHRHEIT immer aus sich selbst wirkt. Stimmen Sie sich ab auf den PUNKT DER UNENDLICHEN STRAHLUNG und Sie werden selber die WAHRHEIT hören. Es wird sich daraus auch eine Bereitschaft zum HELFEN entwickeln. Es ist aber essentiell wichtig für Ihre Einstellung, auf neue Umstände vorbereitet zu sein.

Nur CHRISTUS hat je sagen dürfen: „Siehe, ich mache alles neu". Die Menschen haben im allgemeinen in ihren täglich vorkommenden Erfahrungen kein richtiges Verstehen, was „neu" bedeutet. Jeder Mensch, der Tag für Tag *bewußt* Kontakt aufnimmt mit seinem VATER, hat die Möglichkeit, durch JESUS CHRISTUS aufs neue geschaffen zu werden, d. h. mit völlig neuen KRÄFTEN und Erfahrungen.

Denken Sie daran, daß CHRISTUS die *einzige* Person ist, die uns Menschen erzählen kann, *wer* unser SCHÖPFER ist. Die Menschen, mit denen CHRISTUS seinerzeit intensiven Kontakt hatte, waren *keine* Intellektuellen, sondern Gelähmte, Leblose und Verlorene. Es gab wenig Hoffnung in der Welt seiner Tage, und daran hat sich bis zum heutigen Tage nichts geändert. Daher besteht ein großes Bedürfnis zu verstehen, was er meinte, als er sagte: „Ich bin gekommen, weil die Menschen Leben haben möchten im Überfluß". - ER kam und ER ist das LICHT unserer Welt, und sein VATER, der auch *unser* VATER ist, ist der BRUNNEN der LICHTENERGIE.

Es würde sehr unvernünftig sein, wenn wir *nicht* lernen wollten, diese LICHTENERGIE zu empfangen -, jeden Tag aufs Neue. Wir werden lernen müssen, daß am Morgen der Kontakt mit CHRISTUS für uns neue KRAFT bedeutet, aber auch Gesundheit und Friede in unserem Körper und in unseren Gedanken, sowie ein Überfluß an persönlicher neuer Erfahrung.

Als ich diese Methode meinen ersten Schülern überbrachte, sagte ein Mädchen, daß Sie das LICHT nicht weiter heraufführen könne als bis zu ihren Füßen. Eine andere sagte, daß *bevor* sie „Ah-Mer“ gesagt hatte, das LICHT schon in ihren Händen sei. Ich erzähle Ihnen dies, weil Sie wissen sollen, daß das LICHT *spontan* wirkt, in jedem Menschen *unterschiedlich*, und daß die Menschen es *nicht zwingen* und meistern können. –

- *Beachten Sie die REGELN, und das LICHT wird seine Arbeit tun!*

Ob Sie mit Ihrem geistigen Auge etwas sehen oder nicht, ist *unwichtig*. Ziehen Sie das LICHT mit einer visualisierten Atmung hoch. Das LICHT zieht seine Wirkungsspur. Wenn Sie die Atmung außerhalb Ihres Körpers visualisieren können, sind Sie ein Stückchen weiter auf dem Weg zum Ewigen Leben.

Sie können natürlich sagen, daß Sie sich mit dieser METHODE nicht belasten möchten und daß Sie die GEBETE als *zu schwierig* empfinden. Denken Sie aber daran, daß Ihnen die METHODE DES LICHTES die ewige ENERGIE zur *Rekonstruierung* Ihres Körpers verschaffen kann. Durch den Prozeß der Visualisierung von LICHT und Atmung erreichen Sie dieses Ziel recht leicht. Sie brauchen *nichts* zu überlegen, sondern führen jedes Gebet mit LICHTGESCHWINDIGKEIT durch.

Wir Menschen müssen uns abstimmen auf SEIN ewig funkelndes LICHT, auf das LEBEN und auf die LIEBE. Wir sind *das Produkt unserer früheren Leben* und unsere Mentalität führt in diesem Leben weiter. Wenn wir uns in vergangenen Leben die LIEBE versagt haben, dann bekommen wir jetzt die Folgen zu spüren. Wir sollten in der Lage sein, uns dazu zu bringen, *uns selbst* zu lieben.

- *LIEBE ist die Essenz des LEBENS und ist k e i n e Emotion!*

CHRISTUS brachte die LIEBE in die Welt, mit dem Bedürfnis zu dienen. Am Ende zahlte er dafür mit seinem Leben.

- LIEBE heißt: *Hundertprozent geben*!

Durch den Kontakt mit der LIEBE und dem LICHT des CHRISTUS wird die LIEBE in uns wachsen. Das Ausstrahlen von LIEBE wird keine Mühe mehr bereiten.

Betrachten Sie den UNENDLICHEN PUNKT VON STRAHLUNG als die Essenz der strahlenden LIEBE und die LICHTFIGUR als Ihre persönliche Erdung. Ihre Füße haben Kontakt mit dieser LIEBESAUSSTRAHLUNG -, und Ihr Weg wird für immer erleuchtet sein. Auf diesem Weg gibt es keine Pflicht und Einspannung, aber eine spontane Ausstrahlung von etwas, das *viel größer* ist, als wir es sind.

Das ist die HÖHERE Antwort auf den Bedarf menschlicher Bedürfnisse!

Wenn wir heute anderen Sympathie zeigen und Dienste leisten, sind wir uns dessen bewußt und *erwarten dafür* eine übereinstimmende Quantität zurück. Doch das bekommen wir sehr selten. Dagegen hat *spontanes* Geben eine *offene* Denkweise zur Folge, die uns überrascht, weil wir uns des Gebens *nicht* bewußt sind.

Jeden Morgen Kontakt aufnehmen und den Tag über *unbewußtes* Geben an Leute, die Sie lieben und auch an andere um Sie herum. Denken Sie dabei ähnlich wie es ein Jünger JESU sagte: „Gold und Silber besitze ich nicht, aber was ich besitze, kannst du haben." - Hilfe, innerliche Ruhe und Trost kann man nicht kaufen! Aber wenn wir dies *spontan* und im Überfluß *geben*, sind wir auf dem richtigen Weg. Alles stammt aus einem BRUNNEN, der UNENDLICH ist!

Wenn Sie sich schlecht fühlen, stimmen Sie sich ab!

Visualisieren Sie die LICHTFIGUR, nehmen Sie eine BEWUSSTATMUNG, und Sie werden sich wie ein neuer Mensch fühlen.

Benutzen Sie die METHODE DES LICHTES in den Momenten, in denen Sie sich müde und ausgebrannt fühlen. Sie werden dann „göttlich“ sein und Ihre Menschlichkeit ist TRANSFORMIERT in göttliche KAPAZITÄT.

Die erste LICHTGEBET wird am Morgen durchgeführt, ebenso wie die „Ah-Mer“. Es ist mit keinem besonderen Kraftaufwand verbunden, diese Klänge laut zu sagen. Wenn Sie die Töne nur in Ihrem Inneren erklingen lassen, sind Sie *genauso wirksam*, als wenn Sie sie laut sprechen.

- Es ist sehr wichtig, daß Sie diese Methode überall durchführen können, *ohne* die Aufmerksamkeit auf sich zu ziehen. Nur auf diese Weise können Sie auch in schwierigen Situationen hiervon Gebrauch machen. Sie sind dann imstande, unerwartete Ereignisse an *jeder* Stelle und zu *jeder* Zeit zu TRANSFORMIEREN.

11. 4. Die Reinigung des Körpers

(MORGENGEBET, einmal, danach beliebig)

Die Reinigung des Körpers ist sehr wichtig. Dieses GEBET wird einmal am Morgen gemacht oder mehr, wenn Sie es möchten. Bleiben Sie entspannt im Bett liegen. Die Handflächen zeigen *nach oben.* Unsere inneren Unsauberkeiten werden bei diesem GEBET nicht einfach in die Erde geschickt oder sonstwohin, wo sie unkontrolliertes Unheil anrichten können, sondern werden vorher durch die LICHTFIGUR TRANSFORMIERT, neutralisiert und gereinigt, *bevor* die Energie an die Erde abgegeben wird. Dieser wichtige Faktor *fehlt* bei den meisten Meditationen.

1. *Atmen Sie tief ein.*

2. *Drücken Sie dann die Atmung beim Ausatmen ruckweise vom Kopf nach unten durch die Beine in die LICHTFIGUR hinein. Hilfreich ist dabei der Klang **„A-u"**, **„A-u"**, usw (Stakkato).*

Sie reinigen dadurch Ihren Innenkörper von Ungerechtigkeiten und anderen unsauberen SCHWINGUNGEN. Weil wir in diesem Fall die Verbindung zum „TRANSFORMATOR" der LICHTFIGUR haben, wird diese unsaubere SCHWINGUNG ebenfalls TRANSFORMIERT. Es ist so, als ob ein inneres Rohr von einer großen Bürste gereinigt wird.

Wenn Sie sich morgens nicht besonders wohlfühlen, sollten Sie *gerade dieses GEBET* intensiv durchführen. - Sie werden die Wirkung spüren!

11. 5. Das TÄGLICHE BROT (MORGENGEBET, einmal)

Wir haben erst jetzt die Voraussetzungen für *alle anderen* LICHTGEBETE geschaffen: Die *Abschirmung* und die *innere* Säuberung. Durch das folgende GEBET können wir unser TÄGLICHES BROT empfangen.

Der LICHTKÖRPER, der unsere Seele enthält, braucht ERNÄHRUNG ähnlich wie unser physischer Körper. Bei vielen Menschen ist genau hier ein eklatanter Mangel anzutreffen. Die betreffenden physischen Körper sind dann nicht in der Lage, so zu funktionieren, wie es *ursprünglich* vom SCHÖPFER beabsichtigt war.

Der physische Körper *dominiert* und wird nach und nach einen *isolierenden* Körper formen, so daß das LICHT und die LIEBE GOTTES nur noch schwierig eindringen können.

- *LICHT ist die MATERIE GOTTES und die ERNÄHRUNG für unsere Seele !*

Durch die folgende Technik können wir diese MATERIE in unsere Seele aufnehmen und die Seele damit in Harmonie bringen. Es heißt: „Der Mensch wird das LICHT sehen. Gehe ins LICHT und der Mensch wird sich vereinigen mit GOTT." Das sind die Schritte, die getan werden müssen, um das LICHT mit den innerlichen Augen der Seele zu sehen.

1. *Drehen Sie dazu Ihre Handflächen nach oben, und visualisieren Sie zwei Strahlenbündel weißen LICHTES, die aus Ihren Handflächen heraus bis zum Stern des URBRUNNENS reichen, eine Art Dreieck, dessen Spitze Sie nicht sehen können.*

2. *Atmen Sie bewußt ein, und visualisieren Sie die Atemströmung vom URBRUNNEN zu Ihrem Solar Plexus und von dort weiter nach unten, an der Außenseite Ihres Körpers*

entlang, in die LICHTFIGUR hinein und zurück zum Solar Plexus.

3. *Atmen Sie aus, und während Sie Ihren Atemnebel entlang der weißen LICHTBÜNDEL in Richtung URBRUNNEN verfolgen, kommen gleichzeitig weiße oder rosafarbige LICHTSTÜCKCHEN mit unterschiedlicher Geschwindigkeit an den LICHTBÜNDELN herunter in Ihre Hände hinein - das „TÄGLICHE BROT“!*

Hinweis: Es könnte sein, daß Sie ein juckendes oder kribbelndes Gefühl in Ihren Handflächen verspüren. Machen Sie sich aber keine Sorgen, wenn dies bei Ihnen *nicht* der Fall ist. Wenn Sie es visualisieren, ist das LICHT da, unabhängig davon, ob Sie es körperlich spüren oder nicht. Es passiert einfach!

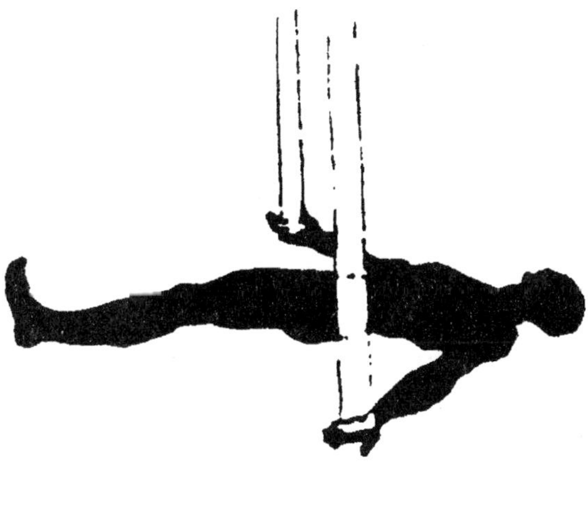

11. 5. 1. Erklärung

Dieses GEBET IM LICHT hat *zwei* Seiten: Zuerst neutralisiert es eine alte und unerlöste Reaktion. Und wenn Sie sich zweitens davon befreit haben, erfolgt mit Hilfe Ihrer Hände eine sehr wichtige seelische ERNÄHRUNG durch das LICHT. Nachdem Sie im AH-MER-GEBET das LICHT zu Ihren Füßen, Armen und Kehle gezogen haben, bleiben Sie ganz entspannt. Behalten Sie die Füße in gleicher Position, aber drehen Sie die Hände um, so daß Ihre Handflächen *nach oben* zeigen.

Als Vorbereitung für das, was Sie empfangen werden, treiben Sie von Ihrem Kopf bis zum Ende Ihrer Füße auf den Klang A-U, A-U, A-U, (Stakkato) alle unerwünschten Elemente aus Ihrem Wesen nach draußen. Sie machen sich sauber und Sie müssen dies *nachdrücklich* machen. Wiederholen Sie dies, sooft Sie es möchten. Sie müßten den Vorgang durch den ganzen Körper hindurch *fühlen*, und die Elemente verschwinden durch Ihre Füße in die LICHTFIGUR, welche die TRANSFORMATION für Sie durchführt.

Visualisieren Sie dann zwei Bündel von weißem LICHT. Diese Bündel kommen aus Ihren beiden Handflächen hoch und verschwinden im Unendlichen, wie die Basis eines spitzwinkligen Dreiecks, das in Ihren Händen liegt und dessen spitzes Ende Sie nicht sehen können. Wenn Sie die LICHTBÜNDEL in Ihre Hände gebracht haben, fangen Sie mit der Bewußtatmung an. Visualisieren Sie die Einatmung und die Ausatmung.

Wenn Sie Ihre Ausatmung vom Solarplexus aus an den Lichtbündeln entlang nach oben visualisieren, kommen kleine Stückchen rosafarbenes oder weißes LICHT herunter in Ihre Handflächen hinein, wo Sie sofort absorbiert werden. Es sind also zwei verschiedene Sorten LICHT vorhanden: Die intensiv weiß strahlenden LICHTBÜNDEL, die das spitzwinklige Dreieck bilden und die zarten Farbtöne wie Schneeflöckchen aus rosarotem oder weißem LICHT. Diese LICHTSTÜCKCHEN fallen individuell verschieden schnell an den LICHTBÜNDELN entlang nach unten. Lassen Sie keine Entäuschung aufkommen, wenn Sie *nichts* sehen. Konzentrieren Sie sich *nicht* darauf. Aus eigenem Antrieb heraus müßten Sie nichts sichtbar machen.

Durch die Bewußtatmung wird eine stärkere energetische ERNÄHRUNG Ihrer Seele stattfinden als üblicherweise. Wenn Sie diese ERNÄHRUNG, diese KRAFT, empfangen, wird Ihr tägliches Bewußtsein wachsen. Ihre Kapazität, um göttliche INSTRUKTIONEN zu empfangen, wird wachsen. Machen Sie dieses GEBET so lange oder so kurz, wie Sie es möchten. -

- *Achten Sie immer auf Ihr Gefühl!*

Diese METHODE ist uns gegeben worden, damit wir eine neue ERFAHRUNG machen können. Der Zweck ist, uns die Fähigkeit zu zeigen, uns aufs Neue auf das LEBEN einzustellen, jedoch von einem *anderen* Gesichtswinkel aus und mit einer neuen Persönlichkeit. Um das zu können, werden wir auch unterwiesen, wie wir die alten eingefahrenen Pfade *verlassen* können. All dies kann durch unseren Verstand *nicht* zustande kommen, sondern nur durch die verschiedenen LICHTQUALITÄTEN. Diese werden uns Schritt für Schritt ändern, ohne jede mentale Einspannung unsererseits.

Der erste Teil dieses GEBETS wird Ihnen helfen, viele peinliche und verwüstende Reaktionen aus Ihrem Leben zu beseitigen. Die Eliminierung beginnt an der Oberseite Ihres Kopfes, weiter durch Ihren Körper hindurch und verschwindet durch Ihre Füße in die LICHTFIGUR. Dies geschieht auf den Klang: A-U, A-U, A-U. Es ist, als ob wir von unserem Gehirn alles nach unten drücken, was wir nicht haben möchten. Alles verschwindet in der LICHTFIGUR und wird TRANSFORMIERT.

Sie brauchen sich dabei nicht bewußt zu machen, was Sie *nicht* haben möchten. Alles spielt sich mehr im Unbewußten ab, denn wir selbst haben wenig Wissen über unser richtiges sein und meist steht das wenige Wissen in Konfrontation zu GOTT und dem Kosmos. Wir Menschen haben alle eine sehr große Disharmonie in uns und wissen es nicht. Dieses GEBET wird der Anfang zur Elimination dieser Disharmonien sein. Es wird kein mentaler Prozeß sein, aber ein Resultat der Wirkung der LICHTGESETZE.

Nehmen Sie sich soviel Zeit wie Sie möchten, und stimmen Sie alles auf Ihren natürlichen Körperrhythmus ab. Wir Menschen müssen jeden Tag viele Dinge loswerden. Wir haben Schwierigkeiten damit, weil meist jedes Problem unterschiedlich ist. Denken Sie nicht ständig daran.

- *Konzentrieren Sie sich auf die Beseitigung und nicht auf die Probleme!*

Machen Sie sich bereit, um eine herrliche LEBENSMATERIE und eine neue Einstellung zu empfangen, um die allumfassende LIEBE zu erfahren und zu verstehen.

Als diese LICHTGEBETE zu mir kamen, wurde mir bewußt, daß diese Stückchen LICHT, welche in meine Handflächen fielen, das geheime BROT DES LEBENS waren. Es ist eine allgemeine MATERIE und in der Welt des LICHTES die BASISENERGIE, mit der sich unsere Seele, unser LICHTKÖRPER ernährt. Es ist die MATERIE des Lebens für *beide* Welten.

Mit dieser ENERGIE wird die grobstoffliche Materie unseres heutigen Körpers in die feinstoffliche Materie unseres ewigen Seelenkörpers oder LICHTKÖRPERS TRANSFORMIERT. Wir sind dadurch verbunden mit dem wiederauferstandenen Körper CHRISTI und mit den LICHTKÖRPERN geliebter Menschen, die bereits auf der anderen Seite des Lebens leben.

Glauben Sie *nicht*, daß die bereits auf die andere Seite des Lebens hinübergegangenen Menschen *keinen* lebendigen und kräftigen Körper besitzen! Die Körper der feinstofflichen Seite bestehen aus LICHT und die Vitalität ist durch die Intensität Ihrer STRAHLKRAFT festgelegt.

- *GOTT, CHRISTUS und auch alle großen MEISTER des LICHTES unterscheiden sich durch die Intensität und Qualität ihrer persönlichen AUSSTRAHLUNG.*

Alle Seelen haben einen Körper, der LICHT ausstrahlt. Diese Körper sind genauso Wirklichkeit wie unsere Körper aus Fleisch und Blut, die wir für diese materielle Welt brauchen. Wir sollten jedoch damit anfangen, unsere LICHTKÖRPER bereits hier auf Erden mit LICHT zu ernähren, damit wir eines Tages in der Lage sind, einen ähnlichen Körper zu bekommen wie CHRISTUS. Er hatte sich diesen Körper aus der unsterblichen Materie des lebendigen LICHTES in seinem Felsengrab geschaffen. - Hier erkennt man die gewaltige geistige KRAFT dieses Engels!

- *Je mehr LICHT wir Menschen in unserem Körper empfangen können, um so mehr geistige und physische ENERGIE werden wir auch haben und eine neue LEBENSMATERIE empfangen.*

Unabhängig vom physischen Alter und der Kondition des materiellen Körpers wird die Änderung stattfinden, da gibt es keinen Zweifel. Wir Menschen haben alle diese Möglichkeit, *keiner* ist benachteiligt.

Die Kraft des Geistes ist universell und *unabhängig* von dem Zustand der Materie. Dies gilt demnach auch für *verkrüppelte* materielle Körper. Alles was notwendig ist, ist ein offener und empfänglicher Geist. Als sich der menschliche Geist von CHRISTUS ablenken ließ, konnte CHRISTUS keine Heilung mehr am menschlichen Körper durchführen. Der Unglaube wirkt wie eine trennende Mauer.

- *Jeglicher geistiger Widerstand würgt den Strom des Lebens ab!*

Die LICHTMETHODE muß *ohne* innere Einspannung arbeiten können. Seien Sie immer ganz entspannt. Ob Sie etwas sehen oder nicht, macht wirklich *nichts* aus. Niemand ist deswegen schlechter oder besser als der andere.

Vergegenwärtigen Sie sich diesen Leitsatz immer!

Besonders dann, wenn Sie mit anderen über Ihre „Erfolge“ oder „Mißerfolge“ reden.

Wenn Sie das LICHT visualisieren,
dann ist es da!

Die LICHTFIGUR und der UNENDLICHE PUNKT VON STRAHLUNG, der URBRUNNEN, sind eine Realität!

Wenn Sie wirklich *wissen*, daß dies so ist und Sie Ihre Füße mit den Füßen der LICHTFIGUR in Kontakt bringen, wird etwas in Ihnen auch den neuen Morgen und damit den neuen Tag ändern. Sie werden Ihr HERZ ernähren, und allmählich wird die Kälte, die wir um unser HERZ herum aufgebaut haben, vertrieben werden.

Der größte Teil der Welt leidet an diesem Übel.

Die Ursache ist: *Angst! - Angst ist eine sehr negative MATERIE!*

Was Ihre Ängste auch beinhalten mögen, TRANSFORMIEREN Sie sie! Der physische Körper reagiert *psychosomatisch* auf diese Angst. Sie können eine bewußte oder auch unbewußte Angst im Blut haben. Jede Krankheit, die in der Welt bekannt ist, hat ihre Ursache darin.

Es ist aber auch nicht gut, Ängste loszuwerden, ohne die Freiräume *durch Vertrauen zu füllen.* Ich selbst habe mein Leben mit gewissen Ängsten begonnen. Erst nach vielen Jahren wurde mir dies bewußt gemacht. Doch jetzt sind diese Ängste verschwunden! Ich weiß, daß mein Vertrauen *wesentlich* größer ist als meine Angst. Ich bin mir konstant des Vertrauens bewußt und habe die Angst eliminiert.

Wenn Sie bei dem LICHTGEBET „DAS TÄGLICHE BROT“ die ENERGIETEILCHEN in Ihre Handflächen eindringen sehen oder dies spüren, kommt Vertrauen in Ihr Blut und dadurch in Ihren ganzen Körper hinein. Die Angst wird verschwinden. Diese kleinen ENERGIESTÜCKCHEN sind zur Förderung des Vertrauens da.

Im Anfang dieser METHODE wird die Geschwindigkeit des Leerens und des Füllens ähnlich sein. Ihr Vertrauen wird wachsen und Ihre Angst wird immer weniger, d. h. Sie werden der Angst immer weniger Raum lassen.

- *Sorgen sind die Ursachen für unsere Ängste!*

Wenn Sie zulassen, daß sich Angst in Ihnen aufbauen kann, *steigt* die Möglichkeit, krank zu werden. Wenn Sie jedoch sicher sind, daß die LICHTSTÜCKCHEN Sie ernähren, wächst Ihr Selbstvertrauen im GESETZ von Leben und LIEBE. Das Leben öffnet sich und strahlt aus. Angst befindet sich *innerlich*, aber LIEBE strahlt immer aus.

- *LIEBE ist eine STRAHLUNG!*

- *Angst ist eine innerliche Spannung.*

Diese innere Spannung kann den physischen Körper vernichten! Angst ist die Ursache all unserer Krankheiten. Angst erniedrigt das geistige Wachstum und durchkreuzt unsere LEBENSERNÄHRUNG.

Die METHODE des LICHTES kann all diese Situationen TRANSFORMIEREN und Ihnen eine bessere Blutzirkulation geben und auch einen mehr *extrovertierten* Geist zustande bringen. Wenn Sie einsehen, daß das Leben in Dienstleistung gebracht werden kann, werden Sie sich nicht mehr weiter mit den enttäuschenden Fakten des Lebens beschäftigen. Sie werden weniger jammern, wieder einmal enttäuscht worden zu sein.

- *Jeder einzelne Mensch hat so viel Angst, vom Leben enttäuscht zu werden, daß er harte Mauern und Isolierungen um sich herum aufgebaut hat.*

Wir müssen lernen, daß wir uns nicht länger abschirmen müssen. Die LIEBE GOTTES, die eigentlich unsere *richtige* Abschirmung ist, wird von uns beseitigt, wenn wir uns statt dessen diesen Isolierungen anpassen. Nur dann, wenn wir lernen, die Erfahrung zu akzeptieren, bereits von LIEBE beschirmt zu sein, wird dies eine größere innere Befriedigung sein, als die eigene Selbstabschirmung.

- *Vertrauen wird erst durch Erfahrung gebildet!*

Durch die METHODE des LICHTES werden Sie eine gewisse Quantität Hoffnung besitzen. Die Hoffnung, daß es auch in Ihrem speziellen *persönlichen* Fall funktionieren wird.

Ihr innerliches Wesen wird jedoch allerhand Widerstand aufrufen.

Es wird für Sie nicht einfach sein, wenn Sie keine Möglichkeit zur Visualisation haben. Wenn sich Gedanken aufdrängen, daß Sie dies angeblich *nicht können*, beschäftigen Sie sich mit diesen Gedanken nicht weiter. Die METHODE des LICHTES kann für Sie jeden Tag in einem Abenteuer enden. Sie wissen, wieviel ER heute schon zur Offenbarung gebracht hat, was gestern noch verborgen war. Etwas von dieser WAHRHEIT könnte auch in Ihr Leben hineinkommen. Das kann *jeden* Tag passieren, Sie müssen es nur wirklich *wollen*!

Die ersten GEBETE der LICHTMETHODE sind sehr wichtig. Bringen Sie sie in Ihren Biorhythmus ein, und achten Sie darauf, keine Selbstanalyse und kein introvertiertes Denken zu üben. Jeder Funken neuen Lebens, der durch die ENERGIETEILCHEN in Sie hineinfließt, geht auch auf andere Menschen über.

- Den ganzen Tag haben Sie die LICHTFIGUR als Ihre Erdung und den UNENDLICHEN PUNKT VON STRAHLUNG, Ihren BRUNNEN, zur Verfügung. Wo Sie auch sind, was Sie auch tun, diese beiden werden es möglich machen, die persönlichen Schwierigkeiten zu überwinden.

Wir Menschen haben alle unaufgelöste Probleme in uns verborgen. Probleme, die *nicht* mit menschlichen Methoden TRANSFORMIERT werden können. Zerbrechen Sie sich darüber nicht den Kopf, sondern vertrauen Sie diese Probleme CHRISTUS an. Die Probleme werden dann nicht länger nur in *Ihrer* Verantwortlichkeit sein, sondern auch *zu IHM* gehören und ER wird durch Sie *als Kanal* die genaue Lösung geben. Ihre einzige Aufgabe besteht darin, *empfänglich zu sein für SEINE Nachricht* und Kontakt zu halten durch die LICHTFIGUR und Ihre Bewußtatmung. Wenn Sie den Kontakt hergestellt haben, sind Ihre Probleme auch die seinen geworden und werden TRANSFORMIERT.

Als JESUS CHRISTUS auf Erden lebte, hatte er niemals sein Vertrauen in den VATER bezweifelt. ER hatte einen *ununterbrochenen* Kontakt zum VATER und war so des VATERS ausführende KRAFT auf Erden.

Auch wir Menschen können dies in CHRISTI-NAMEN *werden*, um dadurch zur Lösung aller Weltprobleme *beizutragen*, wenn wir ununterbrochen Kontakt mit CHRISTUS halten. Wir werden dazu alles Nötige Tag für Tag bekommen, aber dazu ist es notwendig, unsere Ängste schon am Morgen zur Seite zu schieben.

11. 6. Das TRANSFORMATIONSLICHT

Zusammenhängende GEBETE, Anwendung nach Bedarf)

Dieses GEBET ist eine ALLTAGSLICHTGEBET und kann *dreimal* gemacht werden, und zwar jedesmal, wenn Sie es benötigen. Sie kann im Stehen, aber auch in anderen Positionen durchgeführt werden. Wenn Sie stehen, heben Sie den Kopf leicht an. Visualisieren Sie den URBRUNNEN über sich.

Teil 1:

1. *Atmen Sie ein und sprechen Sie (gedanklich) die Silbe „VA". Aus dem URBRUNNEN kommen zwei Strahlen weißes LICHT zu Ihnen herunter, kreuzen sich oberhalb Ihrer Brust und dringen in Ihren Körper ein. Wenn das LICHT die Haut berührt, ändert es seine Farbe und wird zum TRANSFORMIERENDEN amethystfarbenen (violetten) LICHT umgewandelt.*

2. *Atmen Sie aus auf **„TER"**, und während Sie das tun, vereinigen sich die Strahlen und strömen nach unten durch Ihre Füße hindurch in die Erde mit guten Wünschen für die Welt, die Menschheit und alles, was lebt und blüht. Das LICHT blitzt durch den Körper, durch die Füße in die Erde hinein.*

Teil 2:

Sie können dieses GEBET auch für *andere* Menschen durchführen, aber nur zur Heilung und Übermittlung von LEBENSKRAFT:

1. *Machen Sie zuerst das GEBET so, wie oben genannt.*

2. *Visualisieren Sie sich die Person oder Personen, und machen Sie das ganze GEBET für* **deren** *Körper, so wie Sie es für sich selbst machen.*

3. *Am Ende visualisieren Sie ein weißes Kreuz in Körpergröße über den betreffenden Körper. Damit übergeben Sie die Person in SEINE HÄNDE.*

11. 7. Goldene Spirale und blaue Kreisbogen

(Zwei zusammenhängende ABENDLICHTGEBETE, dreimal)

Dies ist ein ABENDLICHTGEBET, das Sie dreimal durchführen sollten, bevor Sie zu Bett gehen.

Teil 1:

1. *Atmen Sie ein, und visualisieren Sie einen FADEN goldenen LICHTS vom BRUNNEN, der aus Ihrem Nacken austritt. Ziehen Sie den FADEN über Ihren Kopf nach vorn in Ihre Kehle hinein. Der goldene FADEN tritt aus der Hinterseite wieder heraus, geht wieder über den Kopf und durchbohrt ein bißchen tiefer Ihr Brustbein. Der FADEN tritt aus Ihrem Rückgrat aus, geht wieder über den Kopf, tritt wieder etwas tiefer in Ihre Brust ein usw.*

   Die Prozedur wird insgesamt ***neunmal*** *durchgeführt, bis der goldene FADEN schließlich am Steiß endgültig Ihren Körper verläßt und zurück zum BRUNNEN geht. Bitte beachten Sie, daß der FADEN jedesmal ein bißchen niedriger Ihren Körper durchdringt. Versuchen Sie nicht, den Vorgang zu steuern. Das LICHT sucht sich selbst seinen Weg.*

2. *Atmen Sie aus, und während Sie das tun, visualisieren Sie einen KREIS aus blauem LICHT (Halo) über Ihrem Kopf. Noch immer ausatmend kommt der erste KREIS langsam nach unten. Ein zweiter RING löst sich von oben und vermischt sich mit dem vorherigen. Die beiden blauen RINGE schweben in Richtung Füße, während ein dritter RING vom Kopf aus sich mit den beiden vorausschwebenden RINGEN vereinigt usw, bis insgesamt neun RINGE zu einem RING vereinigt um Ihre Füße herumliegen. Das alles sollte auf* ***eine*** *Ausatmung geschehen.*

Teil 2:

3. *Visualisieren Sie zum Schluß ein Kreuz aus weißem LICHT über Ihrem Körper für Protektion in ERGEBUNG während der Nacht.*

Hinweis: Anfangs dürfen Sie auch bei jeder SPIRALE einatmen und ausatmen und auf jeden BLAULICHTKREIS einatmen und ausatmen. Später geht dies blitzartig. Insgesamt sind es also neun GOLD-LICHTSPIRALEN und neun BLAULICHTKREISE. Die GOLDSPIRALEN durchbohren Ihre Blockaden aus diesem und vorangegangenen Leben, und Sie werden belohnt durch die LIEBE, welche die Kreise aus blauem LICHT darstellen.

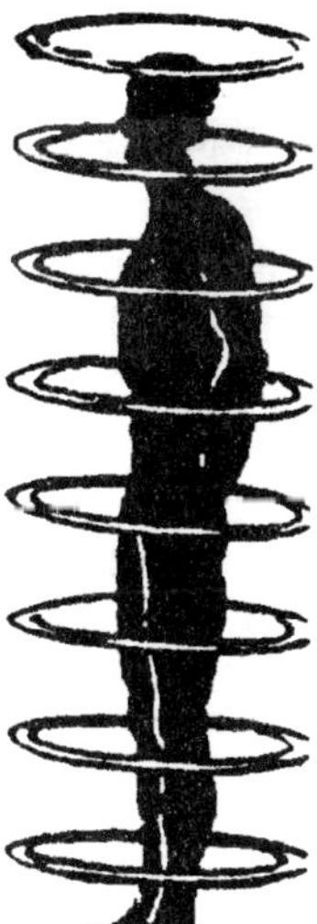

11. 7. 1. Erklärung

Das LICHTGEBET „Goldene Spirale und blaue Ringe“ ist ein GEBET für den Abend. Es sollte das letzte sein, was Sie tun, bevor Sie schlafen gehen. Der Zweck ist folgender: Alle schlechten Eindrücke, die Sie den Tag über angesammelt haben, sollen in der darauffolgenden Nacht abgeschüttelt und TRANSFORMIERT werden. Das gilt auch für die schlechten Erfahrungen aus *früheren* Leben.

- *Die GOLDENE SPIRALE ist ein Hilfsmittel, um unseren unbewußten Widerstand durchzuschneiden.*

Das goldene LICHT ist eine *lösende* MATERIE, die durch unseren Körper hindurchblitzt und diesen ohne Mühe verändern kann. Als Anfänger dürfen Sie sich so viel Zeit dafür nehmen wie Sie möchten, z. B. für jeden BOGEN der SPIRALE *eine* Einatmung.

Wenn Sie das GEBET beherrschen, müssen Sie die neun SPIRALEN sehr schnell innerhalb *einer* Einatmung durchführen. Dabei ist die Atmung nicht so wichtig wie die Durchbohrung. Jede Durchbohrung sollte dabei ein Stückchen tiefer durch die Kehle, die Brust und den Bauch hindurchgehen und am Rückgrat wieder austreten, bis alle neun Durchbohrungen senkrecht untereinander liegen.

Dieses GEBET ist kein leichtes GEBET. Es kann Ihnen oft passieren, daß sich das LICHT *nicht* auf einer geraden Linie führen läßt, sondern kreuz und quer durch Ihren Körper springt. Es kann auch sein, daß das LICHT aus Ihrer Körpermitte herauskommt. Sollte das passieren, ist dies ein Hinweis dafür, daß Sie *nicht* in Harmonie mit sich sind.

- *Je schwieriger* Sie ein LICHTGEBET empfinden, *umso wichtiger* ist es für Sie, dieses GEBET durchzuführen!

Fällt Ihnen dieses LICHTGEBET leicht, so seien Sie zufrieden, denn dann wird Ihr Bewußtsein zu einem Teil Ihrer natürlichen Einstellung zum Leben.

Führen Sie dieses GEBET *dreimal* durch. Gehen Sie danach ins Bett und visualisieren Sie ein Kreuz aus weißem LICHT von Kopf bis Fuß und an den Schultern entlang. Dieses Kreuz ist Ihre Abschirmung für die darauffolgende Nacht. Wenn Sie wollen, können Sie die BEWUSSTATMUNG durchführen bis Sie eingeschlafen sind.

Ich möchte Ihnen nun noch einige *weiterreichende* Erklärungen dazu geben:

In den GEBETEN *davor* haben wir das LICHT nur bis zu unseren Füßen, Händen, Armen und Kehle gezogen. Aber einen sehr wichtigen Teil des Körpers hatten wir noch nicht einbezogen: Das Rückgrat! Das Rückgrat steht in Verbindung mit dem Kopf und damit auch in Verbindung mit dem Verstand. Wir müssen aber *zuerst* die Wirkungen unseres physischen Körpers verstehen und die Wichtigkeit jedes Teiles davon, bevor wir etwas von der christlichen Einweihung verstehen können. Jedes einzelne Teilstück kommt von selbst, wenn Sie die METHODE des LICHTES konsequent weiterführen.

JESUS CHRISTUS hatte zu den Menschen seinerzeit gesagt, daß alles, was am Körper *sichtbar* wird, auch seinen besonderen Grund hat. Er hat zu dem gelähmten Mann gesagt: „Nimm dein Bett auf und wandere." Oder: „Deine Sünden sind Dir vergeben." - Der Mann war gelähmt, weil er das GESETZ DES LEBENS gebrochen hatte.

- *Sünde unterbricht die Verbindung zwischen dem Menschen und seinem SCHÖPFER. Dies ist die Ursache aller physischen Krankheiten!*

GOTT kreierte die Materie, das Fleisch und das Blut und damit auch alle Naturgesetze, die dazugehören. Der inkarnierte CHRISTUS hatte gesagt, daß er „eins" sei mit dem VATER. Das bedeutet: CHRISTUS besitzt eine *permanente Verbindung* zum VATER und ist mit IHM einer Meinung. Wären wir Menschen sündenfrei und hätten unsere Verbindung zum VATER *nicht* unterbrochen, würden *auch wir*, wie CHRISTUS es zeigte, auf *geradem* Weg mit IHM verbunden sein.

Man sagt, daß GOTT ein „Geist" ist. Wir reden über Geister ohne Körper. Aber so, wie wir uns das vorstellen, existieren diese WESEN nicht. Glauben Sie wirklich, daß wir ohne Form aufsteigen zu unserem SCHÖPFER, wenn wir dereinst unseren Körper auf der Erde zurücklassen müssen?

CHRISTUS sagte, daß er gekommen sei, um den Menschen *zu zeigen*, daß Sie Ihren Körper mitnehmen können in das Geistige Reich. Der VATER hat uns geschaffen nach SEINEM BILDE. Es wird allmählich Zeit, daß wir mit dem Änderungsprozeß unseres Körpers beginnen, so wie CHRISTUS es zeigte.

Es gibt viele lichtausstrahlende Menschen, aber noch mehr *depressive* Menschen, die Pessimismus und Finsternis ausstrahlen und auf andere Menschen *übertragen*. Diese Menschen versagen sich GOTT und dem Leben, weil Sie glauben, daß GOTT *weit weg* ist und ER überhaupt keinen Kontakt mit den Menschen auf der Erde hat.

Diejenigen Menschen, die versuchen, dem Pfad CHRISTI zu folgen, müßten an sich wissen, was sie tun, wenn sie jeden Morgen mit ihren Füßen die Füße der LICHTFIGUR berühren. Sie stellen nämlich den Kontakt zu seinem strahlenden KÖRPER her, und ER erdet dann die STRAHLUNG aus Fleisch und Blut. CHRISTUS wußte, wovon er sprach, wenn er sagte: „Der VATER und ich sind eins!"

GOTTES STRAHLUNG ist aus einer wunderbaren STOFF gemacht, den wir nicht verstehen können. Es ist für uns Menschen *unmöglich*, diesen zu begreifen! Wir sind nicht in der

Lage, diesen STOFF, der *außerhalb* unseres Verstehens liegt, zu berühren oder damit jemanden zu behandeln.

- *JESUS CHRISTUS hatte das Maximum an göttlicher STRAHLUNG erreicht. Wir Menschen befinden uns dagegen auf dem Minimumniveau dieser STRAHLUNG!*

Wir müssen diese STRAHLUNG aber *annehmen* können und *zulassen*, wenn wir in unserer Evolution weiterkommen wollen. Wir können es schaffen, wenn wir uns *täglich* mit dieser STRAHLUNG beschäftigen, um damit die Gewohnheiten und Aktivitäten unseres Geistes abzuändern. Es ist nicht leicht, diese Gewohnheiten, die in uns *stabilisiert* sind, abzuändern. Unsere Gedanken fallen immer wieder in Ihre alten Spuren zurück, bis wir einmal imstande sind, unser Gedankenniveau *endgültig* anzuheben. Es ist eine Frage der Zeit und der persönlichen Zielsetzung. Es kann in *einer* Inkarnation geschehen, es können aber auch *viele Inkarnationen* dazu nötig sein, bis der betreffende Mensch seinen Eigensinn und seine Verblendung aufgibt. Es kann Jahrzehnte oder Jahrtausende dauern.

- *GOTT zwingt keinen Menschen. - Alles ist ein gewaltiger Lernprozeß!*

Das LICHTGEBET „Goldene Spirale und blaue Ringe“ handelt von der KRAFT und der Empfänglichkeit und wird den Übenden von vielen Erfahrungen aus seinen früheren Leben befreien. Der spezielle Zweck des goldenen DRAHTES ist es, den unterbewußten Widerstand gegen die LIEBE und das LEBEN zu „durchbohren“.

Menschliche Wesen sind von ihrem Naturell her egoistisch und bewußt mit Selbstbeschirmung und Selbstentwicklung beschäftigt, d. h. sie können angeblich *alles allein.* Ihre *eigenen* Ideen und Wünsche vibrieren konstant, und das stört die WAHRE MATERIE.

Das LICHT, das über Ihrem Kopf blitzt und Ihre Kehle durchbohrt, schafft diese gewisse Empfindsamkeit, welche die Empfangsbereitschaft unseres Körpers fördert. Wir sind daran gewöhnt, Gedanken in unserem Geist zu empfangen. Wir glauben, daß es ausreicht, den SCHUTZ für unser Leben durch den Verstand zu empfangen.

Wir müssen üben und es *wollen*, so wie CHRISTUS es tat, um das LICHT des VATERS in jedem Teil und jeder Zelle unseres Körpers empfangen zu können. Mittels dieser METHODE werden wir unsere ursprüngliche Materie ändern. Die Änderung wird *spontan* stattfinden. Der einzige Einsatz, den wir bringen müssen, ist: *Jeden Tag in Treue zu IHM zu üben.*

- *Wenn Sie nicht sofort ein Resultat bemerken, verlassen Sie den einmal eingeschlagenen Weg nicht. Haben Sie Geduld mit sich selber. Können Sie das Wort „Geduld" schon nicht mehr hören, denken Sie daran, wie groß die Geduld des VATERS mit der Menschheit ist!*

Es wird dem Menschen sehr leicht gemacht, die METHODE DES LICHTES wieder beiseite zu legen. Doch denken Sie daran: Es gibt immer einen gewissen Übergang für die Menschen, die mit dieser METHODE beginnen und in denen das Alte nicht so vorherrschend ist. Das Neue ist zu diesem Zeitpunkt aber noch nicht voll integriert und der betreffende Mensch fühlt dadurch *keinen* Fortschritt.

Wenn Sie sich müde fühlen und nervös sind und vielleicht denken, daß die METHODE DES LICHTES für Sie kein gutes Resultat zeigt, verfallen Sie dann nicht in angespannte Aufmerksamkeit für die Signale aus Ihrem Inneren. Wissen Sie statt dessen, daß der Kontakt mit GOTT und CHRISTUS *richtig* ist, und daß die METHODE DES LICHTES nicht nur die Visualisation einer Kondition ist.

Sehen Sie in Ihrem Geist die MATERIE des LICHTES nicht separiert, sondern *lassen Sie zu*, daß diese durch Sie hindurchgehen kann, um Sie zu ändern, *ohne* daß Sie sich dessen bewußt sind. Versuchen Sie *nicht* bewußt, diese Änderung zustandezubringen, auch nicht durch Willensanstrengung oder sonstiger Kraftanstrengung.

- Wenn Sie von Anfang an dem LICHT *treu bleiben*, werden Sie das Übermaß erfahren, mit dem Sie am Ende belohnt werden.

Ihre Unabhängigkeit wird mit riesigen Sprüngen zunehmen. Versuchen Sie nicht, dies zu limitieren und seien Sie *nicht interessiert* an visionären Bildern oder anderen paranormalen Erfahrungen. Versuchen Sie statt dessen festzustellen, wie das LICHT Ihnen bei Ihren Problemen im Alltag und in den Beziehungen zu Ihrem Nächsten hilft.

JESUS CHRISTUS selber wirkte durch einfache menschliche Erfahrungen. Der Kontakt mit dem VATER war der wichtigste LEBENSBRUNNEN für seine Existenz. Aber der Kontakt mit normalen Menschen war *auch notwendig* für das Durchleben seiner kompletten Menschlichkeit. Hätte JESUS CHRISTUS das Leben eines Zurückgezogenen geführt, zwar für die Menschen gebetet, aber nicht in Ihrer Mitte gelebt, so würde seine Menschlichkeit die gleiche Qualität aufweisen, die allen Zurückgezogenen zu eigen ist: *Sterilität ohne BLUT*. - JESUS CHRISTUS war *kein* Klausner, sondern war stets im *direkten* Kontakt mit dem VATER und hat diesen Kontakt an *jeden* Umstand seines normalen Lebens angepaßt.

Zum ersten Teil der ÜBUNG:

Das menschliche Rückgrat gehört zu den sehr flexiblen Organen. Es ist empfindlich für viele schaffende ENERGIEN. Das goldene LICHT durchbohrt uns und löst die ENERGIEBLOCKADEN auf.

- Der erste Bogen der GOLDSPIRALE durchbohrt die Kehle, die Zunge und die Speicheldrüse. Das LICHT blitzt durch die Lebensflüssigkeit, die die Verbindung zum Verstand herstellt, hindurch.

- Der zweite Bogen durchdringt den Körper über dem Herzen und geht durch alle wichtigen Atmungsorgane.

- Der nächste durch den Bereich, in dem das UNIVERSELLE HERZ liegt. Sitzt in Ihrem Herzen Rache für das Leben, so fühlen Sie das sofort in Ihrem Rückgrat. Sie sind dann sehr „trocken“, weil die LIEBE Ihnen nicht gebracht hat, was Sie von ihr *erwartet* hatten. Wenn Ihr Herz und Ihr Geist zusammen die LIEBE auf eine Person dirigieren und diese Person Sie dann enttäuscht oder stirbt, stirbt auch etwas in Ihnen! Ich weiß, wie leicht es ist, *innerlich zu sterben*, wenn jemand, den man geliebt hat, geht oder wenn man enttäuscht wird. Alle Menschen leiden an dieser Erfahrung, die sich manifestiert in vielen chronischen Krankheiten. Dieses LICHTGEBET wird Ihnen Gelegenheit geben, Ihre Verbindung mit der LIEBE wieder *instandzusetzen.*

- Des weiteren durchbohren wir uns im Bereich des *Solar Plexus*, dem Zentrum unserer Nerven. Sie wissen, wie unwiderstehlich die LIEBE auf die Nerven einwirkt. Wir sind nicht in der Lage, Harmonie in unser Nervenzentrum zu bekommen, *ohne* eine tagtägliche HILFE. Wir müssen Zeit dafür aufwenden, weil unser Kontakt mit der LIEBE größer werden muß als unsere Möglichkeiten, dieser zu widerstehen, sonst entsteht Leid durch unsere Trauer.

***Überwiegt** die LIEBE in uns, können wir nicht mehr leiden, weil wir stets in Kontakt mit der LIEBE sind und weil wir dann auch das Vertrauen haben, was uns vorher fehlte.*

***Bei einem Mangel** an LIEBE empfinden wir die Traurigkeit, weil die LIEBE durch das Leiden separiert und dadurch der Kontakt mit der LIEBE verhindert wird.*

Unser physischer Körper ist lebenswichtig, weil wir mit unserem Körper lieben. Wir drücken *unsere* Liebe damit aus. Viele Menschen glauben, daß die Liebe eine Verstandeskondition ist und ausreichend scheint, auch das Geistige verstehen zu können. Aber diejenigen unter Ihnen, die damit Erfahrung haben, wissen, daß das *nicht* ausreicht, und daß *wirkliche* LIEBE die Einheit von Körper und Geist darstellt.

Die Durchbohrung Ihres Körpers mit dem LICHT muß *freiwillig* geschehen! Die Durchbohrungen geschehen blitzschnell, neunmal hintereinander in einer senkrecht verlaufenden Linie und an neun Stellen Ihres Körpers. Sie schaffen damit die Möglichkeit, daß ein kleines bißchen von der MATERIE zurückbleibt. Dies ist die Reaktion des LICHTES, das bei Ihnen sein wird während der ganzen Nacht und wenn Sie morgens aufwachen.

Der zweite Teil dieses Gebets ist sehr schön:

Die blaue Farbe der RINGE stellt die CHRISTUSFARBE dar, die in ihrer Intensität und Farbsättigung individuell auf den betreffenden Menschen abgestimmt ist. Die blauen RINGE sind gleichbedeutend mit SEGNUNGEN und schweben von oben kommend über den Kopf hinunter zu den Füßen. Sie selbst stehen dabei *innerhalb* der RINGE. Die RINGE berühren Sie dabei *nicht*. Die Qualität der Farbe ist abhängig von der ENERGIEMENGE der LIEBE, die wir zu diesem Zeitpunkt imstande sind zu empfangen.

Ich selbst verbinde LIEBE *nicht* mit Emotion. Ich verbinde LIEBE mit Wärme und Ruhe, innerlichem Frieden und Gebebereitschaft. Es ist ein großes Glücksgefühl, mit dem HERZEN geben zu dürfen! Der Verstand zögert häufig und erzeugt oft ein Pflichtgefühl. Dagegen ist das HERZ ein spontaner Schenker und registriert unsere Gedankengifte nicht. CHRISTUS sprach dies an, als er sagte: „Laßt die rechte Hand nicht wissen, was die linke Hand gibt." Der Verstand weiß es *immer*, aber das HERZ weiß es *nicht*.

Sie können nun denken, daß ich ein Optimist bin. Es ist aber absolut sicher, daß dieses spezielle LICHTGEBET *spontane* Reaktionen ermöglichen wird. Trennen Sie sich nicht durch

Ihren blockierenden Verstand von der Möglichkeit, mit einer STRAHLUNG zu leben, die Sie befreit und Sie in keiner Weise einspannt.

Lassen Sie die goldene SPIRALE durch Ihren Körper hindurchblitzen, und lassen Sie die blauen RINGE *jeden* Abend von oben nach unten schweben. Sie wissen dann, daß Sie gesegnet sind, weil Sie zuvor Ihren Körper behandeln ließen. Sie geben dem LEBEN Gelegenheit, und darum wird LIEBE Sie umkreisen.
Sie müssen verstehen, daß CHRISTUS den Menschen die Freiheit gab zu lieben. Weil er jedoch gewisse soziale Taten nicht gleich verurteilte, sind wir geneigt zu meinen, daß er damit einverstanden ist. Dies ist sicherlich nicht wahr. Jedes Individuum wird *für sich selbst* lernen müssen, was LIEBE ist!

Die LIEBE kann *nicht* einfach von einer Person auf die andere *übertragen* werden. LIEBE ist nicht an das normale Gesetz der Moralität gebunden. Wir können Moral besitzen, aber trotzdem immer noch das GESETZ DER LIEBE in unseren Beziehungen zu unseren Nachbarn überschreiten.

Wenn wir die LIEBE *wirklich* liebten, würden wir nicht nur immun sein, sondern auch die LIEBE in unsere beruflichen und geschäftlichen Beziehungen *einfließen lassen* und Sie zu einem integrierten Bestandteil unseres Lebens machen.

Ergebnis: Kein Mensch würde mehr den anderen betrügen können!

Die METHODE dieser Technik kann in uns die ewigen GESETZE DER LIEBE und des Lebens verankern.

- *Der Mensch wird sich ändern, wenn er einig ist mit dem VATER und die Botschaft CHRISTI v e r s t e h e n lernt.*

11. 8. EL-O-HIEM

(Drei zusammenhängende GEBETE, Anwendung nach Bedarf)

Dic EL-O-HIEM-FREQUENZ ist eigentlich eine Gruppe göttlicher FREQUENZEN, an die wir uns durch transparentes, leicht blaues LICHT, dem AQUAMARINLICHT, richten. Wenn man ein Glas Wasser in das Sonnenlicht hält und unter einem bestimmten Winkel durch das Glas hindurchschaut, sieht man eine transparente, bläuliche Farbe - das AQUAMARINLICHT. Die Farbe der kosmischen ENERGIE. Visualisieren Sie dies.

11. 8. 1. Für Menschen auf der Erde

1. *Atmen Sie auf den Klang „**EL**“ ein und ziehen Sie aquamarinfarbenes LICHT vom URBRUNNEN herunter. Das LICHT dringt in Ihr linkes Ohr ein, läuft durch den Kopf und tritt aus dem rechten Ohr hinaus.*

2. *Atmen Sie weiter ein, und auf dem Klang „**O**“ visualisieren Sie das AQUAMARINLICHT in das linke Ohr eines geliebten Menschen, eines Feindes oder eines Regierungsmitgliedes. Das LICHT tritt, wie bei Ihnen, aus dem rechten Ohr wieder hinaus. - Es darf auch eine Reihe von Personen auf einmal visualisiert werden.*

3. *Atmen Sie aus auf den Klang „**HIEM**“ und visualisieren Sie, wie das AQUAMARINLICHT in einer spiralförmigen Bahn senkrecht zum URBRUNNEN zurückfließt.*

11. 8. 2. Für Verstorbene

Wenn ein lieber Mensch heimgegangen ist, sind viele Menschen traurig und machen sich Vorwürfe, weil sie nicht alles zu seinen Lebzeiten getan haben, was sie hätten eigentlich tun können. Sie haben die Möglichkeit, mit dieser LICHTFREQUENZ die Lieben zu erreichen und LIEBE zu schicken. Eine LICHTBRÜCKE zur ANDEREN WELT, um Verwandte, aber auch Feinde zu unterstützen. Dies ist natürlich wieder der freien Wahl unterworfen. Doch dadurch *könnten* die Menschen lernen: DAS ALLES EINS UND EINS ALLES IST:

1. *wie oben.*

2. *Sie atmen weiter ein, und auf dem Klang „O“ visualisieren Sie aquamarinfarbenes LICHT durch die Köpfe (linkes Ohr herein und rechtes Ohr hinaus) der bereits hinübergegangenen Menschen.*

3. *Wie oben.*

11. 8. 3. Verbindung mit CHRISTUS

1. *Wie oben.*

2. *Visualisieren Sie vor Ihrem geistigen Auge den Kopf CHRISTI. Das bekannte Farbbild des Gesichtsabdrucks vom Turinertuch kann dazu Hilfestellung geben. Noch immer einatmend visualisieren Sie jetzt auf dem Klang „O“, wie das aquamarinfarbene LICHT in das linke Ohr CHRISTI eindringt, durch den Kopf hindurch und aus seinem rechten Ohr wieder herauskommt.*

3. *Wie oben.*

11. 9. ALLAH-JAHWEH (ABENDLICHTGEBETE, dreimal, danach beliebig)

Dieses GEBET „reinigt" das Gehirn und wird Ihnen helfen, am Morgen mit einem klaren Kopf aufzustehen. Das GEBET sollte immer dann durchgeführt werden, wenn Sie unbedingt einen klaren Kopf benötigen oder wenn Sie unter quälenden Ängsten leiden.

1. *Stehen Sie gerade, mit etwas gehobenem Kinn.*

2. *Während Sie auf den Klang **„ALLAH"** einatmen, ziehen Sie weißes LICHT vom URBRUNNEN zu Ihrer Kehle. Visualisieren Sie, wie das LICHT Ihre Kehle durchdringt und im Nackenbereich wieder austritt. Das LICHT beschreibt eine Kurve und tritt wieder in Ihren Hinterkopf ein.*

3. *Während Sie auf den Klang **„JAHWEH"** ausatmen, blitzt das weiße LICHT durch Ihren Kopf, tritt aus Ihrem Stirnchakra aus und tritt in das Stirnchakra des visualisierten CHRISTUS ein.*

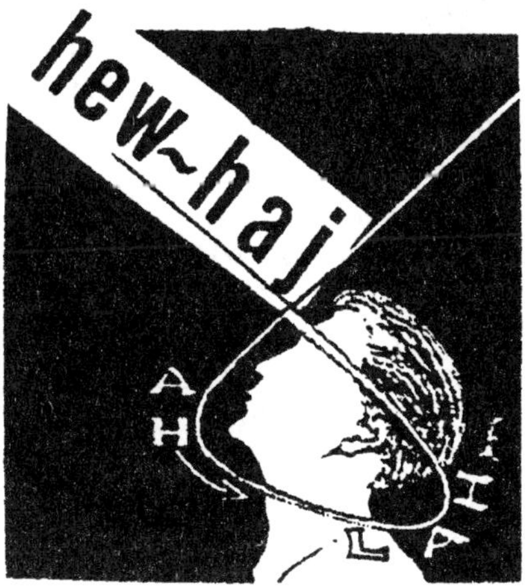

11. 9. 1. Erklärung

Diese LICHTMETHODE wird auch CHRISTLICHE EINWEIHUNG genannt und wird in uns die perfekte Bilanz GÖTTLICHER- und menschlicher Verhältnisse schaffen. Eine derartige Bilanz zeigte CHRISTUS seinerzeit auf Erden. Nur wenige unter uns haben überhaupt eine Vorstellung davon, wie eine derartige Bilanz bei einem menschlichen Wesen aussehen könnte oder auf welche Weise wir diese in uns zustande bringen könnten.

Wir alle werden *beherrscht* vom Verstand und sind mental und geistig von unserem physischen Staat *abhängig*. Jede Denkrichtung hat auch ihre eigene Theorie darüber. Die WAHRHEIT liegt in einer perfekten Bilanz zwischen diesen beiden. Dieses GEBET ist dazu da, um diese Bilanz sehr genau in uns zu gründen.

Die GEBETE und die unterschiedliche LICHTMATERIE sind für neue LEBENSKRAFT da und sollten in einem gewissen Teil unseres Körpers etwas zustande bringen. Jeder Mensch kann nur gemäß seiner Erfahrung erfahren, *wie* die Reaktionen in seinem eigenen Körper sein werden. Die möglichen Reaktionen hängen dabei von zwei Faktoren ab: Die Abstimmung des menschlichen Geistes und der Effekt dieser Abstimmung auf die Nerven und Drüsen. Wenn wir das Erste verändern, ändert sich auch das Zweite.

Es ist nicht der Weg, daß wir Menschen unseren Geist *so* dominant machen, daß dieser die Materie kontrolliert. Man sollte vielmehr den Geist abstimmen auf die URKRAFT, damit eine Erleuchtung empfangen werden kann. Damit haben wir die Gesetze der URKRAFT ausgeführt, die dann neue Reaktionen in unserem Körper auslösen wird.

- *Eine der wichtigsten Bedingungen, um eine neue Abstimmung des Geistes zustande zu bringen, ist die Angst zu eliminieren.*

Angst, die bewußt oder unbewußt auftritt, hat sehr große *destruktive* Auswirkungen auf den Körper. Die Angst ist ein versteckter mentaler Zwang bei vielen Leuten unter uns.

- *Angst ist im Grunde genommen eine geistige Warnung, weil sie ein Mangel an Verbindung und Vertrauen zu GOTT darstellt.*

Wir würden keine Angst vor der Finsternis haben, wenn wir genau wüßten, wie wir schlagartig eine Verbindung mit dem LICHT herstellen könnten. Angst würde nicht mehr sein, wenn wir *echtes Vertrauen* zu der URKRAFT, GOTT, hätten und eine ununterbrochene Verbindung zu IHM bzw. zu SEINER HIERARCHIE haben würden.

Diese LICHTMETHODE wird lehren, wie Sie das zustande bringen können.

Sie werden entdecken, daß GOTT unsere LEBENSKRAFT ist, mit der Sie sich verbinden sollten. Wenn ein Mensch diese Verbindung nicht haben *möchte*, so wird ER diese niemals erzwingen, doch ER kann dem betreffenden Menschen dann auch nicht helfen.

- GOTT wirkt *in der Stille* und drängt sich niemandem auf!

CHRISTUS lebte ohne Angst. Sein GEIST war abgestimmt auf den VATER und beide waren eins. Von Sekunde zu Sekunde strahlte CHRISTUS sein Vertrauen aus und empfing die Gedanken GOTTES in seiner Seele. Er ist niemals in seinem menschlichen Leben einer schwierigen Lage aus dem Weg gegangen. Die tägliche Erfahrung des Kontaktes überzeugte ihn, daß er immer, aber auch immer darauf vertrauen konnte. Weil JESUS aber menschlich und damit Restriktionen unterworfen war, konnte er genauso wenig wie wir im voraus sehen, wie eine ununterbrochene Verbindung zum VATER in der Praxis funktionieren würde.

Nie zuvor hatte ein Mensch auf Erden eine so perfekte Demonstration der KRÄFTE GOTTES darstellen können, die durch

JESUS wirkten. Nie zuvor konnten Resultate beliebiger Situationen so perfekt vorausgesagt werden. JESUS stimmte sich ab auf den VATER und empfing *unmittelbar* die nötigen INSPIRATIONEN.

- *Als KANAL DER URKRAFT war JESUS in der Lage, diese effektiv zu leiten.*

Wenn wir Menschen es lernen wollen, auch auf unmittelbare INSPIRATION zu handeln, werden wir uns *selber* demgemäß trainieren müssen. Jeden Moment des Tages, in jeder nur denkbaren Krise können wir uns dann abstimmen auf die URKRAFT. Wir werden dann intuitiv wissen, *was* zu tun ist und auch, *wie* wir es bewerkstelligen können.

Wenn wir gelernt haben, auf göttliche ANWEISUNGEN zu vertrauen, ist jegliche Zukunftsplanung *unnötig* geworden. Wenn Sie Ihren individuellen Glauben so entwickeln können, daß INSPIRATION zur *Gewohnheit* wird, werden Sie auch das Vertrauen in dieser irdischen Art des Lebens besitzen und Angst wird es nie mehr geben.

- *Wenn Sie ohne Angst sind, sind Sie auch ohne Sünde!*

Das wäre dann sozusagen das Resultat des ununterbrochenen Kontaktes mit der perfekten LIEBE. Der dreidimensionale irdische Verstand wird dies *erkennen* können und mit einem Mal *verstehen.* Mit dem Verständnis ist dann die Harmonie erreicht.

- Dieses LICHTGEBET leitet *neues Leben* an die Drüsenfunktionen in unserem Kopf.

Die meisten unter uns sind verwirrt und geistig abwesend bedingt durch den Mangel an ENERGIE in diesen Drüsen. Unser Geist funktioniert *nicht schnell genug*, und wir wissen nicht, wie wir ausstrahlen müssen. Wenn wir Zeit hätten, könnten wir vielleicht zu guten Entscheidungen kommen -, aber nehmen wir uns die Zeit?

Im Gegensatz dazu arbeiten wir besser mit der INSPIRATION. Lernen Sie Auszustrahlen *ohne* Nachzudenken. So sollte der menschliche Geist funktionieren! Das Resultat wird ein ausstrahlender Zustand sein, sozusagen ein Leben ohne Mühe. - Auch dies ist vom Verstand erfaßbar.

Unsere heutige Situation ist so, daß wir langsam sterben! Viele Menschen unter uns haben schon sehr tote Augen. Bei anderen sind Muskulatur, Nerven und die Organe in einem sehr schlechten Zustand. Man könnte sagen, daß das Leben auf einen *Minimalzustand* reduziert ist, doch es ist *immer* und zu *jeder* Zeit möglich, dieses *abzuändern*. Ich selber bin damit einig und vertrete auch diesen Standpunkt *öffentlich*. Meine Konsequenz daraus war, daß ich mit meiner früheren Zukunftsplanung *aufgehört* habe. - Ich brauche sie nicht mehr.

Ich kann Ihnen nicht sagen, *wie genau* die URKRAFT durch JESUS CHRISTUS heute oder morgen in *Ihrem* Körper wirken kann, aber ich weiß, daß diese KRAFT sehr sehr stark wirken *könnte*, wenn Sie ihr eine Chance dazu geben.

Dieses LICHTGEBET stellt eine sehr dynamische Bewegung des LICHTES dar. Das LICHT kommt auf den Ton „ALLAH“ vor unserem Gesicht gerade nach unten. Das LICHT blitzt durch die Kehle hindurch und an der Hinterseite unseres Kopfes wieder nach oben. Weiter durch die Mitte der Stirn und dann in das Stirnchakra des vor unserem geistigen Auge visualisierten CHRISTUS hinein. Dadurch sind wir mit IHM verbunden - sozusagen mit jedem Teil unseres Kopfes zum LEBEN *gebracht* worden. Jeder Nerv und jede Drüse in unserem Kopf wird durch die ALLAH-JAHWEH berührt.

- Versuchen Sie nicht, das LICHT zu steuern.

Das LICHT wird immer von sich aus die richtige Stelle finden. Auch das ist eine Sache des Vertrauens! Wir müssen lernen, den großen LICHTSTRAHL zu verstehen, in dem *unser Geist enthalten ist*.

Als mir dieses GEBET zum ersten Mal gezeigt wurde, sah ich einen „Streifen“ LICHT. Ich wurde aufgefordert, den ganzen Inhalt meines Geistes in das LICHT hineinzudenken. Durch die einsetzende Verschmelzung würde dann der Kopf entleert von negativer Energie, gefährlichen Gedanken und *jeder Form von Angst.*

Als ich an einem Abend dieses GEBET durchführte, sah ich das Gesicht CHRISTI und realisierte, daß dieser „Streifen aus LICHT“ seine Stirn war. Ich verstand, daß dadurch der Inhalt meines Geistes mit seiner AUSSTRAHLUNG verschmilzt und nur auf diesem Wege störende Gedanken entfernt werden können. Wir müssen verstehen lernen, daß der Geist CHRISTI eins ist mit dem Geist GOTTES. Sein GEIST enthält nur KENNTNIS, LIEBE und SORGE für die Menschheit.

Es ist schwierig für uns Menschen zu realisieren, daß wir als Individuen von so großer Wichtigkeit für CHRISTUS sein sollen und daß er die Menschheit braucht, so, wie der VATER ihn braucht. Er hat die Menschen nötig, um *zu demonstrieren*, daß man in dieser Zeit *frei sein kann von Angst.*

- *Es gibt nur eine Möglichkeit, die Angst zu überwinden, sich dem LICHT zuzuwenden! Angst ist von gleichem Ursprung wie die Finsternis!*

Wir können die Angst aus unserem Leben eliminieren, wenn wir sie in das LICHT hineinschicken. Ein Teil eines Gebetes lautet: „... erleuchte unsere Finsternis...“ und referiert *nicht* die Finsternis des Abends, sondern die Finsternis unserer Gedanken! Dieses Gebet kann erhört werden auf den Klang: ALLAH JAHWEH. Der Inhalt unseres Geistes geht auf diesem LICHTSTRAHL über in SEINEN GEIST

Wir müssen zu Anfang unseren Geist *leeren*, damit ER seine INSPIRATIONEN direkt in uns legen kann. Dieser Prozeß muß *jeden Abend* stattfinden, bevor wir ins Bett gehen. Und dann können wir frei von Sorgen und Gedanken schlafen, die sich in unserem Verstand eingenistet hatten. Wenn wir das elektrische Licht ausschalten, ist es so *viel leichter*, sich an die ganzen Schwierigkeiten des Alltages zu erinnern -, aber auch daran zu denken, was der neue Tag bringt.

Ein *zu aktiv* planender und *nur* mit seiner Welt beschäftigter Geist, kann das alles nur sehr sehr schwer loswerden.

Es ist besser, dieses GEBET *nicht* im Bett durchzuführen, sondern auf den Füßen stehend, den Kopf etwas angehoben, die Arme an den Seiten des Körpers entlang nach unten hängend. Wir sollen unseren geistigen Inhalt nicht in Richtung Erde leeren, sondern sollen - symbolisch gesehen - alles hoch zu IHM schicken.

Das Gewicht unserer Gedanken drückt uns den Kopf nach unten. Hohes Alter bringt es mit sich, daß wir den Kopf und die Schultern biegen. Es ist ein Zeichen ewiger Jugend, wenn wir den Kopf *hochhalten* und unser Rückgrat *gerade*! - Das wird so sein, wenn es für Sie zur Gewohnheit geworden ist, immer *nach oben* zu schauen.

Wenn Sie Ihren Geist in Verbindung bringen mit dem Geist CHRISTI, *kann man nicht* nach unten schauen. Ich selber würde z. B. nicht in der Lage sein, meine Vorträge mit dem Gesicht nach unten zu halten. Ich würde keinen KONTAKT und keine INSPIRATION bekommen. Schauen wir nach oben, sind wir *instinktiv* mit SEINEM GEIST in Verbindung. Wir werden uns gefühlsmäßig dann nicht mehr so wichtig nehmen, weil wir mit einemmal erkennen und wissen, wie wichtig die Verbindung zur URKRAFT ist.

Das irdische Leben bringt es leider mit sich, daß manche unter uns sich selber als *sehr wichtig* empfinden. Es gibt aber auch wieder andere, die einfach zu bescheiden sind und meinen, daß sie nur unwichtige Stäubchen im ganzen Universum sind. Sie können sich einfach nicht vorstellen, daß GOTT um *jeden* Mensch weiß und ihn *kennt*!

GOTT besitzt eine sehr große LIEBE für *jedes* seiner Individuen. Wir Menschen können unsere *eigenen* Wege gehen, aber *ohne* SEINEN PLAN für uns gäbe es schon keine Menschen mehr! Mehr und mehr realisiere ich in diesen Zeiten der irdischen Schwierigkeiten, wie wichtig *jeder einzelne* für IHN ist. Leider kann CHRISTUS aber nur wenige Aktionen auf Erden durchführen, denn dazu braucht er *Werkzeuge*, das heißt, Menschen, die *unmittelbar* auf seine Stimme hören und als sein Kanal fungieren und die Heilung und die „reparierende“ Arbeit ausführen. Es wird ihm aber sehr gut tun zu sehen, daß etwas auf dieser chaotischen Welt *erreicht* würde. Der Mensch braucht dazu nur seine eigenen egoistischen Gedanken *aufzugeben* und sich abzustimmen auf SEINEN Geist.

Ein Mittel dazu sind die LICHTGEBETE, die jeden Tag durchgeführt werden sollten.

Ich selber bin früher *nie so glücklich gewesen, wie heutzutage*, mit der inneren Sicherheit, daß diese Arbeit zu einer kompletten Erfüllung führen wird und seine Früchte tragen wird.

- *Die NEUE ZEIT wird kommen, und es wird eine neue Erde sein... Eine neue Erde, ein neuer Himmel und eine neue Rasse Männer und Frauen.*

11.10. Die Bedürfnisse (Drei zusammenhängende MORGENLICHTGEBETE, einmal, tagsüber nach Bedarf)

Wenn Sie morgens wach werden und die alltäglichen Verpflichtungen auf Sie warten, wünschten Sie vielleicht, es wäre schon wieder Abend. Setzen Sie dann das CHRISTUSBEWUSSTSEIN ein, um Ihre Wünsche für den Tag zum VATER zu senden, damit diese TRANSFORMIERT werden können. Nur der VATER weiß, was Sie *wirklich* für den Tag brauchen! Dies ist ein wunderbares GEBET, mit der Sie Ihre tiefsten Wünsche im Intimkontakt mit dem Kosmos austauschen können.

11. 10. 1. Persönliche Wünsche für den Tag

1. *Bleiben Sie entspannt im Bett liegen und konzentrieren Sie sich. Arme ausgestreckt am Körper entlang, die Handflächen nach oben. Visualisieren Sie um sich herum eine Mauer aus weißem LICHT. Sie sind umkreist von weißem LICHT, äußerster Stille und Isolation.*

2. *Visualisieren Sie den Rand eines goldenen Kelches in Ihrem HERZEN. Denken Sie alles, was Sie persönlich bedrückt, in diesen Kelch hinein. Überlegen Sie nicht lange, alles sollte sich mehr unterbewußt abspielen. Auch materielle Dinge sind möglich, doch Vorsicht: Begehren Sie nicht zu viel, sondern nur das, was Sie* ***tatsächlich*** *brauchen. Vergessen Sie auch nicht die Bedürfnisse Ihrer Freunde, aber auch nicht die Ihrer Feinde. Denken Sie daran: ALLES IST EINS UND EINS IST ALLES! Nach diesem GESETZ sind Sie auch mit Ihren Feinden verbunden.*

3. *Machen Sie jetzt die Ihnen schon bekannte Bewußtatmung: Atmen Sie tief ein. Drücken Sie die ENERGIE, die vom URBRUNNEN kommt, in die weiße LICHTFIGUR zu Ihren Füßen. Atmen Sie wieder aus und während die ENERGIE als eine Art Nebel zurück zum BRUNNEN geht, schicken Sie auch gleichzeitig den Kelch hoch zum VATER. Sie*

schicken den Kelch zu GOTT, mit der Bitte, alles zu TRANSFORMIEREN. Das bedeutet, Sie bekommen zurück, was Ihnen **zusteht** *bzw. was Sie an Energie* **ertragen** *können. Der leere Kelch kommt blitzartig auf einem weißen STRAHL zurück in Ihr HERZ.*

11. 10. 2. Gute Wünsche für sterbende oder bereits verstorbene Menschen

Mit dieser METHODE haben Sie auch die Möglichkeit, bereits im Geistigen Reich lebenden Menschen zu helfen und Ihnen LIEBE und Unterstützung durch das LICHT zu schicken. Bitten Sie GOTT, für den geliebten Menschen alles zu tun, was für dessen Evolution wichtig ist. Denn Sie selbst können nicht wissen, was der betreffende Mensch im Geistigen Reich *wirklich* benötigt.

Wichtig: Es handelt sich hierbei um *keine* Direktverbindung mit den astralen Bereichen. Alles läuft über das CHRISTUSBEWUSSTSEIN, und das ist der *sicherste*(!) Weg einer Verbindung zur *Anderen Welt*, die meiner Meinung nach sehr wichtig ist.

1. *Die Anweisungen unter den Punkten 1, 2, 3 vom I. Teil gelten weiter.*

2. *Visualisieren Sie nun das Bild der betroffenen Person, verbunden mit Ihren Wünschen in den Kelch hinein.*

11. 10. 3. Gute Wünsche für die Erde

1. *Die Anweisungen unter den Punkten 1, 2, 3 vom I. Teil gelten weiter.*

2. *Dieses Mal füllen Sie den Kelch mit Ihren Wünschen für die gesamte Welt wie z. B. KRAFT und Harmonie. Aber auch langfristige Wünsche, was Sie persönlich im Namen GOTTES für die Welt tun möchten, z. B. GOTTES Werk-*

zeug zu werden. Diese Wünsche füllen wir in den Kelch und schicken diesen mit der Bewußtatmung hoch. Wieder kommt der leere Kelch blitzartig zurück.

11. 10. 4. Erklärung

Dieses GEBET ist *kein* übliches „Gebet". Wir schicken sehr schnell mit unserer Bewußtatmung eine Anzahl von Gebeten hoch. Sie brauchen davon nichts zu sehen, weil es eine sehr persönliche Erfahrung ist.

Sollten Sie den Tag über etwas erleben, *was stark belastend auf Sie wirkt*, denken Sie diese Situation in den Kelch, machen Sie schnell eine Bewußtatmung und schicken Sie alles hoch, anstatt innerlich zu kämpfen. Jetzt können die guten Kräfte wirken. Nicht für Sie persönlich, sondern für das GANZE! Es ist unglaublich, wie diese Verbindung wirken kann! Ich weiß es aus eigener Erfahrung. Für mögliche Antworten ist es entscheidend, mit welcher Übergabe und Vertrauen Sie Ihre Wünsche hochgeschickt haben.

Wir Menschen sind in erster Linie vom Verstand geprägt und möchten immer wieder *Beweise* haben. Genau das wissen natürlich auch GOTT und SEINE HELFER. Sind Ihre Wünsche und Absichten *positiv*, bekommen Sie mit absoluter Sicherheit Ihre *individuelle* Antwort. Haben Sie etwas Geduld, wenn die Zeit da ist, wird es geschehen.

- Man sollte für das GESAMTE *in der Stille arbeiten und nicht darüber reden.* Entweder man arbeitet für das GESAMTE oder man tut es nicht. - Publizität ist nur etwas für die Erde!

Beten Sie mit Hilfe der LICHTGEBETE jeden Tag für die Heilung des GESAMTEN. Haben Sie Geduld, wenn die Zeit da ist, wird alles wie von selbst geschehen. Die Hilfe in der Not kommt meist nicht als eine rein persönliche Hilfe, sondern als Hilfe im Bereich des GANZEN. Dies ist die FREQUENZ, an deren Aufbau und Stärkung jeder einzelne Mensch mithelfen sollte. Je mehr Menschen daran mitarbeiten, desto stärker wird dieser FREQUENZBEREICH, der mit "Morphogenetisches Feld" bezeichnet wird.

Es kann passieren, daß wenn Sie verreisen, Sie mit den LICHTGEBETEN Schwierigkeiten bekommen. Als ich beruflich nach Amerika flog, mußte ich mich sehr auf die GEBETE konzentrieren, weil mein Biorhythmus durcheinandergekommen war. Für Anfänger kann dieses Problem noch viel gravierender sein!

Dieses GEBET ist das Instrument, womit wir einen Kontakt mit GOTT haben können auf unserer ganz privaten „Telefonlinie". Inwieweit ER uns helfen und sich uns selber offenbaren kann, hängt völlig von Ihrem „Telefongerät" ab. Sehr wichtig ist, daß Sie *realistisch* bleiben! Wenn Sie herumträumen, wird das Gebet nur schwach sein und kaum Wirkung in der Welt des Geistes zeigen.

- Wir Menschen müssen lernen, unsere Gedanken *zu disziplinieren*, damit uns die *richtigen* Bedürfnisse für uns und für andere bewußt werden, nur dann kann SEINE KRAFT in uns wirken.

Die KRAFT, welche die Befriedigung und die Bedürfnisse im Geistigen Reich regelt, wird mit dem Wort „Gebet" bezeichnet. Das Gebet hat dieselbe KRAFT in der WELT DES GEISTES, wie das Geld in unserer materiellen Welt. Je größer unser Reichtum auf Erden, desto mehr Materielles können wir uns schaffen und desto breiter werden die Möglichkeiten des persönlichen Besitzes. So ist es auch mit dem Gebet. Die Kenntnisse, die JESUS von der Wirkung der KRAFT und des Gebets hatte, waren enorm!

- *Ein Gebet bringt eine Linie der KOMMUNIKATION zwischen GOTT und jedem inkarnierten Geist in Gang, die als wissenschaftliche Realität angesehen werden sollte. Die Wissenschaft würde sich dann mit Sicherheit weniger irren, weil GOTT, der GESETZGEBER, in die wissenschaftlichen Überlegungen mit e i n b e z o g e n ist.*

Worte formen ein Bild unserer Bedürfnisse, aber Sie bringen nicht die absolute Befriedigung. Eine Wiederholung der Worte ist nur eine Form *ohne* KRAFT.

Der BRUNNEN der KRAFT, das Gebet, ist in GOTT und GOTT ist LICHT. Was von IHM kommt ist LICHT. Um diese KRAFT im Gebet erkennen zu können und zu verstehen, müssen wir uns mit diesem LICHT *verbinden*. Es gibt verschiedene Formen der Gebete, genauso wie es gewisse Formen des Geldes gibt.

- *Viele Menschen beten zu Heiligen, aber wir sollten uns nur auf die Direktverbindung mit dem VATER konzentrieren.*

Der Grund für das Beten ist: Unser Bedürfnis erfüllt zu bekommen. Aber wir sind uns oft selber nicht sicher, *welches* unsere Bedürfnisse sind und haben diese auch nie *wirklich* untersucht. Unsere Bedürfnisse sind gewiß nicht mit unserem Begehren gleichzusetzen. Das Gebet muß *sehr bewußt* beinhalten, was wir *glauben*, was unsere Bedürfnisse sind. Wir werden die Erfüllung dieser Gebete GOTTES INTERPRETATION unterwerfen und *nicht unserer*!

Von dem Zeitpunkt an, als die „Technik" des LICHTES an mich weitergereicht wurde, habe ich das Gebet ganz anders interpretiert. Ich habe verstanden, daß es ein GESETZ von Frage und Bitte ist. Wenn ich weiß, *wie ich fragen soll*, werde ich empfangen, was ich gefragt habe, denn JESUS CHRISTUS hat nachdrücklich gesagt: „Fragt und Ihr werdet empfangen." Wir werden also immer fragen müssen, gemäß dem GESETZ der Empfänglichkeit.

Dieses GESETZ ist *nicht* verbunden mit unserem Kopf, sondern mit unserem HERZEN. Aktivitäten unseres Kopfes kommen *nicht* zu GOTT, weil darin auch unsere Ängste stekken, sowie unser Mangel an Vertrauen. Diese vernichten die Möglichkeiten, die Antwort auf unser Gebet empfangen zu können. Der Kontakt Herz zu Herz ist konstant. Blut zu Blut ist ein GESETZ der Empfindsamkeit und Übertragung. Wenn Ihr

Blut sich ausrichtet zum „BLUT" GOTTES, *antwortet* SEIN „BLUT". Es ist ein Fragen des HERZENS und dadurch werden wir empfangen.

„Die Bedürfnisse" ist das richtige GESETZ für das Gebet. Es ist das Gebet des HERZENS an den BRUNNEN. Wenn Sie den Kelch mit den materiellen Bedürfnissen von Ihnen, Ihrer Familie und Freunden füllen und ihn in einer Bewußtatmung hochsenden, werden diese erfüllt werden. Ihr Verstand kann nur ängstlich darum fragen, weil er den Unterschied zwischen Bedürfnis und Begehren nicht kennt. Sie brauchen keine Angst zu haben, jeden Tag zu fragen und alles in den Kelch hineinzutun.

Ob Sie es nun glauben oder nicht, Sie müssen klipp und klar aussprechen, was Sie wollen und Sie werden entdecken, daß nicht nur Ihre *richtigen* Bedürfnisse entgegenkommend behandelt werden, sondern Sie werden sich auch immer mehr bewußt, welches Ihre *wahren* Bedürfnisse sind. Außerdem werden Sie immer mehr Vertrauen in die Erfüllung haben.

Wenn Sie etwas in den Kelch hineindenken von Personen, die schon hinübergegangen sind in die ANDERE WELT, können Sie deren Bedürfnisse nicht kennen. Sie können aber in dieser Verbindung die betreffenden Menschen vertreten, auch für die Bedürfnisse, die Sie auf Erden hinterlassen haben. Manche Leute sterben schnell aus einem unerfülltem Leben. Wir können nicht wissen, *welche* Hilfe Sie genau brauchen. Wir können uns aber zur Verfügung stellen, um ihnen auf diese Art und Weise *zu helfen*.

Ich habe es schon erlebt, daß Menschen, an die ich seit Jahren nicht mehr gedacht hatte, plötzlich in meinem Geist *auftauchten*. Sie sind dann plötzlich da. Ich atme für sie in den Kelch und schicke diesen nach oben. Ich habe auf diese Weise schon manche außerordentliche Erfahrung gemacht.

Wenn Sie das *dritte Mal* den Kelch hochsenden, so ist es für Ihre *eigenen* geistigen und spirituellen Bedürfnisse und die Entwicklung des Charakters. Hierdurch können wir von unserem negativen Charakterpunkte erlöst werden. Der menschliche Wille ist dazu nicht imstande.

Ihnen werden mehr und mehr die Veränderungen, die in unserer eigenen Persönlichkeit stattfinden, bewußt. Wir werden alles in den Kelch der TRANSFORMATION tun. GOTT wird den Kelch mit der Geschwindigkeit des LICHTES empfangen. Das Resultat kann verzögert werden, wenn das LICHT in unserem System noch nicht so arbeitet wie es sollte. Als Instrument ist unser Körper verbunden mit dem BRUNNEN DER ENERGIE.
Wenn unser KONTAKT nicht in Ordnung ist, wird es einige Zeit dauern, bevor der Körper reagiert. Wenn Sie immer verbunden bleiben können, wird die Änderung sehr schnell stattfinden.

Je mehr Sie sich *öffnen* für den Empfang, *desto schneller* wird auch alles stattfinden können, und je weniger wir diesem Prozeß gehorchen, *desto langsamer* wird unser Fortschritt sein. Wir erlauben dann, daß wieder eine mentale Isolation stattfindet.

Wir werden konfrontiert mit der Notwendigkeit, uns *selber* kennenzulernen. –

Es gibt ja so viel an unserer Persönlichkeit, das wir lieben und Angst haben, es zu verlieren! So habe ich selber anfangs immer befürchtet, daß ich mein Gefühl für den Humor verlieren könnte. Aber mir wurde später klar, daß GOTT *viel humorreicher* ist, als ich es bin.

Kein Mensch will so werden wie der andere.

GOTT will auch nicht, daß wir ein "Einheitsprodukt" werden. ER hat Milliarden verschiedener Individuen gemacht, und es gibt *keine zwei gleichen* Persönlichkeiten!

11. 11. SEIN NAME

(MORGENLICHTGEBET, dreimal, danach beliebig)

Wenn Sie glauben, während des Tages Unterstützung von CHRISTUS zu brauchen oder wenn Sie in SEINEM NAMEN handeln wollen, sollten Sie dieses GEBET durchführen. JESUS selbst sprach Aramäisch. Der Name JESUS lautet im Aramäischen *DEAY-THU-TH*. Der Name wird unterschiedlich geschrieben und DIE-EE-ZUS ausgesprochen. Dieser aramäische Name von JESUS CHRISTUS wird phonetisch in LICHT ausgesprochen. Durch dieses LICHTGEBET arbeiten Sie jeden Tag als sein Instrument und in SEINEM NAMEN. Wir arbeiten mit blauem und weißem LICHT und einem Kelch.

1. *Stehen Sie gerade und atmen Sie tief ein.*

2. *Visualisieren Sie, während Sie wieder ausatmen, auf dem Klang „**DIE-EE**" (phonetische Aussprache) eine blaue Linie, von einem Punkt rechts oben über Ihren Kopf („**DIE**") nach unten zur Nackenbasis („**EE**").*

   *Während Sie weiter ausatmen, ziehen Sie auf den Klang „**EE**" vom Endpunkt der senkrechten Linie eine blaue Linie parallel zur Nackenbasis hinüber zur Mitte Ihrer linken Schulter.*

   *Während Sie weiter ausatmen, verbinden Sie auf den Klang „**EE**" den Endpunkt der waagerechten Linie mit dem Anfangspunkt der senkrechten Linie über Ihrem Kopf. Mit drei Ausatmungen haben Sie nun die drei Seiten eines* **rechtwinkligen** *Dreiecks aus blauem LICHT formiert.*[6]

---

6 Bitte das DIE-EE-EE-EE im ersten Teil der Übung nicht zu abgehackt sprechen, d. h. nicht an das blaue Dreieck anpassen. Besser ist es, wenn man die gesamte Übung als DIEEEEEEE-ZSU-ZS durchführt, dann fließt die ENERGIE besser. Das Dreieck bleibt, aber der Klang wird nicht mehr angepaßt.

3. *Atmen Sie ein auf dem Klang „**ZSU**" und während Sie das machen, ziehen Sie eine gebogene blaue Linie in der Form eines Kelches über Ihren Kopf. Beginnen Sie links oben und führen Sie die blaue Linie gebogen in Richtung Kopf und von dort nach rechts oben. Es steht jetzt ein blauer Kelch auf Ihrem Kopf.*

4. *Visualisieren Sie jetzt weißes LICHT vom BRUNNEN herab, welches diesen Kelch bis zum Rand füllt.*

5. *Atmen Sie auf den Klang „**ZS**" aus, wie eine sanfte Brise und visualisieren Sie, wie sich der Kelch durch Ihren Kopf und Körper hindurch als weißen STRAHL entleert. Das weiße LICHT schießt als Wirbel aus Ihrer linken Körperseite heraus und strahlt aus in die Welt.*

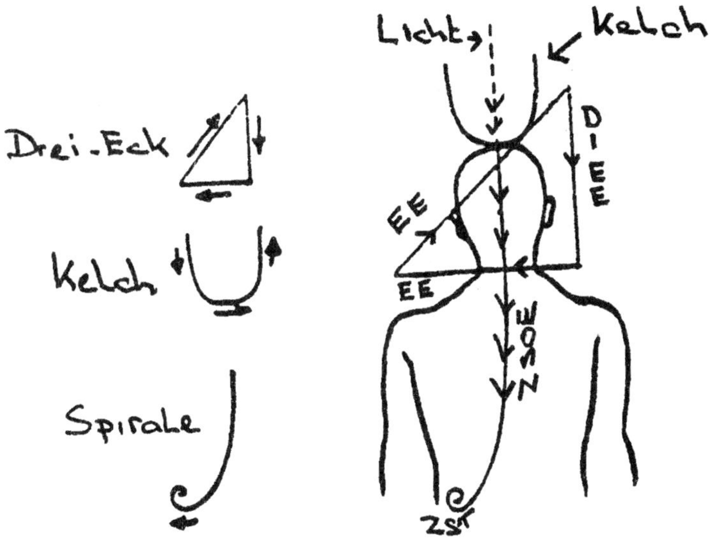

„SEIN NAME“ ist JESUS, der Schlüssel, das WORT, welches Fleisch geworden ist. Der SOHN GOTTES brachte die KOSMISCHE HARMONIE *sichtbar* auf die Erde. Er TRANSFORMIERTE menschliches Fleisch und Blut in Harmonie des WORTES.

Wir müssen lernen, wie wir uns auf die Strahlung seines NAMENS abstimmen können, nur so können wir eine MATERIE mit Ihm werden. Das kann nur zustande kommen durch eine BLUTTRANSFUSSION, denn er will, daß wir die STRAHLUNGSGESETZE seines Blutes lernen. Er inkarnierte, um uns zu lehren, wie wir uns abstimmen können auf sein Fleisch und Blut, um dadurch seine Perfektion zu empfangen.

Er wußte, daß er selbst sich ABSTIMMEN mußte auf die PERFEKTION des VATERS. Er sagte, daß, wenn wir in seinen Fußstapfen folgen würden, wir Menschen das ebenfalls machen könnten, ohne Mühe und mit großer Sicherheit. Der menschliche Name, das Wort JESUS, repräsentiert die drei Aspekte von Perfektion und Notwendigkeit zur perfekten Manifestation in dieser Welt: HARMONIE, EMPFÄNGLICHKEIT und TRANSMISSION.

Der ureigene Klang seines Namens beinhaltet die Persönlichkeit oder STRAHLUNG der inkarnierten Seele, zu der dieser Klang gehört. Eine Person mit Ihrem christlichen Namen anzusprechen, ist eine Intimitätssache. Alle Intimitäten sind Privilegien mit einem graduellen Unterschied in Übereinstimmung mit Empfänglichkeit und Strahlung der Freude. Dieses GEBET IM LICHT gibt uns das Privileg, uns ABZUSTIMMEN auf den persönlichen NAMEN des SOHNES GOTTES.

- *Diese Ausstrahlung ist u n s e r e Ausstrahlung in SEINEM NAMEN, mit sehr großer Verantwortung.*

Diese Ausstrahlung fühlt sich an wie ein Puls. Alles, aber auch alles, was wir empfangen, müssen wir wieder loslassen und weitergeben können. Der ENERGIEFLUSS kann dabei gewaltig sein, je nach Ihrem persönlichen inneren Engagement.

Für mich hat dieses GEBET unglaubliche Dinge bewirkt!

Ich bin davon überzeugt, daß Sie - je nach innerem Arrangement der Durchführung - in ziemlich kurzer Zeit Veränderungen *in* oder *an* Ihrem Körper feststellen werden. Sollte dies bei Ihnen nicht geschehen, so sollten Sie *ehrlich* Ihre innere Übergabe und Ihr Vertrauen *prüfen*! Ist Ihr Kontakt nur locker und zweifelhaft, so ist die Verbindung entsprechend. Alles hat mit Ihrem Einsatz, Ihrem Vertrauen und Ihrer inneren ÜBERGABE zu tun.

11. 11. 1. Erklärung

Mit diesem GEBET können wir uns auf den menschlichen Namen „JESUS" abstimmen. Wir sind eingeweiht in die Erfahrungen CHRISTI und müssen versuchen zu verstehen, was es ihm ermöglicht hat, eine neue Lebensweise zu demonstrieren.

Die meisten Menschen sind so erzogen worden, daß sie nur auf sich selber achten und wenn erzählt wird, daß GOTT uns führen wird, haben sie keinen Glauben daran. Wir glauben nicht, daß GOTT rein *weltliche* Sachen überhaupt versteht und seine eigene Idee einsetzen wird. Wir machen aus GOTT ein spirituelles und mystisches Niveau und haben kein Verständnis für seine Arbeit auf dieser Erde.

JESUS kam zu uns, um uns zu lehren, *wie* GOTT wirken kann in bezug auf *weltliche* Sachen. Verbunden damit ist aber die Bedingung, daß die Menschen kooperieren. ER kann alles durch den Menschen, der Vertrauen zu ihm hat, zustande bringen, aber *ohne* freiwillige und intelligente menschliche Mitarbeit kann er seinen Willen auf der Erde *nicht* arbeiten lassen.

- *Die meisten Menschen glauben, daß sie ihre eigene Unabhängigkeit erhöhen sollen und haben keine Ahnung, wie sie eine lebendige ZUSAMMENARBEIT mit GOTT entwikkeln können, in allen Ereignissen ihres täglichen Lebens.*

Wenn wir das Neue Testament zur Hand nehmen, sehen wir, daß JESUS *nichts ohne* MITARBEIT des VATERS gemacht hat. Er sagte jedesmal, daß all die Dinge, die er zustande gebracht hat, nicht von ihm selber getan würden, sondern von GOTT durch ihn und daß der VATER das Gleiche durch *menschliche* Wesen tun würde, die ihm ihr volles Vertrauen schenken.

Durch Vertrauen über göttliche KRAFT zu verfügen, war eine völlig neue Idee!

Theologen haben es immer als schwierig empfunden, sich mit der *gleichzeitigen* Menschlichkeit und Göttlichkeit JESU CHRISTI zu versöhnen. Sie dachten, daß er entweder ein sehr begabter Mensch gewesen ist, *ohne* jede göttliche Beziehung oder daß er GOTT selbst war, der zur Erde kam. Sie verstanden nicht, daß er gekommen war mit dem Zweck, uns Menschen zu zeigen, daß ein perfektes Zusammenspiel menschlicher und göttlicher Eigenschaften in *jedem* menschlichen Individuum erreicht werden kann. Das Erdenleben würde sich dadurch radikal ändern.

Wir müssen uns entscheiden, ob wir das akzeptieren können und unser Vertrauen prüfen!

- *Wir sollten unser Vertrauen da hineinstecken, wohin es vom Ursprung her hingehört, nämlich in die KRAFT CHRISTI. Diese kann durch uns Menschen wirken, so wie GOTT imstande war, durch CHRISTUS zu wirken.*

Als JESUS auf Erden war, hatte er eine Gruppe von ganz normalen Menschen in diese Kenntnisse eingeweiht. Diese hatten keine speziellen paranormalen Begabungen, waren sozial unwichtig und auch nicht besonders intelligent. Sie repräsentierten 12 verschiedene Aspekte eines normalen menschlichen Geistes. Er gab ihnen den Auftrag, seine ARBEIT weiterzuführen. Sie konnten nichts aus eigenen Kräften machen, sondern sollten sich nur abstimmen auf ihn und das gleiche Vertrauen in ihn setzen, welches er in den VATER hat. - „Es ist mein VATER, der die Arbeit macht.“

Wenn sich die Jünger an JESUS erinnerten, konnte er die Arbeit durch sie tun. Sie sollten dazu ihren Geist auf IHN abstimmen, denn er strahlt die EINHEIT in die Materie aus. In seinem Fleisch und Blut hat er die Umstände menschlicher Isolation in menschliche Empfänglichkeit abgeändert. Er empfing die Energie des VATERS und führte „Die Zwölf“ auf gleiche Weise. Diese zwölf Menschen hatten genau das gleiche Instrument „Körper“ wie die anderen Menschen es auch haben.

CHRISTUS hat nie die Kraft des Verstandes hervorgehoben und außerordentlich intellektuelle Menschen ausgewählt als seine Repräsentanten. Wir würden das erwarten, denn er war ein großer LEHRER.

- *Leider regiert in unserer heutigen Welt ausschließlich der Verstand und nicht mehr das HERZ. Bei JESUS CHRISTUS war dies umgekehrt!*

Intellektuelle Leute besitzen in dieser Hinsicht oft einen ausgeprägten Mangel in der Qualität ihres Herzens und haben keinerlei Vertrauen in göttliche INSPIRATION. Für sie zählt *ausschließlich* die *eigene* Kraft des geistigen Willens.

- *Der Name JESUS ist eine Garantie für die URSPRUNGLICHE KRAFT!*

Form und Klang im LICHT ist an unsere Generation weitergegeben worden, so daß auch wir Menschen *heute* Kontakt zu CHRISTUS herstellen können, so wie es auch seine Jünger machten, die in SEINEM NAMEN arbeiteten und dadurch die gleichen Wunder zustande brachten. Es ist außerordentlich wichtig, daß wir den Namen „JESUS“ verstehen und erkennen, was dieser repräsentiert in Form von STRAHLUNG.

Wir wissen, was Elektrizität bedeutet und wie kräftig elektromagnetische Strahlung sein kann, aber wir haben *keine Ahnung*, was es für uns bedeutet, in SEINEM NAMEN zu arbeiten und dadurch seinen Körper und sein Blut zu kontaktieren auf dieselbe Art, so wie er den VATER kontaktiert hatte.

Ich glaube nicht, daß es die GEISTIGE WELT war, die ihm die Mittel dazu gab, Krankheiten zu heilen. Der VATER wollte JESUS als physisches Instrument haben, durch das ER die ENERGIE der Gesundheit ausstrahlen konnte. GOTT wollte jemanden haben, der *zuerst* in seinem *eigenen* Körper die perfekte Gesundheit empfangen konnte.

Ich möchte, daß Sie sich realisieren, wie *antastbar* die MATERIE des Körpers GOTTES ist. Wir Menschen bestehen aus Materie, die ER aufgrund SEINER GESETZE kreierte. Dadurch kann es auch Wechselwirkungen geben, die der Mensch mit seinem göttlichen Geist steuern kann, wenn er dies *will.*

Bitte separieren Sie IHN nicht von SEINER eigenen MATERIE, sowie es so viele spirituelle Geister leider tun, die nicht verstehen können, daß ER *auch* eine physische Wirklichkeit ist. ER besteht nicht aus visueller Materie wie wir, sondern aus einer MATERIE, die immer war und die immer sein wird.

Ist das so schwer zu verstehen?

GOTT ist ausstrahlende MATERIE, eine KRAFT, die Form und Materie produziert und von einer derartigen Zusammensetzung, wie sie unsere Augen noch nie betrachtet haben. Diese KRAFT setzte Vertrauen in JESUS CHRISTUS und vertraute Ihm Schönheit und ENERGIEN an.

Es war für JESUS absolut normal zu wissen, daß er nur um Heilung der menschlichen Materie zu fragen brauchte, um dies dann an die Menschheit weiterzugeben. Er empfing die dazu nötige ENERGIE blitzartig.

- Die GEBETE IM LICHT geben uns Menschen tatsächlich die Möglichkeit, andere Menschen zu heilen, so wie es CHRISTUS auch tat. Dazu zog er zuerst die ENERGIE von Gesundheit und Harmonie in sein eigenes Fleisch und Blut.

Die Kirchen versuchen durch vielfältige Methoden und durch ihre Sakramente eine VERBINDUNG herzustellen. Aber inwieweit glauben wir Menschen, daß Brot und Wein den physischen Körper JESU darstellen?

11. 12. Rhythmus über den Kopf

(MORGENLICHTGEBET, dreimal)

Die menschlichen Hände, Füße und Zunge sind Instrumente, mit denen wir unsere Kontakte zur Welt herstellen können. Zum Beispiel, die Hände als Instrumente, um anderen Menschen die Hände reichen zu können. - Wir wollen mit diesem GEBET zuerst unsere Hände mit LICHT füllen und danach auch die Füße und die Zunge mit LICHT segnen, um keine schlechten Dinge damit zu machen.

1. *Setzen Sie sich auf die Bettkante, Beine nach unten, Handflächen empfangend nach oben auf die Knie.*

2. *Während Sie einatmen, ziehen Sie einen leicht gebogenen Strahl weißen LICHTES, der vom BRUNNEN stammt, von Ihrem Steißbein aus an Ihrem Rückgrat entlang zu Ihrer Nackenbasis.*

3. *Immer noch einatmend, ziehen Sie in drei rhythmisch gleichen Teilen dieses weiße LICHT über den Kopf. - Sie können dies auch in einem Zug durchführen. Achten Sie dabei auf Ihr Gefühl! Sie sind nun eingehüllt in LICHT.*

4. *Atmen Sie aus, und das weiße LICHT füllt Ihre Hände. Dies führen Sie bitte dreimal durch.*

5. *Ihre Hände sind nun gefüllt mit weißem LICHT. Machen Sie jetzt mit Ihrer Zunge ein Kreuz in Ihre Hände, um diese zu segnen.*

6. *Feuchten Sie dann Ihren rechten Zeigefinger in Ihrem Mund an, und zeichnen Sie mit diesem Zeigefinger ein Kreuz auf Ihre linke Fußsohle. Verfahren Sie genauso mit Ihrem linken Zeigefinger und Ihrer rechten Fußsohle, um auch diese zu segnen.*

Durch Ihre Hände, Zunge und Füße sind Sie nun für den ganzen Tag in SEINEM NAMEN gesegnet, wohin Sie auch gehen mögen.

11.13. Die Ausgeglichenheit des NAMENS

(MITTAGSLICHTGEBET, einmal)

Dieses GEBET im Namen des NAMENS hat mit unserem Blut zu tun. Es ist ein GEBET für uns selber, um Himmel und Erde in uns zu *stabilisieren*. Himmel und Erde sind auch symbolisch im menschlichen Blut vorhanden: Die *weißen* Blutkörperchen symbolisieren das obere weiße Chakra. Die *roten* Blutkörperchen symbolisieren die untere Erdgebundenheit. Wir stimmen uns auf Himmel und Erde ab und stellen in SEINEM NAMEN die Verbindung her.

1. *Stehen Sie gerade und strecken Sie Ihre Arme nach vorn aus. Die rechte Handfläche nach unten zum Empfangen der Erdenergie. Die linke Handfläche nach oben zum Empfang der LICHT-ENERGIE. Die Seiten der Hände berühren sich wie folgt: Der kleine Finger der linken Hand berührt den Zeigefinger der rechten Hand. Der Daumen der rechten Hand ist nach unten, und der Daumen der linken Hand ist zur Seite ausgestreckt.*

2. *Atmen Sie ein, und während Sie ausatmen, zeichnen Sie sich auf dem Klang* ***„DIE-EE-EE“*** *ein blaues DREIECK, so wie Sie das von der LICHTGEBET „DER NAME“ her kennen. Zur gleichen Zeit bewegen Sie Ihren linken Arm hoch in den Himmel hinein und Ihren rechten Arm nach unten zur Erde.*

4. *Atmen Sie ein auf dem Klang* ***„ZSU“****, und visualisieren Sie den blauen KELCH auf dem Kopf, und empfangen Sie das weiße LICHT vom BRUNNEN, das diesen KELCH füllt, wie Sie es vom LICHTGEBET „DER NAME“ her kennen. Während Sie das tun, bringen Sie Ihre beiden Arme wieder in die Ausgangsposition wie unter 1. beschrieben.*

5. *Atmen Sie aus auf dem Klang* ***„ZS“****, und bewegen Sie langsam Ihre rechte Hand über die linke Hand. Damit verbinden Sie die himmlische ENERGIE mit der irdischen Energie. Die Handflächen sollen sich völlig berühren, also*

Fläche auf Fläche und Fingerspitze auf Fingerspitze. Dann blitzt das weiße LICHT aus dem Boden Ihres KELCHES durch Ihren Kopf nach unten und spiralisiert aus Ihrer linken Seite hinaus in die Welt.

6. *Atmen Sie aus und nehmen Sie die Hände auseinander. Beugen Sie Ihre Arme und führen Sie Ihre Ellenbogen in Ihre Seiten mit Handflächen nach vorn, wie in ÜBERGABE.*

11. 13. 1. Erklärung

Dieses GEBET kann man dazu verwenden, EINS zu werden mit CHRISTUS und zu lernen, wie wir auf Erden leben sollen und auch, wie wir in der Welt des LICHTES leben sollen. Wir sollen sozusagen das GESETZ des Neuen Testamentes *werden*! Wir sollen lernen, um dadurch ERFAHRUNGEN zu sammeln.

Doch um eine Perfektion in diesem Leben zu erreichen, müssen wir eine gewisse Ausgeglichenheit in uns selber zustande bringen. Dabei helfen uns die ELEMENTE der Erde und die STRAHLEN des göttlichen LICHTES, die von den Himmeln zu uns kommen. Wir müssen lernen, die Ausgeglichenheit der Seele und des Körpers zu erreichen, damit wir Körper, Seele und Geist auf eine EMPFANGSLINIE bekommen. Das GEBET „Der NAME" wurde gegeben, damit Sie Ihren Geist auf seinen Geist abstimmen können. Erinnern Sie sich, was „Der NAME" bedeutet: LEBEN, LIEBE, KENNTNISSE und auch MITGEFÜHL.

- *Die Summe all dieser Formen ist das LEBENSPRINZIP des gesamten Urbrunnens. Ein ewiger Standard des Lebens!*

JESUS hat eine perfekte Ausgeglichenheit für die menschliche Rasse zur Erde gebracht und wenn Sie das GEBET „Der NAME" durchführen, werden Sie für eine Sekunde auf seine FREQUENZ abgestimmt und selber der NAME *sein*. Wenn Sie auf ihn abgestimmt sind, werden Sie in seinem NAMEN Dinge aktivieren und dabei während dieses Kontaktes ohne Angst sein, denn Sie gehören ihm.

- *Wenn Sie dieses neue GEBET machen, schaffen Sie sich ein Empfangsinstrument des LICHTES für Ihren Körper.*

Erinnern Sie sich an das blaue DREIECK an der Hinterseite des Kopfes. Das LICHT kommt an der rechten Seite nach unten, läuft am Nacken entlang und blitzt zurück zum Anfangspunkt. Ausgeglichenheit und Stabilität wird dadurch in die Materie vermittelt. Keine materiellen Konditionen haben jemals JESUS CHRISTUS beeinflußt. Als er auf Erden lebte war er einig mit allem Fleisch und *war* das GESETZ, das dieses Fleisch heilen konnte. Er war sich einig mit dem Leben, denn er *war* das Leben!

Wenn Sie dieses DREIECK visualisieren und die Handfläche Ihrer linken Hand nach oben drehen, empfangen Sie die kosmischen STRAHLUNG. Mit Ihrer rechten Hand, mit der Handfläche nach unten, empfangen Sie die Vibration der Erde. Das beinhalten die ersten Silben *DIE-EE-EE.* Das DREIECK symbolisiert Stabilität, Empfänglichkeit, Übertragung und Barmherzigkeit. Das alles ist EINS geworden durch diese physischen Bewegungen.

Wenn Sie das LICHT durch Ihren Kopf leiten, gleitet Ihre rechte Hand über Ihre linke Hand, Fläche auf Fläche. Es können sogar Funken in diesen zwei Händen überspringen, wenn der Kontakt entsteht. Die Handflächen werden auseinandergenommen und die Ellbogen sind gebogen. Die Finger nach vorne strahlen aus in die Welt.

- *Dies symbolisiert die Ausgeglichenheit der Welt des LICHTES mit der Erde durch unsere Händen.*

Das LICHT blitzt in die Welt hinein. Wir können auf die Richtung keinen Einfluß nehmen, denn wir führen das GEBET *in seinem NAMEN* durch. ER ist der Einzige, der die irdischen und kosmischen KRÄFTE dirigieren kann und weiß, wo diese benötigt werden. Unsere Hände und Füße sind die Punkte, die das LICHT und das Leben ausstrahlen können.

- Menschen geben sich die Hand und tauschen damit ENERGIEN aus, auch magnetisieren ist eine heilende Berührung.

Die Arbeit eines Artisten, des Musikus oder eines Autors erhält die Kraft und die Kreativität durch die Hände. Die Füße strahlen die VIBRATION unserer Persönlichkeit in die Erde aus. Es gibt sensible Menschen, die sich an manchen Orten wohl und an anderen Orten unwohl fühlen. Dies sind Plätze mit VIBRATIONEN von Leuten die dort herumgelaufen sind und ihre STRAHLUNG wie einen Fingerabdruck hinterlassen haben. Weil wir Menschen nicht die Ausgeglichenheit des Lebens verstehen, haben wir Himmel und Erde *separiert* und die Welt in eine schlimme Situation gebracht. Auf dieser Basis werden wir *niemals* ein Verständnis für die Situation bekommen.

- *Es darf keine Separation zwischen GEISTIGEN und materiellen Dingen geben!*

Die *roten* Blutkörperchen nehmen die Erdenergien auf. - Die *weißen* Blutkörperchen übernehmen den ÄTHER des Lebensprinzips vom göttlichen LICHT. - Wenn wir hinüberwechseln in die ANDERE WELT, geht die ROTE MATERIE des Blutes zurück zur Erde und die WEISSE MATERIE zurück zum LICHT, woher sie einst gekommen ist.

Bei der Geburt, wenn sich die Konditionen des Leben manifestieren, kommt das LICHT ins Blut *hinein.* Die LICHTENERGIE mit ihrer höheren VIBRATION kommt nach „unten" und verbindet sich mit der ENERGIE der Erde zu einer Lebenskondition. Beim Überwechseln in die ANDERE WELT geht diese Kondition wieder zurück zur LEBENSKRAFT und ihre *irdischen* Teile gehen zurück zur Erde.

- *Der Mensch muß lernen, seine Ausgeglichenheit zu konditionieren!*

Es ist deshalb so schwierig, *stabil* zu werden, weil wir Menschen voller Emotionen stecken: Gefühle der Angst, der Liebe und sonstige desperaten Gefühle. Wir suchen alle nach einer gewissen Kondition der Ausgeglichenheit, wodurch wir den innerlichen Frieden bekommen können, der nicht mehr von Emotionen gestört werden kann. Die einzige Möglichkeit dazu ist, es *zu werden*!

Wir müssen das alles außerhalb von uns visualisieren und auch in uns selber zustande bringen. Das ist der große Unterschied zwischen CHRISTUS und uns. Er *ist* und wir *möchten* werden. Die LIEBE zu *werden*, keine Angst mehr zu haben und unsere Nachbarn so zu lieben wie wir uns selber lieben. Wir können das erst, wenn wir das GESETZ *geworden* sind.

- Nach der Heilung aller schmerzlichen Zuständen, werden wir reagieren und diese Situationen auch in unserem physischen Körper manifestieren.

Es ist sehr wichtig, diese METHODE ganz einfach *zu tun*. Sie brauchen dafür aber die SCHWINGUNG des CHRISTUS. Diese können Sie bekommen, wenn Sie sich auf IHN abstimmen. Durch diese Abstimmung wird man zur LIEBE - und die LIEBE strahlt dann durch uns aus. JESUS CHRISTUS hatte im Volk keine Feinde. Auch Sie werden keine Feinde mehr haben!

Wenn wir aber auf unserer *eigenen* SCHWINGUNG verbleiben, erfahren wir es als sehr schwierig, jemandem zu vergeben und etwas zu vergessen. Wir haben immer die Erinnerung daran. Bei JESUS CHRISTUS war es anders: Er erinnerte sich nur an die Momente der EINHEIT mit der URKRAFT und *nicht* an die Momente der Separierung. Dadurch konnte es *nie* zu einem Problem für ihm werden.

- Wenn wir uns immer nur leidvoll erinnern, was wir irgendwann einmal durchgemacht haben, bereiten wir *uns selber* die seelischen Schmerzen und leiden.

Wenn Sie einmal wieder in solch eine Situation kommen, erinnern Sie sich bitte doch einmal daran, was JESUS CHRISTUS in solch einer Situation getan hatte: Er stimmte sich ab auf den VATER! Dies ist auch die einzige Lösung für Sie, sich *abzustimmen* in SEINEM NAMEN. Dadurch werden Sie in die Lage versetzt, Ihr seelisches Leiden zu überwinden.

- ER ist die LIEBE, ohne Angst.

- ER ist die KRAFT, die alle Situationen überwinden kann.

- ER gibt *permanent* der Welt, was ER hat und ist.

Weil wir Menschen in der Lage sind zu empfangen, sind wir auch in der Lage zu geben. Wir Menschen werden uns viel besser fühlen, wenn wir lernen, a u c h z u g e b e n als nur zu empfangen!

Wenn Sie sich realisieren, was die unbewußte STRAHLUNG des GEBETES „AUSGEGLICHENHEIT DES NAMENS" machen kann, haben Sie eine wunderbare Entdeckung gemacht. „Laß Deine rechte Hand nicht wissen was Deine linke Hand gibt." Wenn ich vom Geben rede, denke ich an Dinge, die wichtig für uns sind wie z. B.: *Interesse zeigen* und sich *Zeit für einen Menschen nehmen.* - Jeder kann geben! Viele Menschen sind aufgeschlossen und fühlen, daß sie etwas an die Welt geben können. So erfahren sie jede Begegnung als aufregend, denn es ist eine Freude, eine Freiheit, jemandem etwas zu *geben.* Wenn jemand von solchen Menschen empfängt, dann befreit es die KRAFT zum Geben. JESUS machte das jedem Menschen klar, mit dem er in Verbindung kam.

- *Die KRAFT, zu geben, ist FREIHEIT!*

Es ist ein wunderbares Werk das ER vollbrachte, als er Menschen fragte ob sie ihm etwas *zu geben* hätten. Dies weckte in den Leuten die KRAFT, seine LIEBE zu empfangen. Machen Sie dieses GEBET *einmal* am Tage, und werden Sie EINS mit dieser VIBRATION. Es ist eine Koordination von Geist und

Tatkraft. *Seien Sie es selber* und visualisieren Sie auch die Ausgeglichenheit des CHRISTUS auf der Erde. Die linke Hand geht hoch und die rechte Hand geht so weit wie möglich nach unten. Beide Hände kommen dann wieder zum Ausgangspunkt zurück und dort empfangen Sie.

Wir werden die Welt auf dem niedrigsten Punkt der Erfahrung berühren. Seien Sie nicht ängstlich vor diesen möglichen Erfahrungen, die Erde zu berühren. Es gab keinen Platz auf Erden, wo JESUS CHRISTUS nicht seinen Fuß hinsetzen konnte und wo Er sich nicht zuhause fühlte. Nur wir Menschen glauben immer, daß wir auf bestimmten Plätzen *weniger* LIEBE empfangen und gehen dann auch nicht dorthin. Wenn wir in sicherer Verbindung mit der LIEBE stehen, werden wir die Auswirkungen der Unterschiede erfahren. Wir werden *dieselbe* LIEBE finden, in jedem anderen Geist und alles *andere* macht nichts aus.

Wenn die Hände, Füße und die Zunge *geweiht sind*, werden die Kontakte, die wir während des Tages haben, eine gewisse Stabilität zustande bringen. Es werden uns aber nie Schwierigkeiten erspart bleiben! Nur wenn wir die Situation verstehen und mit ihr fertig werden, können wir die Sicherheit unserer eigenen WAHRHEIT erkennen. Wir könnten diesen Punkt erreichen, wenn wir uns bewußt sind, daß es ein PUNKT DER KRAFT ist, an den der Verstand achtlos vorbei geht.

Es ist der Weg den ER uns gezeigt hat. Wenn wir diesen Weg finden, ist jeder Schritt seine Mühe wert gewesen. Dies alles kann entstehen, weil wir diesen speziellen Weg *kennengelernt* haben. Alle Menschen sind miteinander *verbunden* und diese akkumulierte Erfahrung steht *allen* zur Verfügung, um sie zu gebrauchen. Dies sollte dann schnell geschehen, weil die Realisation der WAHRHEIT, des GESETZES, sofort stattfinden sollte. Diese Verknüpfungen geschehen zur Zeit überall in der Welt. Manche Leute können sich die WAHRHEIT sehr schnell realisieren, andere weniger.

Eigentlich ist es nicht notwendig, einen „ersten Schritt“ aufzubauen. Wir können die WAHRHEIT im Bruchteil einer Sekunde sehen. Bitte realisieren Sie sich, daß das LICHT ein Blitz ist! Paulus wurde geschlagen vom BLITZ DER WAHRHEIT und im selben Moment war sein Unglauben beendet und wandelte sich zur Sicherheit der gemachten Erfahrung. - Diese Sicherheit wird uns *auch* erreichen, wenn wir das *wollen*! Alle Dinge sollen geändert werden, und das muß *so schnell wie möglich* geschehen. Wir sind in einem neuen Zeitalter angelangt, in einem neuen Verbund. Wir haben *alle* das Recht IHN kennenzulernen!

- Aber kein Mensch sollte sich jetzt *als Oberlehrer* aufspielen und seinen Bruder oder seine Schwester schulmeisterlich belehren.

Bitte, stellen Sie sich einmal die folgende Frage: Was denke *ich* über diese METHODE des LICHTES? Bei dieser METHODE werden Sie vielleicht *nichts* erleben, aber bitte unterscheiden Sie: Die WAHRHEIT kommt als Realität! Es macht nichts aus, ob Sie eine Sensation erfahren oder nicht. Es macht auch nichts aus, wenn Sie *tatsächlich* eine Sensation erfahren sollten. Wenn Sie mit dieser METHODE anfangen, werden Sie eine *andere* ENERGIE und eine *andere* Identität bekommen. Wenn das passiert ist, *wissen Sie*, daß das LICHT *in* Ihnen ist.

- *Diese METHODE ist eine Erfahrung für Ihre Menschlichkeit und für Ihr EWIGES LEBEN!*

11.14. SAH-VEH

(ABENDLICHTGEBETE, dreimal, danach beliebig.)

Dieses LICHTGEBET ist eine ÜBUNG der Balance und eine der schwierigsten, weil mehrere Bewegungen gemacht werden müssen, die zum Teil durch die Mitte unseres Körpers laufen. Das GEBET stellt die UMWANDLUNG unserer Eitelkeiten, Stolz usw. in CHRISTLICHE LIEBE des Dienens am GESAMTEN bzw. kosmische LIEBE dar.

1. *Stehen Sie völlig entspannt und visualisieren Sie einen goldenen KELCH als Symbol der Weisheit* ***neben*** *Ihrer rechten Kopfseite und einen tiefblauen KELCH als Symbol für die CHRISTUS-LIEBE* ***zwischen*** *Ihren Füßen.*

2. *Atmen Sie ein, und während Sie wieder ausatmen ziehen Sie auf dem Klang „****SAH****" den goldenen KELCH nach unten, neben Ihren rechten Fuß.* ***Gleichzeitig*** *geht der tiefblaue KELCH durch die Mitte Ihres Körpers hindurch nach oben auf Ihren Kopf. Der KELCH füllt sich mit all dem weißen LICHT, was wir empfangen können.*
   Während Sie das Hoch- und Niederziehen der Kelche durchführen, kommt gleichzeitig ein STRAHL weißen LICHTES aus Ihrer linken Körperseite und strahlt das weiße LICHT, das wir empfangen haben, in die Welt. Sie wissen: Alles was wir empfangen, geben wir auch wieder ab.

3. *Atmen Sie ein auf dem Klang „****VEH****" und der goldene KELCH kommt wieder hoch, gefüllt mit unseren Eitelkeiten. Der tiefblaue KELCH, gefüllt mit weißem LICHT, geht den gleichen Weg wieder hinunter, und die linke Seite schließt sich.*

Der gesamte Ablauf sollte *fließend* sein. Wenn Sie Angst haben, muß Angst in Vertrauen TRANSFORMIERT werden. Man sollte nicht in Angst leben und einfach *nichts* tun. Wenn

Sie es *doch* so halten, bekommen Sie eine Art seelisches Vakuum.

11. 14. 1. Erklärung

Zur Zeit besteht in der Welt ein großer Bedarf an drei Qualitäten, die dieses GEBET beinhaltet. Es sind dies: Weisheit, LIEBE und Spende. Wenn diese drei Qualitäten *zu unserem Leben gehören*, werden wir keine Angst mehr haben.

Es ist sehr schwierig, weise zu sein und etwas ganz anderes, schlau zu sein. Man hat Angst vor schlauen Leuten, aber man hat niemals Angst vor *weisen* Leuten! Uns wird von der HIERARCHIE erzählt, daß wir einen Mangel an Weisheit haben. Wir können und dürfen darum bitten!

- *Der Bedarf an Weisheit ist in dieser Zeit das am meisten benötigte Gut!*

Es ist außerordentlich wichtig, daß unsere menschliche Kraft diese Weisheit *ausstrahlt.* Diese KRAFT strahlt von unserem inneren KÖRPER aus in die Welt. Wenn CHRISTUS keine menschlichen Helfer auf der Welt hätte, wäre auch die Weisheit nicht auf die Erde gekommen. Diese Situation unterscheidet sich sehr von menschlicher Gesetzgebung.

- *Das Wachstum der Tiere und Pflanzen wird immer weitergehen, aber Weisheit ist der Geist GOTTES, und dieser muß auf die Erde gebracht werden.*

Wenn wir die Erfahrungen und Kenntnisse aus unseren früheren Leben zusammenfassen und präsentieren könnten, würden uns unsere Emotionen in Zukunft *nicht* mehr täuschen können.

- SEINE SPENDE waren Weisheit und Demut.

Überlegen Sie sich genau, *was* Sie hochschicken!

Wir selber sind uns nicht über die Besonderheiten und Mängel, die andere Leute *in uns* erblicken, klar. Immer wieder entstehen im Geist Gedanken, die uns blockieren und davon abhalten, weise zu werden. Dadurch werden wir innerlich nervös und können die Lage nicht einschätzen.

- *Wenn wir anders denken würden, wären wir in der Lage, alle Fragen, die die Leute stellen, zu beantworten. Unser Nichtwissen würde gefüllt mit SEINER WEISHEIT. Die Perfektion SEINER WEISHEIT und die Unvollkommenheit unseres Geistes komplettierten sich dann zu einer ausgezeichneten Einheit.*

Wir können uns selber nicht helfen, unsere analytischen Gedanken loszuwerden, obwohl wir *ahnen*, daß diese meistens sehr unproduktiv sind. Wir sollten uns *helfen lassen*, diese Situation loszuwerden.

Wir können durch das „SAH VEY-GEBET" eine Wechselwirkung zwischen unserem menschlichen Geist mit SEINEM GEIST zustande bringen. Achten Sie aber auf folgendes: Durch die Erfahrungen, die andere Menschen damit gemacht haben, hat sich herausgestellt, daß damit KRÄFTE in Gang gesetzt werden, die während der Nacht und am Tage funktionieren.

Ich möchte Ihnen gerne verdeutlichen, was Weisheit ist:

Das Allerwichtigste ist, daß das Wort „Weisheit" für uns alle *die gleiche* Bedeutung bekommt. Es enthält *richtiges Verhalten* in allen Situationen. Weisheit ermöglicht in jeder Situation sofort die richtige Antwort auf alle Probleme parat zu haben. Einzige Ausnahme sind Fragen, die die Zukunft betreffen.

- *Zur Weisheit gehört eine kontinuierliche INSPIRATION durch die URKRAFT. Die Möglichkeit dazu muß jedoch der Mensch selber schaffen!*

Sie sollten *niemals vorgefertigte* Antworten auf Fragen parat haben, von denen sie wissen, daß diese mit großer Wahrscheinlichkeit kommen werden. Wenn Sie es *trotzdem* tun, erfolgt damit wieder die Separation vom GANZEN mit all ihren möglichen Folgen.

Ich möchte Ihnen noch etwas über den Begriff der Zeit erzählen:

Man glaubt immer, daß Zeit nur hier auf Erden besteht. Mir wurde jedoch gesagt, daß Zeit ein RHYTHMUS ist, der in *jeder Welt* funktioniert. Wir kennen nur die Zeit, mit der *unsere* Welt funktioniert. Ich habe weiter erfahren, daß der KOSMISCHE RHYTHMUS *überall* vorhanden ist, also *auch auf der Erde*!

- *Der KOSMISCHE RHYTHMUS manifestiert sich im Rhythmus der Seele!*

- *Das, was der Mensch mit „Zeit“ bezeichnet, ist der Rhythmus des materiellen Körpers.*

Der große Widerstand der Seele besteht darin, daß während sie ihre Inkarnation auf Erden durchläuft, sie eine Gefangene von Raum und Zeit ist. Doch wenn Seele und Körper in Harmonie sind, werden wir Menschen schon auf der Erde die FREIHEIT bekommen, die die Seele eigentlich erst erfährt, wenn sie den materiellen Körper *verläßt.*

Wenn Sie *diese* KENNTNISSE besitzen und *verstanden haben*, werden Sie nicht mehr gegen Ihr jetziges Erdenleben und Ihren irdischen Tod rebellieren. Durch diese LICHTMETHODE können Sie diese Situation überwinden. Das Leben kann dann für Sie zu einem fabelhaften Abenteuer werden. Jedes Ereignis, selbst eine Katastrophe, kann nur zur Erweiterung Ihres Einsehens und Ihres Überblicks führen. Wir sollten das *ohne* Vorbereitung erfahren. Es ist eine Situation des Bewußtseins.

- Wenn wir uns der eintretenden Weisheit *bewußt wären*, würden wir in Frieden, Harmonie und Sicherheit leben und alte schlimme Situationen sehr schnell vergessen.

Betrachten Sie das GEBET als eine Möglichkeit zum Glück. Alte bedrückende Konditionen werden *freigelassen* und können verschwinden. Doch nichts kann aus unserem Leben gestrichen werden, wenn unsere Seele noch nicht dazu *bereit* ist! Es ist so, als ob man Tag für Tag die alten Steine eines Hauses gegen neue austauscht. Der Prozeß kann auch sehr schmerzhaft werden, denn manchmal sind die Steine in unser Leben *eingewachsen.* Doch langsam, ganz langsam können Sie die alten Steine herauslösen und neue Steine an die Stelle plazieren. Es ist dasselbe, wofür wir beten, doch jetzt verbinden wir unsere Gebete mit der Form der Antwort: Wir bitten um Weisheit und LIEBE. Es ist eigenartig, wenn eine Illusion zerstört wird, ist der Mensch *sofort enttäuscht* und glaubt, daß eine Erhörung, eine Antwort auf sein Gebet *nicht* stattgefunden habe.

- *Bitte lernen Sie so schnell wie möglich und so viel wie nötig über die Illusionen!*

Viele Menschen bekommen gute WAHRHEITEN angeboten, aber sie werfen diese weg und gehen lieber zurück zur Illusion! Realisieren Sie sich, das es seine Zeit braucht, um wieder von diesen Illusionen *freizukommen.* Alles, was in unserem Leben passiert, liegt in *unserer* freien Wahl. Es wird uns niemals etwas aufgedrängt! Wenn wir eine Übereinstimmung mit GOTT erreichen, werden wir *alles empfangen*, was wir brauchen. Alte Ängste und alte Feindbilder werden verschwinden und sich auflösen, und das Leben könnte paradiesisch sein.

Das GEBET „SAH-VEH“ zeigt einen kurzen Weg dorthin und wird Ihnen viel unnötiges Leiden ersparen helfen. Bringen Sie die Weisheit nach „unten“ zur Erde, und senden Sie die Qualität christlicher LIEBE, die Sie zur Erde gebracht haben, durch IHN hindurch.

- *Fangen Sie an, Ihre Kontakte mit der menschlichen Rasse über die ganze Welt hinweg zu knüpfen, Kontakte der LIEBE und der Weisheit.*

11. 15. Der Rhythmus des NAMENS

(Zwei zusammenhängende GEBETE, Anwendung nach Bedarf)

Mit diesem GEBET können Sie Personen, Tiere und Objekte schützen und abschirmen durch das Aussprechen des aramäischen Namens „JESUS" (DEAY-THU-TH, gesprochen DIE-EE-ZSU-ZS). Die angegebenen „Klänge" in der ÜBUNG entsprechen dabei der Aussprache. Dieses GEBET kann man für ein bestimmtes Land oder für die gesamte Erde durchführen. Dieses LICHTGEBET ist eine *Weltdienstleistung* in SEINEM NAMEN und kann stets bei Bedarf durchgeführt werden.

11. 15. 1. Für Sie persönlich oder für andere Personen oder Personengruppen.

1. *Visualisieren Sie einen silbernen Kelch, groß genug für Sie und evtl. Ihren Partner. Der Kelch besteht aus prachtvollem silbernem LICHT. Ein Symbol der Perfektion. Die Höhe des Kelches reicht bis zu den Schultern. Sie und die andere(n) Person(nen), die sich zusammen mit Ihnen in diesem Kelch befinden, werden umkreist von diesem silbernen LICHT.*

2. *Atmen Sie tief ein, und während Sie langsam auf dem Klang **„DIE - EE"** ausatmen, blitzt vom URBRUNNEN ein blauer STRAHL herunter. Dieser STRAHL (Erster Dreiecksschenkel) läuft von oben (Anfangspunkt URBRUNNEN mit Klang **„DIE"**) an Ihrer rechten Körperseite herunter bis zu seinem Endpunkt an Ihrem rechten Fuß. (Klang **„EE"**). Weiter auf dem Klang **„EE"** blitzt der STRAHL unter dem rechten Fuß hindurch unter den linken Fuß (Basis des Dreiecks). Und auf dem Klang **„EE"** von dort an Ihrer linken Körperseite hoch zurück zum URBRUNNEN. (Letzter Dreiecksschenkel des Dreiecks) Sie stehen jetzt auf der Basis eines **spitzwinkligen** Dreiecks aus blauem LICHT, dessen Spitze Sie nicht sehen können, weil diese bis zum URBRUNNEN hinaufreicht. Visualisieren Sie dieses Verfahren **dreimal**.*

3. *Atmen Sie ein auf dem Klang „**ZSU**", und visualisieren Sie einen Bogen weißen LICHTES mit dem Anfangspunkt neben Ihrem linken Fuß. Der Bogen spannt sich über Ihren Kopf und endet neben Ihrem rechten Fuß. Dieser Vorgang sollte etwa acht Sekunden dauern, d. h. der Bogen aus weißem LICHT wird **sehr bewußt** visualisiert.*

4. *Atmen Sie aus auf dem Klang „**ZS**", und visualisieren Sie einen weiteren Bogen weißen LICHTES. Diesmal liegt der Anfangspunkt auf dem Boden hinter Ihnen, verläuft von dort über Ihren Kopf nach vorn, mit dem Endpunkt vor Ihren Füßen. Auch dieser Vorgang sollte zur sehr bewußten Visualisierung etwa acht Sekunden dauern.*

   Sie können diesen Vorgang zur Konstruktion der beiden WEISSLICHTBÖGEN zwei oder dreimal wiederholen, bis Sie das Gefühl haben, aufhören zu können. Sie (und andere Personen Ihrer Wahl) befinden sich jetzt unter einem Bogenkreuz aus weißem LICHT.

11. 15. 2. Für materielle Objekte (Flugzeug, Auto, Haus)

1. *Sollten Sie z. B. Angst vor dem Fliegen haben, sollten Sie dieses GEBET durchführen. Atmen Sie tief ein und visualisieren Sie auf dem Klang DIE-EE (1. Schenkel), EE (Basis), EE (2. Schenkel) diesmal den blauen STRAHL an der rechten Seite des Objektes herunter, dann darunter durch und auf der linken Seite wieder zurück zum URBRUNNEN. Sie haben wieder das Dreieck aus blauem LICHT konstruiert.*

2. *Bringen Sie jetzt auf dem Klang „**ZSU**" auch die beiden weißen LICHTBOGEN wie unter A, Punkt 3-4, über dem betreffenden Objekt an, also von links nach rechts und von hinten nach vorn. Das Objekt, Sie selbst und alle Personen, welche sich in diesem Objekt befinden, sind nun GESCHÜTZT.*

11. 16. Die Kehle

(MITTAGSLICHTGEBET, einmal)

Das GEBET „Die Kehle“ stärkt den Zusammenhalt des physischen und seelischen Bereiches und ist eigentlich eine *Vorbereitungsübung* für das SPEZIALGEBET „HAI-JU-MER“. Wir wollen unser Kehlchakra, die neunblättrige Lotosblume, mit ihren weißen Blättern um ein rubinrotes Zentrum herum, öffnen, damit wir die kosmische ENERGIE in unseren Seelenkörper hineinziehen können. Wir kommen dadurch wiederum eine Stufe weiter, wenn wir es schaffen, daß die ENERGIE mit uns verschmilzt.

1. Stehen oder sitzen Sie. Visualisieren Sie eine Lotosblume, versehen mit neun Blättern aus strahlend weißem LICHT. Die Blätter sind gefaltet über ein Zentrum aus rubinrotem LICHT, das aber noch nicht sichtbar ist.

1□ Fangen Sie nun an, die Blätter zu öffnen. Eines nach dem anderen auf folgende Weise: Feuchten Sie Ihren rechten Zeigefinger im Mund an, und zeichnen Sie die Blätter auf Ihre Kehle. Jedesmal, wenn Sie mit einem neuen Blatt beginnen, feuchten Sie Ihren Zeigefinger wieder an. Das Blatt kann auf dem Rhythmus (Lang-Kurz-Kurz-Kurz-Lang-Lang) mit dem angefeuchteten Finger gezeichnet werden. - Spüren Sie jedoch, daß ein **anderer** *Rhythmus für Sie besser ist, dann benutzen Sie* **Ihren** *Rhythmus. Denken Sie immer daran: Sie werden BEGLEITET! Beginnen Sie jedes Mal im Zentrum der Lotosblume, um ein Blatt zu zeichnen. Führen Sie das Blatt für Blatt durch und*

3. Jetzt werden alle Blätter für einen kurzen Augenblick geöffnet sein und das rubinrote Zentrum wird klar sichtbar. Atmen Sie ein und ziehen Sie durch das rubinrote Zentrum in sich alle göttliche ENERGIE, die Sie empfangen können und die Ihr Körper ertragen kann. Danach werden sich die Blätter wieder automatisch über dem rubinroten Zentrum schließen.

Dieses GEBET wird Ihre Empfänglichkeit stark erweitern. Führen Sie dieses GEBET so lange durch, bis wir zum GEBET HAI-JU-MER kommen. Dieses wird dann das GEBET „Die Kehle“ ablösen. Sie brauchen dann dieses GEBET *nicht* mehr durchzuführen, weil HAI-JU-MER noch *erheblich intensiver* wirkt. Soviel kann ich schon sagen: Mit der HAI-JU-MER werden wir uns mit LICHT in bestimmten Ebenen schneiden. LICHT ist alles! LICHT ist LIEBE, aber LIEBE heißt auch, daß manchmal geschnitten werden muß. LICHT schneidet also auch. Sie haben dabei die Wahl, ob wir das tun oder nicht. Jeder muß dies für sich entscheiden.

RHYTHM

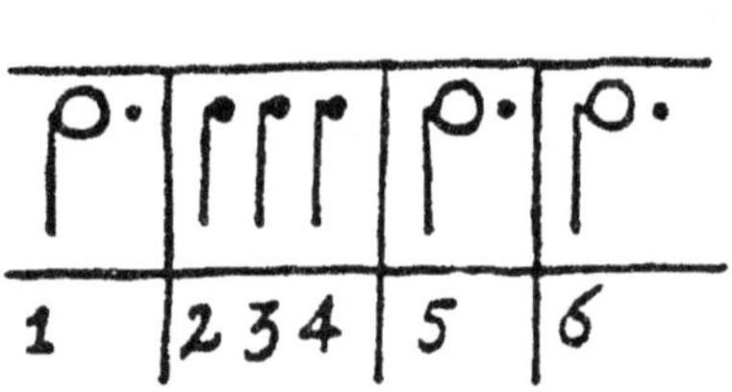

11. 16. 1. Erklärung

Dieses LICHTGEBET ist sehr schwierig *zu erklären*. Im Grunde genommen findet eine Verschmelzung zwischen LICHTKÖRPER und physischem Körper statt. Der Punkt der Einheit dieser zwei Körper liegt in der Kehle.

In der Kehle gibt es einen EMPFANGSPUNKT, durch den die ENERGIE in die Seele hineinströmt und damit auch durch den physischen Körper hindurchgeht. Dieser Punkt wurde mir symbolisch als Lotosblume gezeigt, mit neun strahlend weißen Blättern. Diese Blätter sind über dem Zentrum gefaltet, das eine wunderbare rubinrote LICHTFARBE ausstrahlt. Es ist der Anfangspunkt des *LICHTFLÜGELS der Richtung*.

In jeder menschlichen Kehle erfolgt die Verbindung zwischen den Körpern in diesem EMPFANGSPUNKT. So, wie das LICHT den Körper und die Organe beherrscht, kontrolliert dieser Empfangspunkt die ENERGIE des seelischen Körpers. Er wirkt wie eine Batterie. Wenn diese Funktionen jedoch *nur teilweise* arbeiten, kommt nur eine *beschränkte* Quantität der ENERGIE an. - Kosmisch gesehen sehr junge Seelen weisen meistens einen Mangel zwischen diesen zwei Körpern auf.

Das Zentrum sollte ganz geöffnet sein, um eine perfekte Bilanz zu erreichen.

Wir wissen fast nichts über diese KRAFT und ihr Zusammenspiel mit dem menschlichen Blut. Das Blut ist ein Barometer unserer Emotionen. Wenn wir Harmonie in unser Blut ausstrahlen ist das die Kontrolle. Die *weißen* Blutkörperchen ziehen die KRAFT des LICHTES an. Die *roten* Blutkörperchen ziehen die magnetischen Kräfte der Erde an.

Ich habe darüber ein sehr interessantes Gespräch mit einem Biologen geführt. Vieles in seinen Untersuchungen deutet darauf hin, daß dieser Biologe tatsächlich die göttliche MATERIE im Blut gefunden hat. Er sagte zu mir: „Wenn wir die Teile unseres Körpers sortieren, entdecken wir, daß die eine

Hälfte der Körperteile *zur Erde gerichtet* ist und die andere Hälfte *zum Himmel*, also dorthin, wo die LICHTKRAFT herkommt."

- *Das LICHT wird im menschlichen Organismus durch die weißen Blutkörperchen verteilt.*

Wenn wir die Blätter der Lotosblüte mit unserem Speichel öffnen, bringen wir die Verbindung zwischen LICHT und physischem Körper zustande. Warum es genau neun Blätter sind, dazu kann ich nur sagen, daß das neunte Blatt das *„Blatt der Offenbarung"* genannt wird. Es ist ein unbekanntes Blatt mit einem unbekannten Resultat. –

Das rubinfarbige Herz des Lotus ist der Zentralpunkt unserer Aktivitäten für EMPFÄNGLICHKEIT. Um KRAFT und Offenbarung zu empfangen, werden wir einen anderen Zustand registrieren, doch dazu müssen erst die Blätter geöffnet sein.

Wenn wir in diese Welt hineingeboren werden, ist dieses rubinrote Zentrum *abgeschirmt*. Wenn sich die Seele für den Rückzug und zu ihrer Wiederauferstehung fertig macht, muß eine *bewußte* Öffnung der Blätter durchgeführt werden.

Wir haben die LEBENSENERGIE im Blut empfangen, aus dem Körper des ewigen kosmischen CHRISTUS. Diese ENERGIE wurde an den CHRISTUS *in uns* gesandt, den jeder Mensch in sich hat. Leider realisieren sich nur sehr wenige Leute die Möglichkeiten, die sie haben, um ihren Körper in SEINEN KÖRPER und SEIN BLUT zu TRANSFORMIEREN. Dadurch bekommen wir SEINE KRAFT für die TRANSMISSION, dann können wir unsere Gesundheit stärken und Harmonie übertragen.

Wenn Sie dieses GEBET machen, realisieren Sie sich *wie* diese wirkt: Durch Kontakt mit Ihrem Speichel wird die Lotosblüte *rhythmisch* geöffnet. Während eines Augenblicks zieht dann das geöffnete rubinrote Zentrum die gesamte LICHTKRAFT zu sich herein. Diese LICHTKRAFT strömt ewig vom Universum aus nach „unten" zur Erde.

Wenn wir davon ausgehen, daß die LICHTGEBETE nur gemäß bekannter psychosomatischer Dinge arbeiten, werden wir nicht weit kommen.

- Die Konditionen der GEBETE sind noch *weitgehend unbekannt* und daher können wir nichts erwarten. Jeder Übende kann hierbei Pionierarbeit leisten und seine gemachten Erfahrungen an andere weitergeben.

Wir wissen noch so wenig über uns und über unseren seelischen Körper. Schon die Worte: „Geist", „Seele" und „Körper" werden oft durcheinander geworfen. Ich habe folgendes dazu erfahren:

- *Der Geist* ist ewige GESAMTENERGIE. Er ist die VERBINDUNG, die durch alle Formen hindurchgeht.

- *Die Seele* ist individuelle ENERGIE in Form gebracht

- *Der physische Körper* ist die individuelle, zeitlich materielle Form, Erde gebunden.

CHRISTUS ist für alle Zeit der CHRISTUS in Form, und sein LICHTKÖRPER das Fabelhafteste, das es je gegeben hat. Aber seinen Geist können wir *kontaktieren* und erreichen. Wir können uns damit verschmelzen in Verstehen und KRAFT.

Wenn Sie selber einmal hinüberwechseln in die ANDERE WELT, werden Ihre Seele und Ihr Geist den physischen Körper zurücklassen. Doch die Seele wird immer die Form, *das Modell sein*, wonach materielle Körper in verschiedenen Leben entstehen werden, innerhalb des Wiedergeburt-Zyklus.

Der Geist wird weiter evolieren und sich ändern, bis jeder Mensch *die gleiche* Qualität von Weisheit und perfekter LIEBE gefunden hat. Diese energetische Qualität werden wir dann ausstrahlen können, durch unseren individuellen seelischen Körper. Wenn wir *keinen* separaten Körper als Werkzeug hätten, könnten wir die Ausstrahlung des inkarnierten Geistes *nicht* zum Ausdruck bringen.

- *Menschen, die HINÜBERGEHEN, behalten immer ihre Individualität!*

Vieles deutet darauf hin, daß der Geist durch den seelischen Körper *anzieht*. Wir erkennen dies bei Familienverbindungen und anderen Verbindungen auf diesem Planeten. Die LIEBE zieht durch die seelischen Körper die Menschen wie Magnete zueinander. Dadurch ist die astrale Wirklichkeit genauso veränderlich wie auf der Erde.

- *Die Astralebene ist die V o r z o n e zur WIRKLICHKEIT!* Die Seele würde einen plötzlichen Wechsel vom Planeten Erde hin zur göttlichen LIEBE nicht durchstehen. Wenn wir aber schon hier auf Erden auf die SCHWINGUNGEN der LIEBE resonieren, könnten wir auch *direkt* und *ohne Umweg* über die Sphären zu unserem ewigen Platz gelangen.

Durch einen derartigen KONTAKT würde kein Kampf auf diesem Planeten mehr sein und auch für Sünden keine Buße mehr nötig werden, denn dann könnte das GESETZ nicht mehr überschritten werden.

11. 17. Das Kreuz der Atmung.

(NACHMITTAGSLICHTGEBET, einmal, danach beliebig)

Dieses GEBET kann den ganzen Tag über durchgeführt werden, aber *mindestens einmal* am Nachmittag. Wenn Sie dieses GEBET mit einer Gruppe in einem Kreis durchführen, verbinden sich alle Personen, und der Atem wird zur Einheit, so wie wir das gestern an den Externsteinen praktiziert haben. Es kann sogar sein, daß das Kreuz für manche feinfühligen Menschen *sichtbar* wird, das bedeutet den Anschluß an die Vierte Dimension.

Es gibt viele Kreuzformen. Das Kreuz mit seinem langen Fuß wird häufig als 'Symbol des Leides' gesehen. Doch Leid muß *nicht* sein, um Glück erfahren zu können! Doch manchmal passiert es eben doch, weil wir Menschen die Erfahrung brauchen, um zum Einsehen zu kommen.

1. *Stehen Sie entspannt, und strecken Sie Ihre Arme seitlich parallel zum Boden aus. Die Handflächen zeigen nach unten. Sie haben jetzt die Form eines Kreuzes angenommen.*

2. *Visualisieren Sie den UNENDLICHEN PUNKT VON STRAHLUNG (GOTT), und atmen Sie tief ein. Ziehen Sie seine LIEBE und seine ATMUNG durch Ihren Kopf und Körper, so daß Sie damit ganz gefüllt werden.*

3. *Atmen Sie aus, und sehen Sie Ihre Atmung entlang Ihrer Arme und Finger ausströmen über die ganze Erde. Sie helfen dadurch mit, daß SEINE VOLLKOMMENHEIT über die ganze Erde erfahren wird. Sie dürfen dabei Ihre Freunde und Verwandten, aber auch Ihre Feinde unter Ihren Armen visualisieren und damit diese Menschen SEINER STRAHLUNG empfehlen.*

Es ist phantastisch, wenn man dieses GEBET auf einem hohen Berg oder im Hochgebirge durchführen kann. Hierin liegt auch die Bedeutung des Kreuzes, welches in Brasilien steht, als Symbol für das Ausströmen göttlicher KRAFT auf die Umgebung. Der Mensch ist eins mit dem Kreuz, und es gibt nicht das Kreuz hier und den Menschen dort. - Wir *sind* das Kreuz!

Wenn wir dastehen und das Kreuz symbolisieren, empfangen wir den göttlichen ATEM und lassen diesen durch unsere Arme *über* die Erde und durch unsere Beine *in* die Erde strömen. Man kann die ENERGIE einfach strömen lassen oder auch zusätzlich zu bestimmten Personen visualisieren.

Erinnern Sie sich: Als wir gestern an den Externsteinen dieses GEBET machten, hatten wir dadurch den göttlichen ATEM über die Umgebung strömen lassen.

- *Vertikal wird empfangen und horizontal wird ausgesendet. Das Rückgrat ist dabei das empfänglichste Instrument des Menschen. - Wenn wir uns abstimmen, empfangen und verströmen wir die ENERGIE über die Welt.*

Auch dieses GEBET kann genausogut *in Gedanken* ablaufen, was *für alle* GEBETE IM LICHT gilt. Sie müssen sich *nicht* in der beschriebenen Weise aufstellen und damit die Aufmerksamkeit Ihrer Umgebung erregen. In den wenigsten Fällen würden die Menschen Ihre Handlungsweise verstehen. Ich muß Ihnen dies hier in der Gruppe aber so zeigen, damit Sie *sehen* können, was gemeint ist.

Im Grunde genommen können Sie auch sitzen und *alle* GEBETE *visualisieren.* Allerdings nimmt dies einige Zeit und Erfahrung in Anspruch, bis Sie so weit sind.

11. 18. HAAI-JU-MER

(NACHMITTAGSLICHTGEBET, einmal, danach beliebig)

Dieses GEBET *ersetzt* die alte ÜBUNG: „Die Kehle". Die neue ÜBUNG „HAAI-JU-MER" kann zu *jeder* Zeit, sollte aber jedoch *mindestens einmal* am Nachmittag, durchgeführt werden.

1. *Heben Sie Ihre Unterarme, die Ellenbogen an Ihre Körperseite gedrückt. Ihre Handflächen zeigen nach vorn und sind nach oben geöffnet.*

2. *Visualisieren Sie einen Strahl weißen LICHTES über Ihren Kopf, der den WILLEN GOTTES darstellt und alle Farben des Spektrums beinhaltet.*

3. *Visualisieren Sie einen messerscharfen Streifen mattgoldenen LICHTES, das flächig nach vorn und hinten ausstrahlt und einer Messerschneide ähnelt. Es ist so groß, wie Sie es sich vorstellen. Die scharfe schmale Schneide zeigt genau in Ihre Blickrichtung. Es liegt nun in Ihrer persönlichen Entscheidung, sich dem Vertrauen GOTTES hinzugeben, damit sein LICHT - durch CHRISTUS transformiert - uns durchschneidet.*

4. *Atmen Sie schnell ein, und ziehen Sie auf den Klang **HAAI-JU** dieses LICHTMESSER zu sich. Das LICHTMESSER schneidet Sie dabei von Ihrem Steißbein angefangen bis zu Ihrem Kopf mittendurch. Auf **HAAI** blitzt das LICHTMESSER in Sie hinein und auf **JU** ist der Schneidevorgang entlang dem Rückgrat nach oben durch den Kopf beendet. Die beiden Klänge und die Bewegung des LICHTMESSERS laufen so blitzschnell ab, daß sie wie ein einziger Vorgang erscheinen.*

5. *Atmen Sie aus auf dem Klang **MER** und ein amethystfarbenes (violettes) TRANSFORMATIONSLICHT durchströmt dabei Ihren ganzen Körper vom Kopf bis zu den Füßen. Alle Ihre bewußten und unbewußten Widerstände*

werden offen angezeigt und TRANSFORMIERT. Dies Ganze muß sich natürlich erst langsam entwickeln.

6. *Führen Sie dies* ***dreimal*** *durch.*

*7. *Beim* ***vierten*** *Mal strecken Sie Ihre Arme zur Seite aus. Ihre Handflächen zeigen nach unten. Atmen Sie wieder auf den Klang MER aus, und das mattgoldene LICHT strömt jetzt an Ihren Armen entlang und durch Ihre Finger hindurch über die gesamte Erde.*

*8. *Beim* ***fünften*** *Mal stehen Sie noch genauso wie unter Punkt sieben. Atmen Sie wieder auf den Klang MER aus, und lassen Sie diesmal Ihre Atmung an Ihren Armen entlang strömen, durch Ihre Finger hindurch und über die gesamte Erde.*

*9. *Auch beim* ***sechsten*** *Mal stehen Sie in unveränderter Haltung wie unter Punkt sieben und acht. Atmen Sie wieder auf den Klang* ***MER*** *aus, und lassen Sie nun eine Mischung aus Atmung und mattgoldenem LICHT an Ihren Armen entlang durch Ihre Finger hindurch über die Erde verströmen.*

* *Nach dem Durchschneiden durchströmt auch das TRANSFORMATIONSLICHT Ihren ganzen Körper.*

11. 19. AH-MU (MORGENLICHTGEBET, beliebiger Anzahl)

Dies ist ein MORGENLICHTGEBET in völliger Hingabe zum URBRUNNEN. Sie sollten dieses GEBET gleich nach dem GEBET „Rhythmus über den Kopf“ durchführen. Die Qualität der Verbindung hängt davon ab, inwieweit Sie in der Lage sind, sich GOTT gedanklich *völlig* hinzugeben.

Es hat sich gezeigt, daß diese Verbindung für den Übenden *Hinweise und Warnungen* für den Tag oder auch für die kommende Zeit enthalten kann. Es kann sein, daß Sie *Worte vernehmen*, häufig ist es auch mehr ein Gefühlsimpuls. Je mehr GEBETE Sie morgens durchführen, desto besser ist es, weil Sie dann den ganzen Tag über deren intensives LICHT ausstrahlen.

1. *Sie stehen auf Ihren Füßen und Ihre Hände sind noch gefüllt mit dem LICHT der ÜBUNG „Rhythmus über den Kopf“. Visualisieren Sie vor sich das ausstrahlende Gesicht CHRISTI. Wenn Sie möchten, nehmen Sie das bekannte Bild des farbigen Gesichtsabdruckes vom „Turiner Linnen“ zu Hilfe. Strecken Sie Ihre Arme seitlich aus, die Handflächen nach oben in Richtung des visualisierten CHRISTUSBILDES.*

2. *Atmen Sie ein auf dem Klang **AH**, und von Ihrer rechten Hand blitzt ein heller Strahl weißen LICHTES direkt in das zuvor visualisierte Gesicht CHRISTI. Schwingen Sie dann Ihren rechten Arm nach vorn oben, so daß dieser zum Gesicht CHRISTI zeigt. Konzentrieren Sie sich auf diesen Moment, ohne jede gedankliche Abschweifung, damit Sie seine STRAHLUNG durch Ihre Hände empfangen können.*

3. *Atmen Sie aus auf dem Klang **MU**, und schwingen Sie Ihre linke Hand auf ähnliche Weise wie unter Punkt 2 beschrieben. Kreuzen Sie Ihren linken Puls über Ihren rechten Puls. Die Handflächen zeigen dabei nach unten. Drehen Sie die beiden Handflächen zu Ihrem Gesicht hin. Die Arme sind gebogen, die Ellenbogen zeigen nach unten. Neh-*

men Sie nun Ihre Arme auseinander, so daß die Hände vor Ihrem Gesicht **verbleiben**. *Ein Strahl WEISSEN LICHTES aus Ihrer linken Hand kreuzt dabei einen Strahl WEISSEN LICHTES aus Ihrer rechten Hand.*

4. *Passen Sie jetzt auf! - Bleiben Sie bewegungslos, denn in diesem Moment* **könnte** *eine Nachricht für den kommenden Tag in Ihrem Geist ausgesprochen werden. Es können Worte der Ermutigung und der Hilfe oder auch Warnungen sein.*

Ende des 1. Buches

12. Schlußbetrachtungen zum ersten Buch

Beim sogenannten „Sündenfall“ schnitt die Menschheit die DIREKTVERBINDUNG zur göttlichen ENERGIE ab und beschädigte damit ihr eigenes Sein. Die Menschheit engte sich dadurch selber ein und *stört bis heute* die GESAMTVIBRATION der Erde.

Das Erlösungswerk JESU CHRISTI für uns ist die Wiederherstellung dieser göttlichen VERBINDUNG. Wenn SEINE LEHREN einst auf Erden *völlig anerkannt* werden, wird den Menschen auch alle KRAFT und MACHT zurückgegeben, die sie ursprünglich hatten.

- Die vorgestellte Technik ist ein Mittel, dem einzelnen Menschen, der diese Technik *seriös* anwendet, durch CHRISTUS, als Vermittler zwischen GOTT und den Menschen, eine neue Qualität von LEBENSENERGIE zu geben, um später die völlige Manifestation aus dem URBRUNNEN GOTTES zu erhalten.

Jedes GEBET IM LICHT bringt etwas von der erhöhten ENERGIE in unser Selbst. Das Resultat wird ein TRANSFORMIERTES Selbstbewußtsein sein. Dieses TRANSFORMIERTE Selbstbewußtsein wird frei von allen Ängsten und Restriktionen und *immun* gegen Krankheiten sein. Der betreffende Mensch ist dann imstande, Heilung und Freiheit hinauszutragen zu denjenigen, die damit in Kontakt kommen möchten.

- *Langfristig gesehen wird die Menschheit frei werden vom Tod und von aller Restriktion der materiellen Welt.*

Die Wirkung der vorgestellten Technik wird jedoch *nie aus sich selbst heraus* zum Menschen kommen, so wie das manchmal fälschlicherweise behauptet wird. Der noch grobstoffliche Fleischkörper wird von Moment zu Moment lebendig gehalten und ist abhängig von Faktoren, die von außerhalb kommen. Später wird der *vollständige* Mensch geistig *und* physisch denselben GESETZEN gehorchen, und er wird *dann* unabhängig leben können durch die Einatmung der LEBENSENERGIE GOTTES.

CHRISTUS hat sehr deutlich gesagt, daß die Menschen die Kraft vom BRUNNEN *holen müssen*, um dann LEBENSENERGIE durch seine Vermittlung empfangen zu können. Erinnern wir uns, CHRISTUS sagte: „Niemand kommt zum VATER, denn durch mich." Wer den SOHN hat, der hat das LEBEN. Wer den SOHN *nicht anerkennt*, der hat *kein* LEBEN. Nur wenn der Mensch das Blut CHRISTI „trinkt" und sein Fleisch „ißt", bekommt er das LEBEN. Diese Erklärungen haben viele Menschen nicht angenommen. Die Fakten der Wissenschaft lassen die WAHRHEIT von einem anderen Gesichtspunkt aus sehen.

Der Mensch in seinem heutigen Evolutionsstand würde einen *direkten* Kontakt mit der LEBENSKRAFT GOTTES nicht überleben! Dieser Kontakt würde die menschliche Existenz *völlig vernichten.* Schon die Konfrontation mit hochfrequenter Gammastrahlung ist für den menschlichen, grobstofflichen Organismus fatal. Wie soll dann der Mensch in der Lage sein, die noch wesentlich HÖHERFREQUENTE und noch kräftigere STRAHLUNG der reinen göttlichen KRAFT auszuhalten?

- *Weil der Mensch nicht mehr in der Lage war, die KRÄFTE des VATERS zu erreichen, kam der SOHN zur Welt, um eine Brücke zu schlagen zum göttlichen URSPRUNG des abdriftenden Menschen.*

CHRISTUS, der Vermittler, sorgt für die TRANSFORMATION der göttlichen ENERGIE und KRAFT für den Menschen auf das irdische Niveau. Er hat sein Blut in die Erde verströmen lassen, als er am Kreuz zu Tode gemartert wurde. Von diesem Zeitpunkt an bis heute befinden sich die göttlichen STRAHLEN unter uns und zwischen uns.

Die LICHTFIGUR in den LICHTGEBETEN ist der Schlüssel zu unserer ganz persönlichen und individuellen ENERGIETRANSFORMATION. Der *bewußte* Anwender wird dadurch von den Füßen an nach oben *rekonstruiert*!

Der *bewußte* Mensch ist das Instrument, durch das diese phantastische LEBENSENERGIE zur Erde fließen kann. Durch ihn kann sie *weitergesteuert* werden und helfen, die Menschheit und die Welt in eine höhere VIBRATION zu bringen, um diese zu erlösen!

Je tiefer das dreifache Bewußtsein „GOTT - CHRISTUS - Mensch" in uns verankert ist, desto schneller werden Resultate zustande kommen. Jeder mögliche Aspekt wird im *ersten* LICHTGEBET zugrundegelegt!

Die Menschen haben nie verstanden, daß JESUS perfektes Blut besaß und dessen STRAHLUNG ausstrahlte, und daß diese Ausstrahlung eine gewisse Heilung mit sich brachte für alle Krankheiten. Die Ursache war die pure ENERGIE, die ohne jede vernichtende und persönliche Emotion ist.

Es ist zu wünschen, daß die Menschen durch persönliche Identifikation anfangen, mit der perfekten Blutradiation CHRISTI zu arbeiten -, eine absolute Notwendigkeit für die Wiedergeburt der Welt!

- *Der Mensch sollte sich b e w u ß t m a c h e n, daß er seinen Geist auf dieses LICHT abstimmen und dieses LICHT ohne Schwierigkeiten wieder AUSSTRAHLEN kann.*

Die LICHTMETHODE lehrt, die Abstimmung *festzuhalten*! Die Abstimmung beginnt mit dem UNENDLICHEN PUNKT VON STRAHLUNG über dem Menschen und der FIGUR DES LICHTES an seinen Füßen. Die Füße sind der wichtigste Teil des menschlichen Körpers, weil sie die Verbindung mit der Erde herstellen! Würde der menschliche Geist lichter werden, *ohne* daß auch die Füße in Kontakt mit dem LICHT sind, wird der betreffende Mensch nur eine *mentale, mystische* Kondition bekommen. Diese wird aber die körperliche Zellstruktur *nicht* ändern können!

Wir müssen lernen, wie wir die Resonanz dieser WAHRHEIT in unserem Leben *erfahren* können. Das erste, was wir lernen, ist, daß wir uns entspannen in Kopf und Körper. In dem Moment, wo der Verstand sagt: „Ich kann nicht", ist auch der physische Körper blockiert. - Darum ist die Welt so, wie sie ist. - Man kann sich entspannen, wenn man weiß, *daß man es kann*! Seien Sie jeden Morgen sehr realistisch, und lassen Sie sich nicht ablenken.

- Um das GESETZ des Lebens zu kennen und das GESETZ *zu werden*, muß man sich zunächst selbst kennenlernen, so, wie man *in Wirklichkeit ist*.

Wenn Sie aufwachen, bleiben Sie entspannt in Ihrem Bett und stimmen sich ab auf die LICHTFIGUR. Denken Sie an den PUNKT UNENDLICHER STRAHLUNG. Meditieren Sie *nicht*, aber visualisieren Sie alles in einem lichten und glitzernden Bild. Wenn Sie Ihren Geist mit der LICHTGESCHWINDIGKEIT in Kontakt bringen, wird Ihr ganzer Körper das miterleben. Wenn Sie an das LICHT glauben, wie an einen Blitz, wird es da sein!

Die Atmung ist dabei sehr wichtig, weil wir die kosmischen KRÄFTE dadurch mit aufnehmen. Sie ist der Weg *nach unten*, wo das physische Leben ist und das LICHT wirkt. - Wenn wir mit der Atmung aufhören, sterben wir. Der Prozeß der physischen Atmung läuft automatisch und unbewußt. In der LICHTMETHODE müssen wir *bewußt* den Weg der Atmung visualisieren. Diese wird zusammen mit der ewigen LEBENSENERGIE in uns wirken.

Bringen Sie unter keinen Umständen eine Abänderung oder Anpassung in Ihre *normale* Atmung. Die Rekonstruktion Ihres Körpers muß in Harmonie mit Ihrem Körper durchgeführt werden, so, wie Ihre Atmung *auch sonst* abläuft! - Dieser Punkt ist sehr wichtig!

- *Die LEBENSKRAFT strömt von oben nach unten in die Welt, und wenn Sie sich damit identifizieren, so wie CHRISTUS es tat, werden Sie diese ENERGIE auch empfangen!*

Sie werden die empfangene ENERGIE aber nicht als Eigentum behalten können. Sie erhalten die ENERGIE auch nicht, wenn Sie sie mit aller Gewalt haben wollen. Zur Zeit haben die meisten Menschen diese ENERGIE nicht, weil sie *nicht* darum gebeten haben.

CHRISTUS kam zu uns, weil wir LEBEN haben *sollen*! - LEBEN im Überfluß! Alles ist anwesend! Wir müssen uns nur darauf abstimmen, um es empfangen zu können, vergleichbar mit einem Rundfunkempfänger, der nur einen ganz bestimmten Sender empfangen soll. Zur Zeit bekommen wir nur ein Minimum an LICHT, das für unsere Existenz *unbedingt* benötigt wird.

Es würde sehr unvernünftig sein, nicht lernen zu wollen, diese ENERGIE jeden Tag aufs neue zu empfangen. Der Mensch muß verstehen lernen, daß der Kontakt mit CHRISTUS für ihn KRAFT bedeutet, aber auch Gesundheit und Frieden in seinem Körper und seinen Gedanken und außerdem einen Überfluß an neuer Erfahrung bewirkt. Denn:

- *Die KRAFT kommt aus einem BRUNNEN, einer QUELLE, die unendlich ist.*

Wenn Sie sich Sorgen machen oder kraftlos sind, stimmen Sie sich ab, und machen Sie eine BEWUSSTATMUNG. Stimmen Sie sich ab auf den UNENDLICHEN PUNKT VON STRAHLUNG, und Sie werden empfangen. Danach werden Sie sich wie ein neuer Mensch fühlen!

- *Die WAHRE innere Einstellung spielt bei allem die überragende Rolle!*

Benutzen Sie diese METHODE auch in Momenten der Müdigkeit. Visualisieren Sie die LICHTFIGUR. Nehmen Sie eine

BEWUSSTATMUNG, und Sie werden sich in der Atmung abstimmen mit dem BRUNNEN. Sie werden in dem Moment - man kann sagen - „göttlich“ sein, denn Ihre Menschlichkeit ist TRANSFORMIERT in göttliche KAPAZITÄT.

Sie können diese METHODE überall durchführen, *ohne* die Aufmerksamkeit anderer auf sich zu ziehen. Nur auf diese Art können Sie den Gebrauch in schwierigen und speziellen Umständen anwenden. Sie sind dann imstande, unerwartete Ereignisse an *jeder* Stelle und zu *jeder* Zeit zu TRANSFORMIEREN. Dieser Prozeß ist der Anfang, unsere Kapazität, die WAHRHEIT, zu uns zu kommen mit dem Ziel; ein perfekter Kanal zu werden, für das LEBEN und die WAHRHEIT, so wie CHRISTUS es vorlebte.

- *Beachten Sie aber die REGELN!* - und das LICHT wird seine Arbeit tun.

Durch den Prozeß der Visualisierung von LICHT und Atmung, erreichen Sie das Ziel ziemlich leicht. Sie brauchen sich nichts zu überlegen, aber machen Sie jedes GEBET mit der LICHTGESCHWINDIGKEIT. Wir müssen lernen, uns abzustimmen auf SEIN ewig funkelndes LICHT und LEBEN.

- *Der irdische Mensch ist das Produkt seiner früheren Leben. Wenn wir uns in der Vergangenheit die LIEBE versagt haben, dann bekommen wir heute die Folgen zu spüren!*

LIEBE ist die Essenz des Lebens und ist keine Emotion!

LIEBE heißt: *Hundertprozent geben*!

Durch den Kontakt mit der LIEBE und dem LICHT des CHRISTUS wird der Mensch die LIEBE *in sich* entwickeln, und das Ausstrahlen wird keine Mühe mehr machen.

Betrachten Sie den UNENDLICHEN PUNKT VON STRAHLUNG als die Essenz der strahlenden LIEBE und die LICHTFIGUR als Ihre persönlich notwendige *Erdung*. Ihre

Füße haben Kontakt mit dieser LIEBESAUSSTRAHLUNG, und Ihr Weg wird für immer erleuchtet sein.

Auf diesem Weg gibt es *keine Pflicht* und *keine Einspannung*, aber eine spontane Ausstrahlung von etwas, das viel, viel größer ist, als wir es sind. Es ist die Antwort auf alle menschlichen Bedürfnisse.

13. DAS ZWEITE BUCH

DIE KOSMISCHEN LICHTGEBETE

Bevor wir beginnen, beantworten Sie sich bitte die folgenden Fragen selber:

1. *Habe ich den ersten Teil der GEBETE IM LICHT in meinem Körper wirklich völlig verarbeitet?*

2. *Wie wahrhaftig ist diese METHODE für mich geworden?*

3. *Habe ich körperliche Änderungen bemerkt?*

4. *Bin ich wirklich bereit, den Weg weiter zu verfolgen?*

5. *Möchte ich auf diese Weise weiterhin als Instrument CHRISTI auf der Erde wirken?*

Beantworten Sie diese Fragen bitte *ehrlich* - im eigenen Interesse!

Machen Sie sich nichts vor!

Können Sie die Fragen bejahen? *Erst dann* fangen Sie bitte mit den folgenden KOSMISCHEN GEBETEN IM LICHT an. Bemerkungen dazu können Sie jederzeit an meine Adresse in Holland schicken.[7]

Es ist natürlich *nicht* so, daß Sie jetzt die LICHTGEBETE des *1. Buches* nicht mehr zu üben brauchten. Dies wäre gleichbedeutend, als wenn jemand bei einem Überseeflug in 10.000 m Höhe die Motoren des Flugzeuges abstellen würde. So ungefähr

---

[7] Siehe Buch 1 der LICHTGEBETE.

muß man auch den Umgang mit den LICHTGEBETEN sehen. Alles ist miteinander verbunden, und man kann nicht einfach sagen: „Ich kenne nun die LICHTGEBETE, jetzt mache ich sie nicht mehr." Der Antrieb der Flugmaschine *muß sein,* und ebenso *muß* unser Antrieb von der Basis aus bleiben, denn unsere Möglichkeiten sind noch längst nicht perfekt. Doch wie schon oft gesagt: Sie haben wie immer die Wahl!

Die KOSMISCHEN LICHTGEBETE werden auf der Basis des *1. Buches* der LICHTGEBETE weitergeführt. Später kann es vielleicht sein, daß Ihnen Ihre persönliche BEGLEITUNG und FÜHRUNG aus dem Geistigen Reich signalisiert, daß Sie einige GEBETE davon nicht mehr zu berücksichtigen brauchen. Doch das bleibt in jedem Fall *abzuwarten*!

Bei diesen neuen GEBETEN arbeiten wir zum ersten Mal nicht nur mit *unserem* Teil des CHRISTUS, der LICHTFIGUR, sondern wenden uns darüber hinaus *direkt* dem KOSMISCHEN CHRISTUS zu.

Das heißt:

Die KOSMISCHEN LICHTGEBETE dienen zur *direkten Ankopplung* an SEINE FREQUENZ.

13. 1. Die kosmische ATMUNG

Dieses LICHTGEBET kann über den ganzen Tag verteilt nach Bedarf durchgeführt werden. Sie sollten jedoch *mindestens dreimal am Tage* dazu bereit sein. Der KOSMISCHE CHRISTUS ist FREQUENZ, und wir sind die Resonanz, und genau das werden wir jetzt visualisieren. Es ist ein sehr direktes und sehr stärkendes LICHTGEBET.

1. Visualisieren Sie das Herz CHRISTI im Himmel. Erkennen Sie darin ein großes Rad, das sich mit hoher Geschwindigkeit und rhythmisch rechtsherum dreht und dabei rubinrotes LICHT ausstrahlt.

2. Visualisieren Sie ein kleines Rad in Ihrem Herzen, das sich mit gleicher Geschwindigkeit und gleichem Rhythmus dreht und die gleiche rubinrote Farbe besitzt.

3. Atmen Sie visualisiert durch dieses Herz ein, und lassen Sie Ihre Atmung ***innerhalb*** *Ihres Körpers in das Herz der LICHTFIGUR an Ihren Füßen strömen, die Ihren Teil des CHRISTUS darstellt und die gesäuberte Atmung in Ihr Herz zurückströmen läßt.*

4. Atmen Sie mit Ihrem Herzen aus und sehen Sie, wie Ihre Atmung diagonal in das KOSMISCHE HERZ des visualisierten CHRISTUS strömt, zusammen mit Bildern von Freunden und Verwandten, aber auch den Bildern Ihrer Feinde, die Sie alle zusammen seiner Gnade empfehlen.

Hinweis: Dieses LICHTGEBET ist als eine *Weltdienstleistung an der Menschheit* aufzufassen. Sie können dieses GEBET nicht für sich selber machen, sondern nur hoffen, daß jemand anderes dies auch für Sie durchführt.

13. 2. Die Bekleidung mit Gold

Dieses GEBET kann den ganzen Tag über gemacht werden, sollte aber *am besten morgens mindestens dreimal* durchgeführt werden. Das GEBET soll goldfarbiges LICHT in Ihren Kopf bringen, weil das Edelmetall Gold in allen religiösen und spirituellen Bereichen einen sehr speziellen Platz einnimmt.

1. *Stehen oder sitzen Sie, die Hände hoch ausgestreckt, die Handflächen zueinander gewandt, aber* ***nicht*** *zusammen. Wie durch einen Blitz werden die Spitzen Ihrer beiden kleinen Finger von einer GOLDENEN LICHTBLASE erleuchtet.*

3. *Atmen Sie ein, und visualisieren Sie, wie das goldfarbene LICHT von den Spitzen Ihrer kleinen Finger an Ihren beiden Armen herunterfließt und sich dann als zwei STRAHLEN auf Ihrer Nackenbasis (Alta-Major-Zentrum) kreuzt.*

4. *Von dort blitzt das LICHT in Ihren Kopf hinein. Jeder STRAHL beschreibt dabei* ***innerhalb*** *des Kopfes eine kreisförmige Bahn, wobei sich beide Bahnen zur Hälfte überlappen. Durch die Überlappung der Kreise kommt es zu zwei weiteren Kreuzungspunkten der STRAHLEN. Jeder STRAHL beschreibt für sich* ***elfmal*** *eine kreisförmige Bahn.*

5. *Sie atmen aus, wenn der zwölfte Kreis fast beendet ist, und die STRAHLEN verlassen dann in einem* ***gemeinsamen*** *STRAHL Ihren Kopf durch das Scheitelchakra und kehren zurück zum BRUNNEN.*

13. 3. Die goldene Pyramide

Dieses GEBET soll *nur morgens und mittags* geübt werden. Für den Abend wurde dieses GEBET *nicht* gegeben! Man sollte den Tag mit diesem GEBET beginnen, um die eigenen verstandesgebundenen Emotionen und Reaktionen, die *andere* Personen *in uns* ausgelöst haben, loszuwerden. Die Gefühle aus unserem UNIVERSELLEN HERZEN haben damit nichts zu tun.

1. Visualisieren Sie eine Pyramide mit dreieckiger Grundfläche und aus goldfarbigem LICHT in Ihrem Kopf. Zwei Ekken von der Grundfläche der Pyramide befinden sich gerade hinter Ihren Augen und zeigen ***innerhalb*** *Ihres Kopfes auf die Schläfen. Der dritte Eckpunkt befindet sich in der Mitte Ihres Kopfes.*

2. Atmen Sie ein auf den Klang ***PI-YU*** *(pi-ju gesprochen), und ziehen Sie die Pyramide durch Ihren Kopf hindurch nach hinten, so daß die Basis an der Hinterseite - aber noch* ***innerhalb*** *Ihres Kopfes - zum Stehen kommt und die Spitze der Pyramide sich genau im Ego-Zentrum des Scheitelchakras befindet.*

3. Atmen Sie aus auf den Klang ***U,*** *und schicken Sie jetzt die Pyramide* ***aus*** *Ihrem Kopf heraus. Sie befindet sich also jetzt* ***oberhalb*** *Ihres Scheitelchakras. Die Spitze der Pyramide senkt sich* ***innerhalb*** *der Pyramide nach unten, während die Pyramidenbasis nach oben kommt und sich verbreitert. Die nun nach unten zeigende Spitze der Pyramide dringt bis in Ihr Herz. Die Pyramidenbasis steigt weiter auf und verbreitert immer mehr ihre Grundfläche.*

Auf diesen sich bildenden Altar der Pyramidenbasis legen Sie bitte Ihre Emotionen, Ihre Angst, Ihre Eifersucht und anderes ab. Dieser goldene Altar steigt hoch bis zum VATER, der alles aus seiner Sicht TRANSFORMIERT. ER schickt durch die einem Trichter ähnelnde Pyramide TRANSFORMIERTE ENERGIEN in unser Herz zurück, die ER uns schon längst hatte geben wollen, wenn wir IHN darum gebeten hätten! [8]

Hinweis: Schicken Sie gedanklich keine Menschen hoch(!) und schicken Sie den „Altar“ auch nicht leer nach oben, sondern nur Ihre Gefühle und Reaktionen, die *andere* Menschen *in Ihnen* verursacht haben und die Sie TRANSFORMIERT haben möchten.

[8] Wie zum Beispiel: Mut, Verständnis, Höflichkeit und andere Eigenschaften, die in der Materie zum menschlichen Glück und seiner Erfüllung nötig sind.

13. 4. Rhythmus der Verzeihung

Wir Menschen können *nicht wirklich* verzeihen. Wir glauben zwar, daß wir es können, aber wir können es in Wirklichkeit *nicht*! Dieses GEBET soll uns dabei helfen, es *doch* zu schaffen, und beinhaltet auch unsere persönlichen karmischen Bereiche. In leicht abgewandelter Form ähnelt dieses GEBET dem LICHTGEBET „DER NAME“ aus dem *1. Buch* der LICHTGEBETE.

Sie können dieses GEBET *dreimal am Morgen* durchführen, aber auch während des Tages, wenn Sie glauben, die Unterstützung CHRISTI zu benötigen, oder wenn Sie in SEINEM NAMEN handeln möchten.

*1. Das GEBET ähnelt dem LICHTGEBET „DER NAME“ aus dem 1. Buch bis zu der Stelle, an der das LICHT Ihren Körper verlassen will. Wichtig: Das WEISSE LICHT geht jetzt **nicht** aus Ihrer linken Seite heraus!*

*1. Atmen Sie ein, und ziehen Sie in einem Atemzug den weißen LICHTSTRAHL innerhalb Ihres Körpers bis zu Ihrer rechten Achselhöhle hoch, von dort zur linken Schulter und von da zur rechten Schulter herüber. Das LICHT blitzt in Ihr linkes Ohr hinein, durch den Kopf hindurch und zum rechten Ohr und dann zu einem Punkt zwischen linkem Ohr und Scheiteldach, von dort zum gegenüberliegenden Punkt an ihrer rechten Kopfseite und dann zum Scheiteldach. Dies alles passiert **innerhalb** des Kopfes und während Sie einatmen.*

2. Atmen Sie dann aus, und schicken Sie den weißen LICHTSTRAHL von Ihrem Scheiteldach aus zurück zum URBRUNNEN.

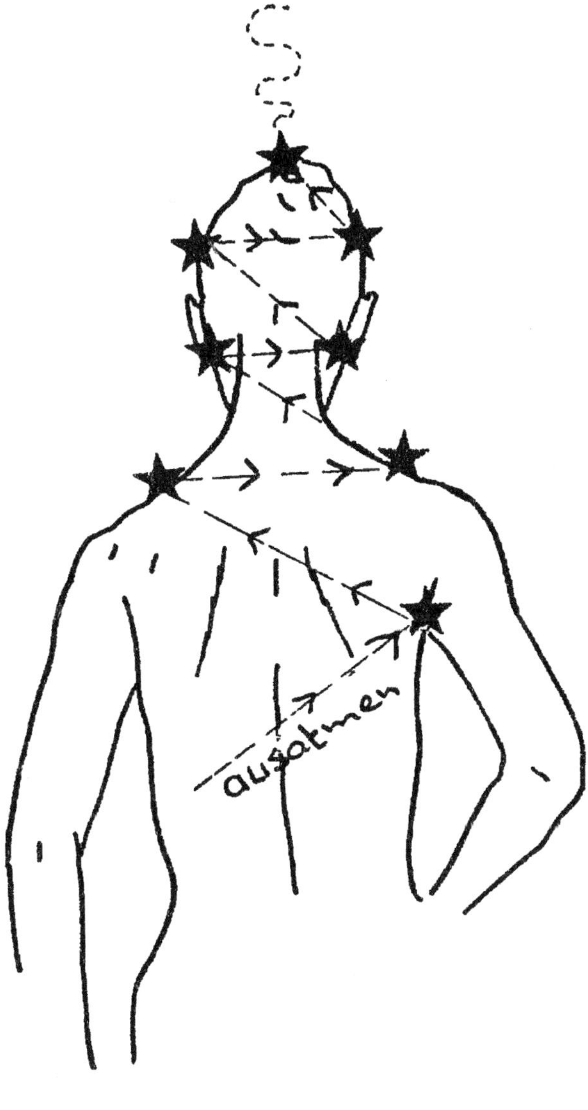
ausatmen

13. 4. 1. Erklärung

Ich bin davon überzeugt, daß Menschen untereinander sich nichts verzeihen können, denn wenn wir sagen: „Ich verzeihe dir", dürfte das, was wir verzeihen wollen, auch nicht mehr unseren Geist belasten! Doch in dem Moment, wo wieder etwas ähnliches passiert, kommt auch *all das Alte* wieder auf den Tisch, und das bedeutet: Wir hatten es in Wirklichkeit *noch immer* in unserem KÖRPER. Wir hatten es lediglich hinter einer geschlossen Tür *verborgen*. Es war aber noch immer da!

- Passiert irgend etwas in unserem Leben, öffnen sich plötzlich alle bis dahin verschlossen inneren Türen, und das alte Unverarbeitete ist wieder da.

Der RHYTHMUS DER VERZEIHUNG hat etwas damit zu tun, was wir innerlich *sind,* und hat auch mit unserem Karma zu tun. Dieses GEBET ist dazu da, *ganz langsam* unsere schmerzenden seelischen Gefühle über etwas, was uns von außerhalb angetan worden ist, zu lösen und zur CHRISTUSFREQUENZ zurückzugeben, damit diese ENERGIE TRANSFORMIERT werden kann.

- *Der Mensch allein kann nicht verzeihen! Nur mit Hilfe der göttlichen KRAFT ist endgültige Verzeihung möglich. Erst dann, und nur dann, ist die disharmonische Energie aus unserem inneren System heraus.*

Die Ausstrahlung, die wir empfangen, benutzen wir, um angehäufte Gefühle wie Haß usw. durch einen im Zickzack verlaufenden STRAHL, der durch unser Egozentrum (Scheitelchakra) läuft, zum URBRUNNEN mitzunehmen, mit der Bitte um TRANSFORMATION.

Dieses GEBET ist eigentlich dazu da, damit wir lernen, *bewußt* zu entscheiden, daß wir im Unbewußten alles vergessen. Zum Beispiel Emotionen, die wir *gegen* Leute oder Länder besitzen. Wir müssen lernen, solche Gefühle in ÜBERGABE hinzugeben, sonst wird sich *niemals* etwas ändern!

Bei uns in Holland werden gewaltige morphogenetische Felder aufgebaut, die aus der Zeit des Zweiten Weltkrieges stammen. Diese Felder werden jedes Jahr wieder *neu verstärkt*. Die Menschen erleben innerlich den Zweiten Weltkrieg wieder und immer wieder aufs Neue. Es ist so, als wenn alles erst vor einem Monat passiert wäre. Für die Menschen wird alles wieder ganz deutlich. Sie leben in diesem Feld - und wissen es nicht besser.

Zu diesen Traditionen gehören auch *Denkmäler*, die überall und über die ganze Welt verstreut für alles Mögliche errichtet werden!

- *Wenn wir w i r k l i c h glauben würden, daß alles, was ist, aus ENERGIE besteht und alles Austausch ist und der Tod nicht besteht, wären wir gar nicht imstande, so etwas Unsinniges zuzulassen!*

13. 5. Rhythmus des BLUTES

Dieses GEBET darf zu jeder Zeit geübt werden. Es sollte jedoch innerhalb von 24 Stunden *mindestens dreimal* durchgeführt werden. Es handelt sich bei diesem GEBET um die energetische AUSSTRAHLUNG des BLUTES CHRISTI.

1. *Atmen Sie ein, und während Sie wieder ausatmen, visualisieren Sie ein blaues Dreieck wie im Lichtgebet „DER NAME". Machen Sie dieses Dreieck gedanklich dreimal hintereinander.*

2. *Atmen Sie ein auf den Klang* ***ZSU****, und ziehen Sie einen weißen LICHTBOGEN von links nach rechts über Ihren Kopf.*

3. *Atmen Sie aus auf den Klang* ***ZSU****, und ziehen Sie einen weißen LICHTBOGEN von hinten nach vorne über Ihren Kopf. Führen Sie die Punkte 2 und 3 viermal durch.*

4. *Atmen Sie ein, und visualisieren Sie dabei einen weißen LICHTPFEIL, der vom URBRUNNEN herunterblitzt und in Ihr Scheitelchakra eindringt. Verfolgen Sie den LICHTPFEIL, wie er spiralförmig 12 goldene Bogen beschreibt, während er durch Ihren Körper blitzt.*

5. *Atmen Sie aus, und spüren Sie, wie der letzte der 12 goldfarbigen Bogen der LICHTSPIRALE explodiert und sich in goldfarbige LICHTTEILCHEN auflöst, die in Ihren Blutkreislauf eindringen und sich darin verbreiten.*

Hinweis: Dieses GEBET hat mit unserem Blut zu tun, denn unser Blut ist das, was wir *sind*, denn unser Blut ist der Träger der Seele. Inwieweit sich dabei unser Blut ändert, können wir selber nicht wissen.

Es soll mikroskopische Bilder geben, die das Blut eines Menschen zeigen, der *intensiv* LICHTGEBETE durchgeführt hat. Dabei wurden in seinem Blut kleine pyramidenförmige, strahlende Gebilde gefunden. Ich selber habe dieses Phänomen nicht gesehen, aber es soll existieren.

13. 6. Die Strahlen des Überflusses und

13. 7. Das Füllhorn des Vertrauens.[9]

Diese beiden *zusammengehörenden* GEBETE tragen dafür Sorge, daß alles, was *nicht* in einen menschlichen Körper gehört, der den göttlichen WEG geht, TRANSFORMIERT wird. Es wird jedoch *nicht ausradiert*, weil diese Dinge sehr stark mit uns verbunden sind. Unsere Unsicherheiten werden sich aber dadurch in Vertrauen umwandeln. Wir bauen damit unseren Körper um. In dem Maß, wie wir uns in ÜBERGABE an den URBRUNNEN hingeben, wird es geschehen. Diese beiden LICHTGEBETE müssen *unbedingt zusammen* durchgeführt werden, damit sie *gleichzeitig* in Ihren Körper integriert werden können. Sie dürfen den ganzen Tag über geübt werden, sollten aber *mindestens dreimal* durchgeführt werden.

1. *Visualisieren Sie an Ihrer linken Körperseite, auf Höhe des linken Beckens, ein Füllhorn (Trichter) aus goldfarbigem LICHT. Die Spitze des Füllhorns ist tief im Becken verankert, und die offene Seite des Füllhorns befindet sich dicht* ***unter*** *der Haut.*

2. *Atmen Sie ein auf den Klang* ***VA,*** *und visualisieren Sie einen hyazinthblauen LICHTSTRAHL, der von oben kommt und dieses Füllhorn völlig ausfüllt. Visualisieren Sie* ***gleichzeitig*** *einen dunkelviolettfarbigen LICHTSTRAHL, den STRAHL DES VERTRAUENS, der vom URBRUNNEN herunterblitzt und auf die rechte Vorderseite Ihres Beckens trifft.*

---

9 An diesem Tag trat ein interessantes Phänomen auf, das der Herausgeber dieser Schriften erst beim Abhören des Tonbandprotokolles feststellte. Während die oben beschriebene Übung innerhalb der Gruppe mehrmals durchgeführt wurde, herrschte im Raum völlige Stille. Die protokollierende Tonbandmaschine blieb jedoch eingeschaltet. Beim späteren Abhören des Tonbandes war an dieser Stelle eine Stimme zu hören, die abgehackt und leise sagte: „ ***Schöpfe - Vertrauen*** . „

3. *Atmen Sie aus auf den Klang* ***TER,*** *und Ihr Körper und besonders Ihr Kopf wird vollständig ausgefüllt mit göttlicher ATMUNG, die sich vermischt mit den eingebrachten LICHTSTRAHLEN und innerhalb des Körpers zirkuliert. Die göttliche ATMUNG tritt* ***nicht*** *mit Ihrer Atmung aus, sondern* ***verbleibt*** *in Ihrem Körper!*

13. 8. Phya Nay

Dieses LICHTGEBET kann den ganzen Tag über durchgeführt werden. Es sollte aber *mindestens dreimal* geübt werden.

1. *Atmen Sie zunächst ein, und danach atmen Sie aus auf den Klang **PHYA** (Aussprache: via). Visualisieren Sie dabei einen Blitz weißblauen LICHTES, der von rechts oben diagonal in Ihr Scheitelchakra eintritt. Das LICHT blitzt an Ihrem Rückgrat entlang, spaltet sich in Ihre beiden Beine hinein, durch ihre Füße hindurch und dringt tief und immer tiefer in die Erde hinein, bis zu den tiefsten Wassern.*

2. *Atmen Sie ein auf den Klang **NAY** (Aussprache: Nee), und eine Blase reiner ENERGIE kommt mit großer Geschwindigkeit aus diesen tiefsten Wassern im Innern der Erde hoch. Die ENERGIEBLASE dringt mit höchster Geschwindigkeit in Ihre Füße ein, umfaßt und durchläuft Ihre Beine, blitzt am Rückgrat entlang in Ihren Kopf, wo sie dann durch das Scheitelchakra Ihren Körper verläßt, zurück zum URBRUNNEN.*

3. *Atmen Sie aus.*

13. 9. Der SCHLEIER

Wenn der Mensch hinübergeht in die ANDERE WELT, seine Seele also austritt aus dem materiellen Körper, behält der materielle Körper eine STRAHLUNGSFORM, die den Grad der erreichten geistigen Entwicklung widerspiegelt. Dieses GEBET können Sie den ganzen Tag über durchführen, aber *mindestens jedoch dreimal* am Tag.

1. *Atmen Sie ein, und während Sie wieder* ***ausatmen****, ziehen Sie weißes LICHT vom URBRUNNEN herunter zu Ihrem Hinterkopf. Von dort blitzt das LICHT zu Ihrem Steißbein und von dort zur Hinterseite Ihrer Knie. Noch immer ausatmend, fließt das LICHT weiter nach unten,* ***unter*** *Ihre Fußsohlen* ***über*** *den Spann hoch zu Ihren Knöcheln.*

2. *Atmen Sie* ***erst jetzt*** *ein, und visualisieren Sie weiter, wie das weiße LICHT zur Vorderseite Ihrer Knie hochblitzt, von den Knien zur Kehle und von dort zu Ihrem Scheitelchakra zurück. Sie haben sich nun in eine LICHTHAUT eingehüllt.*

13. 9. 1. Erklärung

Den SCHLEIER an sich kann man mit dem SCHLEIER CHRISTI vergleichen. Er entspricht GOTTES GNADE, die wir bekommen, wenn wir übergehen in die ANDERE WELT. Es ist ein Abdruck, den wir in dieser Welt hinterlassen, wenn wir in die ANDERE WELT hinüberwechseln.

Diese Art SCHLEIER kann man auch bei einem Hinübergegangenen *sehen*, denn die Haut spannt sich, zieht sich zusammen und wird glatt, und auch der Ausdruck ändert sich. Man bekommt den SCHLEIER der *individuellen Evolution*. Auch eine gewisse Farbe hat dieser SCHLEIER, und diese Farbe zeigt an, in welchen Bereich des neuen Daseins diese Seele kommt. (Sieben Sphären)

- *Jeder Mensch bekommt, wenn er hinübergeht in die Andere Welt diesen SCHLEIER als GOTTES GNADE, was er in dieser Welt getan hat.*

In der ANDEREN WELT muß der Mensch dann wieder lernen, was gemacht werden muß, um in die Materie zurückzukehren. In dem Moment, wo der SCHLEIER beginnt, sich zu zeigen, geht die betreffende Seele nach HAUSE. Man kann daran *erkennen*, daß der Mensch hinübergehen wird. Hellsichtige Menschen können die Farbe der dann einsetzenden Ausstrahlung sehen, die aber nichts mit der Aura zu tun hat. Das ist etwas anderes. Es ist sehr schwierig, diesen Vorgang zu erklären.

Wir erhalten im irdischen Leben den SCHLEIER, weil dieser die WAHRHEIT darstellt. Dazu ziehen wir das LICHT um uns herum. Es wird wie eine Haut werden, und das ist die Absicht. Eine Haut, die uns einhüllt, damit wir die WAHRHEITS-AUSSTRAHLUNG bekommen wie jeder Avatar. Das ist unser Weg, die WAHRHEIT zu holen und sie *zu werden* und auszustrahlen. Es ist wie ein Kleid, wie eine Haut, die wir durch dieses GEBET über uns ziehen. So wie eine Schlange sich häutet, ziehen wir diese Haut über. Wenn wir damit fortfahren, wird sich dies weiterentwickeln, so daß wir, ohne es benennen zu können, es als die WAHRHEIT *erkennen* und auch immer mehr *spüren*. Wir spüren dann einfach, was WAHRHEIT ist und was nicht, ohne daß wir bewerten und sagen: „Das ist eine Lüge und das da ist eine WAHRHEIT". Der Verstand wird nicht mehr argumentieren können, denn:

- *WAHRHEIT ist AUSSTRAHLUNG!*

Wenn sich ein MEISTER DES LICHTES in dieser Welt *materialisiert*, wird von der positiven Seite des Geistigen Reiches darauf geachtet, daß die Menschen nicht erschrecken, wenn sie nicht daran gewöhnt sind. Um die gewaltige Ausstrahlung des MEISTERS zu mindern, wird dann auch immer eine Art SCHLEIER um den Körper der *Materialisation* gehüllt, damit diese Ausstrahlung nicht so extrem stattfindet bzw. auf ein *erträgliches* Maß gemindert wird. Dieses Phänomen ist wie ein LICHT, das man in dieser Welt nicht kennt. Die Ausstrahlung ist so enorm, daß man einfach in Angst verfällt und zurückweichen würde, wenn man *plötzlich* damit konfrontiert wird.

13. 10. Die Atmung der ELIMINATION

Durch dieses GEBET lösen wir gewisse Bereiche, die wir in unserem Körper aufgebaut haben und die wir nicht brauchen. Es ist eine ELIMINATION von Stoffen, die wir beseitigen müssen und die durch das CHRISTUSBEWUSSTSEIN umgewandelt werden. Es ist wie eine Entgiftung, die eigentlich fast allen GEBETEN zu eigen ist. Das GEBET darf den ganzen Tag über durchgeführt werden, jedoch *mindestens dreimal.*

1. *Stehen, sitzen oder liegen Sie, die Arme entlang Ihres Körpers. Die Handflächen zeigen nach oben, und Sie sind völlig entspannt.*

2. *Atmen Sie ein durch die Oberseite Ihres Kopfes, und Sie sehen, wie sich die Atmung wie ein Nebel durch Ihren gesamten Körper bis zu den Füßen zerstreut.*

2. *Atmen Sie aus und visualisieren Sie, wie die Atmung aus Ihrer linken und rechten Körperseite austritt und alles mit sich nimmt, was Sie loswerden wollen.*

13. 11. Die Schraube

Dieses LICHTGEBET symbolisiert unsere Bereitschaft, die GOTTESKRAFT in Form einer Saat, die wir mit Einsatzbereitschaft unseres Wesens produzieren, in die Erde zu bringen. Dieses GEBET darf den ganzen Tag über gemacht werden und sollte *mindestens dreimal* durchgeführt werden.

1. *Atmen Sie ein und visualisieren Sie einen glänzenden, stahlfarbenen Deckel auf der Hinterseite Ihres Kopfes, wo manche Mönche ihre Tonsur haben. Der Deckel symbolisiert den Kopf einer Schraube, die durch Ihren gesamten Körper hindurchgeht. Visualisieren Sie nun, wie dieser Deckel sich spiralförmig zum URBRUNNEN hochbewegt und sich einbettet in den GEISTKÖRPER GOTTES. Im selben Moment erfahren Sie, wie SEINE ENERGIE spiralförmig herabbewegt und in Ihren Körper hineinblitzt.*

2. *Atmen Sie aus und sehen Sie, wie der Deckel zurückkommt. Und wenn er Ihren Kopf berührt, fließt die ENERGIE durch Ihren Körper. Ihre linke Körperseite öffnet sich wie ein kleiner Tunnel und strahlt grünes LICHT DER FREUDE aus. Vom linken Fuß blitzt die FLAMME DES MITGEFÜHLS auf (die Farbe ist individuell verschieden) und von Ihrem rechten Fuß ein indigoblauer STRAHL, das LICHT DER ENTSCHLOSSENHEIT, d. h. Sie haben sich entschlossen, sich dafür einzusetzen, damit SEIN WILLE zur Erde kommen kann.*

3. *Wenn dieses LICHTGEBET in Hingebung zu GOTT gemacht worden ist, visualisieren Sie, wie die Spitze der Schraube im Bereich Ihres Steißbeines aus Ihrer Körperunterseite herauskommt und eine Saat, gefüllt mit Ihrem Mitgefühl für die Erde und alles was lebt, zwischen Ihre Hacken in die Erde fällt. - Denken Sie daran: Was Sie säen, werden Sie ernten!*

Hinweis: Die Schraube besteht aus reiner GEDANKENENERGIE. Sie ist eine spiralisierende ENERGIEFORM, eine drehende KRAFT nach „oben“.

13. 12. Die UNENDLICHE ACHT (Lemniskate)[10]

Dieses GEBET umfaßt alles, und Sie selber stehen für das „wie unten so oben“ und „wie oben so unten“. Man spricht auch von der „ARCHE DER VERBUNDENHEIT“.
Der Sinn des GEBETES ist, daß wir *übereinstimmen* mit dem, was zu machen ist, und mit allem, was ist. Sie umfaßt alles, was die Menschheit *ist* und was im Kosmos *ist*. Dieses GEBET ist so umfassend, daß Worte sie nicht beschreiben können.

1. *Stehen Sie entspannt, die Arme nach unten entlang Ihres Körpers.*

2. *Atmen Sie ein, und visualisieren Sie einen Strahl weissen LICHTES, in einer Kurve von links oben aus dem URBRUNNEN herunterblitzend, bis zu einer Stelle rechts neben Ihrem rechten Fuß.*

3. *Atmen Sie **jetzt** aus, und visualisieren Sie, wie das LICHT weiterläuft und Ihre Hinterseite passiert und zur Vorderseite Ihres linken Fußes blitzt.*

4. *Atmen Sie **jetzt** wieder ein, und das zurückblitzende LICHT **kreuzt sich** mit dem herunterkommenden Strahl, und **in diesem Moment** atmen Sie aus und sehen, wie der hochblitzende STRAHL in einem Bogen wieder im URBRUNNEN endet. Die UNENDLICHE ACHT hat sich formiert.*

Hinweis: Die Acht ist die Zahl CHRISTI und bedeutet: *Wie oben, so unten.* Die menschliche linke Körperseite ist die *Seite der Emotionen.* Die rechte Körperseite stellt die *Seite der Tat* dar. Mit dem Begriff ARCHE DER VERBUNDENHEIT ist die Bundeslade gemeint, mit der wir uns verbinden. Die Israelis sind damit ver-

---

[10] Die *Lemniskate*, (griech.-lat.), Kurve in Form einer Acht. - Mathematisches Schriftzeichen für unendlich.

bunden. Ein Israeli darf sich derjenige nennen, der sich mit GOTT verbunden hat. *Abraham* hatte die Bundeslade bekommen, weil er mit GOTT verbunden war. Ein Jude kann also Israeli sein, aber ein Israeli muß nicht unbedingt ein Jude sein! - Ich werde in zwei Wochen in Jerusalem sein und vielleicht sehen, wo die Bundeslade ist. Viele glauben, daß sich die Bundeslade unter dem *Tempel des Herodes* befindet. Die Klagemauer ist ein Teil dieses Tempels. An der Klagemauer reden die Israelis über die Vergangenheit. Sie rufen das alte Israel. Sie möchten es zurückhaben, so wie es ihnen GOTT versprochen hatte. Auf diesem Gelände gibt es unterirdische Verbindungen, die mit Wasser gefüllt sind. Ich werde also dorthin fahren und sehen, was passiert.

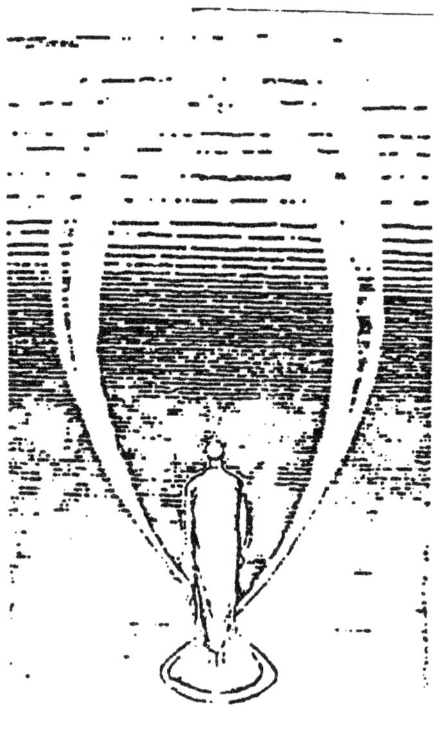

13. 13. Die GOLDENE LEINE der WAHRHEIT

Dieses persönliche GEBET darf den ganzen Tag über durchgeführt werden, *mindestens jedoch dreimal.*

1. *Stehen Sie sehr entspannt.*

2. *Armen Sie auf den Klang **VA** ein, und visualisieren Sie einen STRAHL goldfarbigen LICHTES, der nach unten kommt und in das Scheitelchakra (Ego-Zentrum) auf Ihren Kopf eindringt und am Rückgrat entlang nach unten fließt.*

3. *Atmen Sie aus auf den Klang **TER,** und verschiedene STRAHLEN farbigen LICHTES kommen aus den einzelnen Zentren der Chakren Ihres Körpers, die sich vor- und rückwärts in rhythmischer Weise bewegen und ausstrahlen.*

   A. *Von der Kehle aus geht ein rubinroter, sich **rhythmisch bewegender** LICHTSTRAHL hin und her.*

   B. *Ihr UNIVERSELLES HERZ füllt sich mit transparentblauem, aquamarinfarbigem LICHT, und zwar in aller Stille und **ohne** Rhythmus.*

   C. *Vom Solar Plexus erstrahlt emeraldgrünes, sich **rhythmisch bewegendes** LICHT.*

   D. *Von der Unterseite Ihres Bauches geht hyazinthblaues, sich **rhythmisch bewegendes** LICHT*

Hinweis: Dieses GEBET hat mit unseren inneren Organen zu tun. Es ist ein GEBET, das die WAHRHEIT in unseren Körper transportiert. Der STRAHL aus goldfarbenem LICHT erreicht vom Scheitelchakra aus, auf seinem Weg das Rückgrat herunter, auch alle unsere Hauptchakren und Bewußtseinsebenen. Es ist die GOLDENE LEINE DER WAHRHEIT, die wir vom URBRUNNEN empfangen. An welcher Stelle Ihres Körpers das LICHT austritt, kann individuell verschieden sein. Lassen Sie alles zu und blockieren Sie nicht.

13.14 Das Ei der Atmung

Dieses GEBET IM LICHT können Sie nach Bedarf den ganzen Tag über durchführen.

1. *Atmen Sie ein und visualisieren Sie einen Atmungsnebel, welcher von der Hinterseite Ihres Kopfes, an Ihrem Rückgrat entlang nach unten, in die LICHTFIGUR zu Ihren Füßen, eintaucht. Weiter einatmend, strömt dieser Atmungsnebel an der Vorderseite Ihres Körpers hoch und verbindet sich wieder mit Ihrem Kopf. Die Atmung gleicht einer aufgeblasenen Membrane, die sich von der Hinterseite Ihres Kopfes um die ganze Erde herum erstreckt - ähnlich einem großen Ei, in dem die Erde eingebettet ist.*

2. *Atmen sie aus, und visualisieren Sie, wie sich diese Atmung als eine Schale um Ihren Körper gelegt hat und dort verbleibt. Führen Sie dies sechsmal durch, so daß genügend Atmungsenergie aufgebaut ist.*

3. *Führen Sie jetzt die kosmische Atmung für Freund und Feind durch. Spüren Sie dabei, wie die bisher aufgebaute ERNERGIE zur Unterstützung dieses LICHTGEBETES gebraucht wird.*

Ende des 2. Buches

14. DAS DRITTE BUCH

DIE AUFSTIEGSGEBETE

14. 1. Vorwort

Man kann nicht mit dem Dach eines Hauses beginnen, wenn die Fundamente noch nicht stehen. Daher sollten die LICHTGEBETE des 3. Buches *nur dann*(!) durchgeführt werden, wenn die GEBETE aus Buch 1 *und* Buch 2 verarbeitet und *fest im Körper integriert sind.* Denken Sie daran: Alles liegt in Ihrem eigenen Interesse!

Die LICHTGEBETE sind mit dem 3. Buch noch nicht vollständig. *Es fehlen noch 10 GEBETE*, die ich aber bewußt fortgelassen habe, weil sie eine besondere Wirkung auslösen. Erst nach Ablauf eines Jahres, wenn dann noch Bedarf *Ihrerseits* besteht, können Sie die restlichen 10 GEBETE bei mir anfordern. Ein weiteres Seminar möchte ich dafür *nicht* ansetzen, weil Sie dann selber in der Lage sein werden, den Inhalt der noch fehlenden 10 GEBETE *intuitiv* richtig zu erfassen. Sie werden die nötige BEGLEITUNG haben, wenn Sie die Texte lesen und interpretieren. -

- Es gibt sehr viel Literatur, einschließlich der Bibel, die man nur in BEGLEITUNG lesen sollte, *erst dann* ist eine *richtige* Interpretation möglich.

Jeder Mensch wird unter einem Sternzeichen geboren, das mit einem bestimmten *Aszendenten* korrespondiert. Die Astrologie geht bekanntlich von der Geburtszeit aus. Die Geburtszeit ist eine *planetare Zeit* und damit an die Erde gebunden! Das heißt:

- *Astrologie wird auf der Basis der körperlichen Geburt auf Erden betrieben, sie geht also nicht von der Seele aus!*

Es gibt nur sehr, sehr wenige wirklich gute Astrologen, die auch die seelische Entwicklung eines Menschen einschätzen können. Wenn ein Astrologe das Astro-Diagramm interpretiert, sollte er in der Lage sein, auch den UNIVERSELLEN PULS fühlen zu können oder sich abzustimmen auf das HÖHERE SELBST, d. h. den seelischen Hintergrund der betreffenden Person kennenzulernen. Die Interpretation kann sonst nicht stimmen, weil die Seele den Körper beeinflußt!

- *Der Mensch sollte sich von den Einflüssen der Planeten befreien, und das kann mit Hilfe des LICHTES geschehen. Die Aufgabe des SCHILD DES LICHTES besteht darin, eine völlige Unabhängigkeit von den Einflüssen der Planeten zu erreichen.*

Erst wenn die Planeten *keinen Einfluß* mehr auf den Menschen ausüben können, ist auch die Sternstunde seiner irdischen Geburt nicht mehr wichtig. Er ist dann *unabhängig* von den Einflüssen der Planeten geworden.

Durch die LICHTGEBETE lassen wir das LICHT in SEINEM NAMEN, *von der Seele aus,* durch den Körper strömen, damit der Körper *planetenunabhängig* werden kann. Wenn der Mensch planetenunabhängig geworden ist, braucht er *nicht* mehr zurück in die Materie und ist von ihr befreit.

Wenn man sich intensiv mit dem 3. Buch der LICHTGEBETE beschäftigt, ändern sich auch die Linien innerhalb der Handflächen. Auch andere GEBETE zielen in diese Richtung. Ein Beispiel dafür ist der Kriya-Yoga, den Paramahansa Yogananda und Babadschi entwickelt haben.

- *Alle GEBETE vom SCHILD DES LICHTES gehen von der Seele aus.*

- *Die Seele ist unsere zeitliche Identität in den sieben Sphären!*

Erst wenn die Seele unseren Körper umgebaut hat, ist er tatsächlich *unser* Körper geworden. Erst dann! Erst wenn wir *hundertprozentig* von planetaren Einflüssen befreit sind, sind wir auch frei von der Materie, und unser physischen Körper ist TRANSFORMIERT.

- In unserem physischen Körper stecken die Strahlungen der Planeten!

- Die Seele soll den Körper davon befreien.

- Entlang unseres Rückgrates liegen in bestimmten Zentren die Einflüsse der Planeten verankert.

Sie werden bei den folgenden GEBETEN sehen, daß wir mit MONDLICHT und SONNENLICHT arbeiten. Sie werden erleben, daß gewisse seelische Eindrücke auftreten. Genaueres ist jetzt schwierig zu erklären, die GEBETE haben aber damit zu tun.

Wenn man diese AUFSTIEGSGEBETE völlig in den Körper eingearbeitet hat, ist der physische Körper unser Körper *geworden,* und Horoskope sind dann ungültig. Das heißt, man könnte mit der Astrologie aufhören. - Astrologen werden das natürlich nicht so gerne hören. Wir werden in der Tat in gewissen Bereichen gefangengehalten durch die Beeinflussung der Planeten, die uns an die Erde binden. Wir Menschen sollen aber LICHT werden!

- *Unsere VIBRATION, unsere SCHWINGUNG kann und soll so hoch werden, daß wir materialisieren und dematerialisieren können.*

Es gibt Materialisierungen in der Dritten Dimension, die aber damit *nichts* zu tun haben. In der Dritten Dimension können Medien durch sog. Ektoplasma derartige Phänomene erzeugen. Das Medium sondert Ektoplasma ab, welches an die Dritte Dimension gebunden ist. Es entsteht durch eigenen Willen, mit dem die DEVAS arbeiten, damit überhaupt das Ektoplasma in dieser Dimension entstehen kann.

- *Menschliche Medien geben Ektoplasma frei, das an die Dritte Dimension gebunden ist.*

Diese Art Materialisationen haben aber *nichts* mit den MATERIALISATIONEN der AUFGESTIEGENEN MEISTER zu tun. An deren Ausstrahlung erkennt man *sofort*, daß diese Art von MATERIE *nicht von dieser Erde stammt*. Es findet also eine gewaltige Fusion, eine Verschmelzung zwischen den geistigen und physischen Atomen, statt. Das Resultat ist nicht mehr erdgebunden und damit nicht mehr zur Dritten Dimension gehörend.

Die AUFSTIEGSGEBETE sind im Grunde genommen „PLANETENGEBETE".

Ich bin gespannt, inwieweit wir hier in unserer Gruppe diese GEBETE des 3. Buches durchführen können. Es wird ein Test dafür sein, inwieweit Sie die GEBETE des ersten und zweiten Buches in Ihrem Körper *verarbeitet* haben.

Zwei Punkte sind noch anzumerken:

1. *Sie können die GEBETE des 3. Buches den ganzen Tag über durchführen.*
   Sie sind an keine Zeit gebunden. Der frühe Morgen ist jedoch am besten geeignet, weil Sie dann die Qualität der GEBETE den ganzen Tag mit sich tragen.

2. *Es wird nicht mehr angegeben, wie oft Sie die einzelnen GEBETE durchführen sollen.*
   Lassen Sie sich nur noch von Ihrer geistigen BEGLEITUNG führen und achten Sie dabei nur auf Ihr Gefühl!

Beginnen wir nun mit dem ersten GEBET aus dem **3. Buch**:

14. 2. Die Kugel aus LICHT,

Welche Körperhaltung Sie einnehmen, ist grundsätzlich egal. Ich selber führe dieses GEBET gerne im Liegen durch, was aber individuell verschieden ist.

2. *Atmen Sie ein, und visualisieren Sie gleichzeitig in Ihren beiden Achselhöhlen und in Ihren beiden Leisten je eine elfenbeinfarbige KUGEL.*

3. *Atmen Sie aus, und visualisieren Sie, daß die vier KUGELZENTREN aufglühen und die Umgebung Ihrer Brust und den unteren Teil Ihres Bauches elfenbeinfarbig erleuchten. Die vier einzelnen KUGELN dehnen sich so weit aus, daß nur noch* ***ein*** *elfenbeinfarbiges LEUCHTEN zu sehen ist.*

14. 3. Das PFAUENLICHT (I)

1. *Stehen oder liegen Sie. Halten Sie Ihre beiden Handflächen auf die Höhe Ihrer Ohren. Die beiden Handinnenflächen sind auf die Ohren gerichtet.*

2. ***Atmen Sie ein,*** *und visualisieren Sie an der kleinen Zehe Ihres linken Fußes ein pfauenblaues LICHT. Das LICHT bewegt sich über die fünf Zehen Ihres linken Fußes hinweg zur großen Zehe des rechten Fußes und von dort über die Zehen hinweg zum kleinen Zeh des rechten Fußes.*

Noch während der Einatmung blitzt das pfauenblaue LICHT zum kleinen Finger der rechten Hand und bewegt sich über die Finger hinweg zum Daumen.

Noch während der Einatmung pringt das pfauenblaue LICHT in Ihr rechtes Ohr hinein, blitzt durch Ihren Kopf hindurch und aus dem linken Ohr wieder hinaus. Auf dem Weg durch den Kopf berührt es die Hypophyse.

Noch während der Einatmung springt das pfauenblaue LICHT vom linken Ohr zum linken Daumen, gleitet über die Finger Ihrer linken Hand und von dort zur rechten Augenbraue. Das pfauenblaue LICHT umkreist Ihre Augen und Ihre Nase einige Male und strahlt dabei aus in Form einer blauen Maske[11].

3. ***Erst jetzt atmen Sie aus** und visualisieren, wie das pfauenblaue LICHT zum URBRUNNEN zurückblitzt. Sie visualisieren auch, wie das LICHT den URBRUNNEN kontaktiert. Dieser abschließende Vorgang ist sehr wichtig!*

Hinweis: Es ist nicht so wichtig, ob Sie *tatsächlich* „sehen", wie das LICHT den URBRUNNEN kontaktiert. Viel wichtiger ist es, daß Sie darauf *abgestimmt* sind, daß das LICHT zurückgeht.

---

11 Bei verschiedenen Völkern kann man den Einsatz blauer Masken beobachten. Sehr häufig findet man auch blaue Masken bei den Indianern.

14. 3. 1. Erklärung

Das PFAUENLICHT wird so gelenkt, daß wir durch unseren Körper dem LICHT eine gewisse SCHWINGUNG geben, damit die Erde das geistige LICHT empfangen kann, um in Harmonie zu kommen. Inwieweit dies geschieht, wissen wir nicht.

Wir Menschen werden schon in Disharmonie geboren, und unsere Aufgabe ist es, in Harmonie zu kommen, damit eine Verschmelzung stattfindet, so daß Körper und Seele auf ein und dieselbe SCHWINGUNGSEBENE kommen. „Wie oben so unten", d. h. wir sind *erst* in Harmonie, wenn unsere Seele und unser Körper EINS sind.

So ist es auch mit der SANAT KUMARA. Der planetare LOGOS braucht uns als Mitarbeiter, um das geistige LICHT empfangen zu können. Wir Menschen sind durch unseren materiellen Körper ein Teil der Erde. Durch die Veränderung, die sich aufbauende, *Feinstofflichkeit* unseres materiellen Körpers, kann dann der sog. Aufstieg stattfinden.

- *Die menschliche Seele ist eine zeitlich ewige Identität, sie ist wie ein Nebel der göttlichen FLAMME.*

Man sagt, die Seele sei ewig - das ist sie, jedoch nur so lange wir Menschen zur Erde gehören und in den Stufen und Sphären des Geistigen Reiches leben. Wenn wir unserem seelischen Körper LICHT zuführen, nähren wir die göttliche FLAMME in uns, die heller und heller wird und in die Welt AUSSTRAHLT. Wenn in diesem LICHTKÖRPER, den Seele und göttliche Flamme zusammen darstellen, die göttliche FLAMME immer stärker wird, tritt die Seele im gleichen Maße zurück. Leider ist es heute noch umgekehrt. Wenn der Mensch dereinst in der *Fünften* Dimension lebt, ist seine Seele integriert in die göttliche FLAMME. Der Mensch ist zur göttlichen FLAMME *geworden.* Er hat sein Inneres nach außen gekehrt, und seine Umwandlung ist perfekt. Die Seele an sich ist demnach an die Dritte und Vierte Dimension gebunden.

Die Frage nach einem Verlust der Persönlichkeit wird oft gestellt. Wir können während unserer jetzigen Inkarnation keine Überlegungen darüber anstellen, was der Begriff "kosmisch" eigentlich genau bedeutet. Viele Menschen sind der Meinung, daß der *kosmische Mensch* wie ein Tropfen im Ozean aufgeht. Das sind aber alles Überlegungen der Dritten Dimension, aus der heraus wir nicht beurteilen können, was die Fünfte Dimension eigentlich ist. Daher sind weiterführende Überlegungen sinnlos und rein spekulativ.

- *Wir Menschen sollten endlich akzeptieren lernen, daß wir über Fragen dieser Art zur Zeit noch nicht nachdenken können!*

Ein inneres Gefühl sagt mir, daß wir Menschen unsere Persönlichkeit *auf keinen Fall* verlieren werden. Auch GOTT und CHRISTUS und andere hohe WESEN der HIERARCHIE verlieren *nicht* ihre PERSÖNLICHKEIT. Alles wird transzendieren, alles wird wachsen, alles wird sich ändern.

Auch der Mensch wird sich sehr *genau erinnern*, was gewesen ist, aber er wird alles von einem *anderen Blickwinkel* aus betrachten. Der uns knechtende, selbst auferlegte Zeitfaktor fällt weg. Zeit wird zum Rhythmus und der Mensch ist unsterblich geworden.

- *Wir Menschen sind auch jetzt schon unsterblich, doch wir glauben es nicht!*

Die menschliche Seele ist ENERGIE. Sie geht über in eine andere Phase und kommt von dort wieder zurück usw. Weil für uns Menschen nur das existiert, was wir *sehen und messen* können, sind wir der Meinung, daß wir *sterblich* sind. Es ist aber nicht unser Körper, der stirbt und in die Erde zurücksinkt. Dieser Körper muß erst zu unserem Körper *werden*, so, wie es JESUS CHRISTUS zeigte, erst dann wird auch das sog. Sterben nicht mehr sein. Dann ist der Mensch zur göttlichen FLAMME *geworden* und spricht auch nicht mehr von seiner Seele.

Auch die Erde kam auf ihrem Weg der Evolution aus galaktischem Nebel und Staub ins LICHT. So müssen auch wir Menschen aus dem „Nebel“ der Dritten- und Vierten Dimension, auf die unsere Seele begrenzt ist, ins LICHT, in die göttliche FLAMME hinein. Dann wird der Mensch die *Telepathie*, die *Dematerialisation* und die *Materialisaiton* perfekt beherrschen und braucht auch nicht mehr zu reinkarnieren, dann ist er frei von der Erde. Manche Menschen schaffen dieses hohe Ziel in tausend Leben, manche in hundert. JESUS CHRISTUS hat es in *einem* Leben gezeigt.

Doch inwieweit glauben wir daran?

Das ist die Frage. - Inwieweit glauben wir daran??

Teilweise ist es Angst, die den Menschen abhält, sich mit Dingen zu beschäftigen, die er nicht kennt, denn diese Gebiete sind *völlig unbekannt*! Auch unsere „High Tech-Zivilisation“ hilft uns hier keinen Schritt weiter. Weil dieses Gebiet so völlig unbekannt ist, kann es für gewisse Leute sogar zur Bedrohung werden. Der dreidimensional arbeitende Verstand bringt den Menschen auf diesem Gebiet überhaupt nicht weiter.

- *Der Mensch ist während seiner grobstofflichen Inkarnation auf drei Dimensionen beschränkt - und dies aus gutem Grund!*

Führen Sie alle LICHTGEBETE in Vertrauen und ÜBERGABE durch, und *lassen Sie zu*, was passieren muß. Das heißt, daß alles, was wir tun und entwickeln werden, *nicht vom Verstand erklärt werden kann*. Wenn man trotzdem versucht, alles mit dem Verstand zu erklären, beschränkt man es sofort durch diese verstandesmäßige Erklärung.

Man könnte nun in der Tat auf den Gedanken kommen und sagen: „Wozu haben wir eigentlich einen Verstand, wenn er uns doch nur hindert?“ - Nun, wir brauchen den Verstand, um uns *entscheiden* zu können. In geistiger Hinsicht hat der Verstand überhaupt keinen Zweck, denn, wie bereits gesagt, alles was wir erklären, begrenzen wir automatisch. Gehen Sie mit den LICHTGEBETEN einfach weiter, *ohne* über alles nachzudenken, und glauben Sie daran - und es wird passieren, was passieren muß.

Ich selber bin von der Wirksamkeit der LICHTGEBETE überzeugt, obwohl auch mein Verstand ab und zu sagt: „Du bist irre!" Doch ich hatte *mein persönliches Erlebnis*, und die Gedanken daran festigen meinen Glauben sofort, wenn mein Verstand versucht zu intervenieren. Auf der Erde werden alle Menschen von ihrem Verstand beherrscht, dies muß man einfach so sehen.

Mit den LICHTGEBETEN haben wir Menschen etwas in die Hand bekommen, das unserem Verstand seine Grenzen aufzeigt. Wir haben durch die LICHTGEBETE unserem Verstand angedeutet, daß es einen Endpunkt in der begonnen Entwicklung geben wird, an dem er seine Dominanz über uns verlieren wird. *Genau das will er verhindern* denn der Verstand ist unser Ego. Der Verstand ist es, der sich sträubt und die Zweifel produziert.

Jeder Mensch muß lernen, dies einzusehen und zu erkennen. Jeder Mensch muß dies *selber spüren* und erfahren, sonst wird er es niemals glauben können. Auf diesem Weg ist der Mensch ziemlich allein, obwohl er die Verbindung mit „OBEN" zu jeder Zeit hat.

Doch inwieweit glauben wir daran?

Durch intensives Üben der GEBETE IM LICHT werden einige von Ihnen *automatisch* hellseherische Gaben entwickeln. Hellseherische Gaben sind aber im Grunde genommen *nebensächlich* und nicht wichtig. Sie sind nur ein *Seitenaspekt* des EVOLUTIONSWEGES, denn Hellsehen ist nur die erste Stufe.

Viele Leute bewundern die Gabe des Hellsehens, weil sie eine Begabung ist. Natürlich ist es sensationell, wenn ein Mensch Auren und deren Farbe *sehen* und Krankheiten darin *erkennen* kann, denn *daran* ist unsere Welt sehr interessiert. Trotzdem ist es unwichtig, sich nur darauf zu konzentrieren! In Wirklichkeit ist es so, daß man persönlich *gar nichts* erreicht hat, wenn man Auren sehen kann, denn von der seelischen Seite her besteht kein Tod. Man wird nur abgelenkt, wenn man diese Dinge sieht. Man kann damit Leute an sich ziehen, ja, man *versklavt* sogar Leute damit, denn die Leute fragen oft: „Was siehst du?"

- Es ist kosmisch gesehen völlig unwichtig, Auren sehen zu können, auch wenn es natürlich für unsere Gedankenwelt äußerst interessant und vor allem *sensationell* ist.

Es ist die unsichtbare Welt, die unsere Dritte Dimension durchdringt. Es ist die unsichtbare Welt, die wir auf der materiellen Ebene „*vergessen*" haben. Es ist gut, das Ganze in Harmonie wiederzuerkennen, aber dann sollte man auch nicht vergessen, *weiterzugehen,* um nicht in der Ebene der Hellsichtigkeit oder anderer Medialitäten hängenzubleiben. - Wie bereits gesagt, wenn Sie mit den LICHTGEBETEN intensiv weitermachen, werden Sie *automatisch* auch hellseherische Fähigkeiten entwickeln. Doch dies ist ein *Nebenaspekt* und sollte niemals in den Vordergrund geschoben werden!

Das LICHT GOTTES erfüllt *jeden* Menschen mit genau auf ihn *abgestimmten* Fähigkeiten, die *automatisch* auftreten werden. Nicht mehr und nicht weniger. Diese Fähigkeiten sind auf keinen Fall als „großes Verdienst" zu sehen! - Wie schon gesagt, sind sie nur ein *Nebenaspekt* des persönlichen Evolutionsweges.

- Der *Mensch des LICHTES* wird auf seinem Evolutionspfad *automatisch* geistige GABEN erhalten, wenn die Zeit dafür da ist.

- Der *Mensch des LICHTES* wird tun, was getan werden muß, um die geistige ENERGIE zur Erde zu bringen.

14. 4. Die Kreise des Solar Plexus

Dies ist ein LICHTGEBET zur Betrachtung in Stille. Es ist sehr wichtig, die Farben in der *richtigen Reihenfolge* zu visualisieren. Die Visualisation ist gleichbedeutend mit einer gewissen Dynamik, die dort hineinkommt.

1. Atmen Sie ein, und visualisieren Sie ***in*** *Ihrem Körper auf Höhe des Solar Plexus auf einer horizontalen Achse* ***in Richtung Rückgrat*** *folgende kreisförmige, farbige LICHTSCHEIBEN:*

1. SONNENLICHT

2. Pfauenblaues LICHT

3. Rubinrotes LICHT

4. Smaragdgrünes LICHT

5. Amethystfarbenes (violettes) LICHT

6. Silbriges MONDLICHT

2. Atmen Sie aus, und visualisieren Sie während der Ausatmung das gleiche, aber jetzt in umgekehrter Folge: ***vom Rückgrat zum Solar Plexus****:*

1. SONNENLICHT

2. Pfauenblaues LICHT

3. Rubinrotes LICHT

4. Smaragdgrünes LICHT

5. Amethystfarbenes (violettes) LICHT

6. Silbriges MONDLICHT

Hinweis: Die fünf LICHTSCHEIBEN gehen *nicht* in den Körper hinein, sondern befinden sich schon aufgereiht auf einer horizontalen Achse *innerhalb* Ihres Körpers. Sie visualisieren diese LICHTSCHEIBEN also *im* Körper! Die LICHTSCHEIBEN sind vergleichbar mit hintereinandergeschalteten, leuchtenden Filtern. Während Sie ausatmen, wird die horizontale Achse nicht umgedreht, sondern Sie benennen die LICHTSCHEIBEN nur in umgekehrter Reihenfolge.

Im Grunde genommen benennen wir dadurch das geistige LICHT *in uns* und damit auch gewisse *DEVA-ENERGIE* im NAMEN GOTTES. Was dabei passiert, ist mit einem dreidimensionalen Verstand unmöglich zu beschreiben und ist darüber hinaus auch für jeden Menschen unterschiedlich.

Wenn am Tag die Sonne scheint und der Wassergehalt der Luft besonders hoch ist, kann man manchmal in den Strahlen der Sonne solche kreisförmigen SCHEIBEN sehen.

Auch im Nordlicht kann man diese LICHTSCHEIBEN beobachten. Das Nordlicht hat auch mit der Erhöhung der ENERGIE der Erde zu tun. Das Nordlicht ist eine sehr interessante Naturerscheinung, die das pfauenblaue LICHT beinhaltet. Pfauenblau ist eine sehr wichtige Farbe, die man an der Kehle des Pfauenvogels und manchmal in den Gläsern alter Kirchenfenster findet.

14. 5. Kreise um die Finger

Dies ist ein LICHTGEBET zur Betrachtung in Stille. Es ist sehr wichtig, die Farben in der richtigen Reihenfolge zu visualisieren. Die Visualisation ist gleichbedeutend mit einer gewissen Dynamik, die dort hineinkommt.

1. *Halten Sie auf Augenhöhe die Innenflächen Ihrer Hände zueinander gerichtet. Senken Sie die beiden Mittelfinger Ihrer Hände bis sie horizontal zueinander stehen. Achten Sie darauf, daß sich die beiden Mittelfinger nicht berühren können.*

2. *Atmen Sie ein, und visualisieren Sie von der Fingerspitze Ihres rechten Mittelfingers in Richtung Fingerwurzel die folgenden Lichtscheiben:*

   1. SONNENLICHT

   2. Pfauenblaues LICHT

   3. Rubinrotes LICHT

   4. Smaragdgrünes LICHT

   5. Amethystfarbenes LICHT

   Während Sie noch immer einatmen wird dann der Mittelfinger Ihrer ***linken*** *Hand von silbrigem MONDLICHT umkreist.*

3. *Atmen Sie aus, und visualisieren Sie nun, daß Ihr* ***rechter*** *Mittelfinger von der Fingerwurzel in Richtung Fingerspitze umkreist wird von:*

   1. SONNENLICHT

   2. Pfauenblauem LICHT

3. Rubinrotem LICHT

4. Smaragdgrünem LICHT

5. Amethystfarbenem LICHT

Und noch während der Ausatmung wird wieder die Spitze Ihres ***linken*** *Mittelfingers von MONDLICHT umkreist.*

14. 6. Das PFAUENLICHT (II)

1. ***Atmen Sie ein,*** *und visualisieren Sie innerhalb Ihres Kopfes einen Blitz weißen LICHTES, der innerhalb Ihrer Kehle zur Stirn hochschießt.*

2. Atmen Sie weiter ein, und aus Ihrer Stirn schießt ein Bogen weißen LICHTES heraus nach vorn unten, in Richtung Ihres Wurzelchakras (Steißbein), und dringt dort in den Körper ein. Wenn das weiße LICHT beim Steißbein Ihren Körper berührt, ändert es sich in pfauenblaues LICHT und blitzt innerhalb des Körpers am Rückgrat entlang, hoch durch den Kopf zurück zu dem Punkt, wo es aus der Stirn herausgekommen ist.

3. ***Atmen Sie aus****, und das pfauenblaue LICHT kommt wieder aus der Stirn heraus, diesmal nach hinten über die Außenseite Ihres Kopfes hinweg, an der Außenseite des Rückgrates herunter, an der Hinterseite Ihrer Beine entlang, unter den Füßen hindurch und an der Vorderseite hoch in Ihre Kehle hinein.*

4. ***Atmen Sie ein,*** *und ziehen Sie einen Teil des pfauenblauen LICHTES, das sich sehr intensiv innerhalb Ihrer Kehle befindet, unter Ihre Gesichtshaut. Dort verbreitet es sich wie eine Maske, besonders im Bereich der Nase und um die Augen herum.*

6. Während Sie noch weiter einatmen, tritt pfauenblaues LICHT vom BRUNNEN aus in Ihre Hüfte ein. Es sieht aus wie eine pfauenblaue KRAFTLINIE, die unter der Haut im Uhrzeigersinn hochsteigt bis zur Mitte unter die Rippen.

7. ***Atmen Sie aus****, und das LICHT steigt spiralförmig innerhalb Ihrer Brust, Kehle und Kopf hoch und verläßt durch das Egozentrum den Körper wieder in Richtung BRUNNEN.*

Hinweis: Dieses GEBET erscheint zu Anfang sehr kompliziert. Wenn Sie in SEINEM NAMEN das GEBET durchführen, werden Sie schon bald nicht mehr zu überlegen brauchen. Alles passiert dann einfach, weil Sie es so möchten. Anfangs müssen Sie jedoch durch Ihre Gedanken aufzeigen, was Sie wollen!

Sollten sie Angst bekommen, eventuell die ENERGIE nicht ertragen zu können, ist die Situation sofort weg.

- *Angst blockiert!*

Angst hängt mit unserem Vertrauen zusammen! Doch wir Menschen haben ein Grundrecht zu sagen: „Ich will nicht!“ - Das zu wissen ist sehr wichtig.

14. 7. Der goldene ATEM

Die folgenden beiden GEBETE *gehören zusammen* und sollten auch *zusammen* durchgeführt werden. Das erste GEBET führen Sie am besten *morgens* durch.

1. *Atmen Sie ein, und visualisieren Sie, wie die obere Seite Ihres Kopfes hinter Ihrer Stirn gefüllt wird mit goldfarbigem ATEM. Ziehen Sie gleichzeitig diesen goldenen NEBEL durch Ihren Kopf zum Hinterkopf.*

2. *Atmen Sie aus und visualisieren Sie, wie sich die gesamte* ***innere*** *Oberseite Ihres Kopfes mit diesem goldfarbigen ATEM füllt.*

14. 8. Die rubinrote ZUNGE

Wie schon gesagt: es ist das beste, wenn Sie das GEBET „Die goldene ATEM" und „Die rubinrote ZUNGE" *direkt hintereinander* durchführen. Dieses kombinierte LICHTGEBET wird Sie öffnen, um die STIMME DER WAHRHEIT zu erfahren. Ihre Bereitschaft zum Erkennen wird dadurch stark gefördert.

Dieses kombinierte GEBET dient auch zur Entwicklung des GRUPPENKLANGS und zur endgültigen Aufgabe von eigenen Interpretationen.

Die Möglichkeit, mit dem inneren Ohr *tatsächlich* die WAHRHEIT zu hören, nimmt in dem Moment des Ablösens der beiden Flügel und durch die innere Verbindung mit den Ohren stark zu. Beide GEBETE sind als *außerordentlich wichtig* anzusehen.

1. *Atmen Sie ein, und visualisieren Sie eine kleine, rubinrote ZUNGE in Form einer Zigarre mit zwei Flügeln aus ENERGIE in stahlgrauer Farbe: stahlgrau wie ein Wolframdraht in einer nicht eingeschalteten Glühlampe. Dieses raketenförmige Gebilde durchdringt Ihren Kopf durch das Dritte Auge. Es bewegt sich unter dem goldenen NEBEL aus dem vorhergehenden GEBET und dringt weiter in Richtung Hypophyse vor.*

2. *Atmen Sie aus, wenn die ZUNGE die Hypophyse berührt, und visualisieren Sie, wie sich die beiden Flügel von dem zigarrenförmigen Grundkörper abtrennen und sich innerhalb Ihres Kopfes blitzschnell mit den beiden „inneren" Ohren verbinden.*

Hinweis: Durch diese beiden GEBETE werden Sie Ihren GRUPPENKLANG *immer deutlicher* hören. Dieses Hören läuft nicht über das physische Ohr, sondern über Ihr INNERES OHR, das in Ihr Bewußtsein dringt.

14. 9. Die STANGE der RECHTSCHAFFENHEIT

Manche Kirchen haben in ihren Gemälden den Aufstiegskörper CHRISTI dargestellt und andere wiederum den Leidenskörper CHRISTI. Der Aufstieg ist eigentlich die Rechtschaffenheit einer unzerbrechlichen ENERGIE, um aufsteigen zu können. Mit „Aufstieg“ ist die planetare Unabhängigkeit gemeint.

1. *Sie stehen aufrecht mit ausgebreiteten Armen. Später, wenn Sie das GEBET beherrschen, wird diese Haltung visualisiert.*
   Atmen Sie ein, *und visualisieren Sie, daß von den beiden Außenseiten Ihres Kopfes, auf der Höhe des untersten Kinnbackens, eine ENERGIE fließt, die alle negativen Konditionen Ihrer Kehle und Ihres Mundes, wie Krankheiten, Disharmonien usw. anzieht.*

2. *Noch immer einatmend, sehen Sie, wie die ENERGIE an beiden Seiten in Richtung Hinterseite Ihres Kopfes fließt und dort eine „STANGE der RECHTSCHAFFENHEIT“ formt, die an der Außenseite Ihres Körpers am Rückgrat entlang nach unten bis unter das Steißbein fließt. Diese STANGE besteht aus flexibler, unzerbrechlicher ENERGIE.*

3. ***Atmen Sie aus,*** *und visualisieren Sie, wie diese ENERGIE auf der Höhe Ihrer Schultern zurückfließt, weiter nach beiden Seiten, an den ausgestreckten Armen entlang bis zu den nach unten zeigenden Handflächen. Die ENERGIE formt um Ihre ausgestreckten Arme (symbolisch) zwei Flügel für den „AUFSTIEG“.*

Hinweis: Die STANGE ist das Rückgrat Ihres *seelischen* Körpers. Die STANGE der RECHTSCHAFFENHEIT wirkt wie ein Harnisch des Rückgrates, um die aufrechte Haltung zu gewährleisten.

Dieses LICHTGEBET besitzt *keine* Farbe. Die ENERGIE sieht aus wie eine rauchgraue Masse. Sie besteht aus reiner ENERGIEAUSSTRAHLUNG und sollte *jeden* Tag geübt werden.

Wir empfangen von CHRISTUS die WAHRHEIT und strahlen sie aus in die Welt.

14. 10. Die HACKMESSER

1. ***Atmen Sie ein,*** *und visualisieren Sie eine dicke Stange reiner ENERGIE, die von oben vertikal durch die Mitte des Kopfes, vor dem Rückgrat entlang, bis zur Höhe des Nabels hindurchgeht.*

2. ***Atmen Sie aus****, und visualisieren Sie, daß diese Stange reiner ENERGIE noch dicker wird und sich spaltet in zwei dünne Messer stahlfarbigen LICHTES, die im rechten Winkel zueinander stehen. Das heißt: ein Messer in Richtung Nabel/Rückgrat und das andere von Ihrer linken Körperseite zur rechten Körperseite, aber* ***innerhalb*** *Ihres Körpers. -*

   Atmen Sie weiter aus, und drücken Sie diese beiden Messer von oben nach unten in Richtung Steißbein durch Ihren Körper.

Hinweis: Dieses GEBET hat auch seinen Sinn! - Es ist unser Unterleib, den wir in vier Teile durchschneiden.

Unterlassen Sie jegliche Spekulation!

Das GEBET ist der Anfang von etwas, das Sie später selber spüren werden. Doch das muß jeder für sich selber erfahren.

14. 11. Das lebendige WASSER

Diese ENERGIEQUALITÄT ist vergleichbar mit der ENERGIE unseres universellen HERZENS. Es ist WASSER in Stille, KRISTALLWASSER des Lebens.

1. *Halten Sie Ihre linke Hand hoch, mit der Handfläche nach vorn und spreizen Sie die Finger wie folgt:*

   *a) Der **kleine Finger** ist hochgestreckt.*

   *b) Der **Ringfinger** ist horizontal abgewinkelt und vibriert leicht*

   *c) Der **Mittelfinger** und **Zeigefinger** sind hochgestreckt.*

   *d) Der **Daumen** ist zur Seite gestreckt*[12]

   Wenn Ihre Finger in dieser Position sind, visualisieren Sie einen 12-ECKIGEN STERN, der am Ende des Daumens leuchtet.

2. ***Atmen Sie ein,** und stimmen Sie sich auf den BRUNNEN ab. Visualisieren Sie das wie klarer Bergkristall aussehende lebendige WASSER, wie es durch die silberne MONDLICHTSCHEIBE an der Rückgratseite auf Höhe Ihres Solar Plexus hereinkommt.*

3. ***Atmen Sie aus.***

   *Führen Sie dies dreimal hintereinander durch, und jedesmal kommt das WASSER ein bißchen weiter in den Körper hinein. Das WASSER ist und bleibt völlig klar und ohne jede Bewegung und ist in völliger Stille. Dieses WASSER **verbleibt** im Körper in einer ovalen Form und erstreckt*

---

[12] Auf alten Gemälden wird JESUS CHRISTUS manchmal mit dieser beschriebenen Handhaltung dargestellt.

sich vom Rückgrat bis zum Solar Plexus. Im Zentrum des WASSERS befindet sich ein AUSSTRAHLENDER Diamant.

Hinweis: Bitte bleiben Sie während diesem GEBET völlig bewußt auf den URBRUNNEN abgestimmt. Wir ziehen von der Rückseite zur Vorderseite unseres Körpers, horizontal durch die MONDSCHEIBE am Rückgrat, das WASSER herein.

Sonne und Mond spielen eine gewisse Rolle, damit unser Körper völlig frei und unabhängig wird von den Planeten. Dieses WASSER ist vergleichbar mit Wasser, das man in Grotten finden kann. Das WASSER strömt nicht, sondern wir ziehen es in unseren Körper hinein. Das WASSER selbst bleibt still und ist ohne jede Bewegung.

Auch der ZWÖLFZACKIGE STERN hat natürlich seine Bedeutung. Die Zahl zwölf hat viele Bedeutungen, z. B. im *Zodiak*, dem Tierkreiszeichen. Viele Leute sehen auch in Regressionssitzungen (Rückführungen) eine visionäre SONNE scheinen, die AUSSTRAHLT.

14. 12. Die HALSKETTE[13]

Zuerst wird das GEBET „Der NAME“ durchgeführt. In dem „Magnetismus“, der dann entstanden ist, beschreiben wir Eigenschaften und VIBRATIONEN der HALSKETTE, die wir in SEINEM NAMEN tragen. Wir stecken unseren Kopf durch eine HALSKETTE aus Kristallen, deren Eigenschaften wir benennen, damit die Kristalle der Kette diese Eigenschaften auf uns ausstrahlen. Darin liegt der tiefere Sinn dieses GEBETS. Wir benennen in SEINEM NAMEN die Kristalle mit: *Michael* (Bewegung), *Vorhersehung*, *Kontinuität*, *Bruderschaft*, *Offenbarung*, an der Hinterseite *Gabriel* (Klang), *Manifestation* (Tatkraft), *Stabilität*, *Entschlossenheit*, *UNIVERSELLE LIEBE*. - Es sind alles Werte, die kosmisch gesehen notwendig sind. Entschlossenheit zum Beispiel heißt, etwas zu tun, aber *nicht* mit menschlichem Willen, sondern als *ausführendes* Instrument der HIERARCHIE.

Dieses GEBET sollte man *jeden* Tag durchführen. Man kann dieses GEBET zwar zu jeder Zeit machen, der Morgen ist aber am günstigsten dafür, weil die damit verbundene VIBRATION den ganzen Tag vorhanden ist. Wenn wir unseren Kopf durch die Kette hindurchstecken, sollen uns die VIBRATIONEN den ganzen Tag daran erinnern, das einzuhalten, was wir *versprochen* haben zu tun! - Es ist kein Zufall, daß Namen wie *Michael* und *Gabriel* sich gegenüber stehen. *Michael* und *Gabriel* stehen für Bewegung und Klang. Genauso stehen sich Stabilität und Kontinuität gegenüber. Alles, was kosmischen Wert hat, *muß* Kontinuität besitzen und außerdem Stabilität. Wenn man Stabilität besitzt, ist man *diszipliniert*! Ein äußerst wichtiger Faktor *jeder Art* von geistiger Tätigkeit für die HIERARCHIE!

---

13 Amtsketten für Würdenträger, wie z. B. Bürgermeister usw., haben eine ähnliche Bedeutung. Die Amtskette symbolisiert die Qualitäten, die ein Mann oder eine Frau in ihrer Amtsausübung besitzen **sollten**. Doch die Bedeutung ist längst in Vergessenheit geraten. - Oder denken Sie an das *Goldene Vlies*, die mystische Gruppe des Mittelalters, die auszog, um den *Gral* zu suchen... Auch hier spielt eine Kette eine große Rolle.

Stabilität bedeutet, daß der Kosmos dem betreffenden Menschen *vertrauen* kann!

1. *Führen Sie das LICHTGEBET „Der NAME" vorzugsweise am Morgen durch. Die damit verbundenen Eigenschaften können dadurch den ganzen Tag AUSSTRAHLEN. Am Abend, kurz vor dem Einschlafen, kann dieses GEBET auch gemacht werden. Es könnte dann sein, daß Sie im Schlaf mit der HIERARCHIE Kontakt bekommen.*

2. *Visualisieren Sie dann eine HALSKETTE aus 10 kristallenen Vierecken. Die Vorderseite reicht bis zum Schlüsselbein, die Hinterseite bis zum Nacken. Jedes einzelne Viereck symbolisiert eine bestimmte Qualität. Jedes Viereck besteht aus klarem Kristall und ist in seiner Mitte mit einem Kreis aus blauen, ausstrahlenden Saphiren versehen. Dieser Kreis aus Saphiren dreht sich. Die Vierecke sind* ***nicht*** *miteinander verbunden, sondern werden „magnetisch" vom Blitz des weißen LICHTES „Der NAME" in der richtigen Position gehalten. Benennen Sie nun die Vierecke in der angegebenen Reihenfolge: Beginnen Sie mit Michael, Vorsehung usw.*

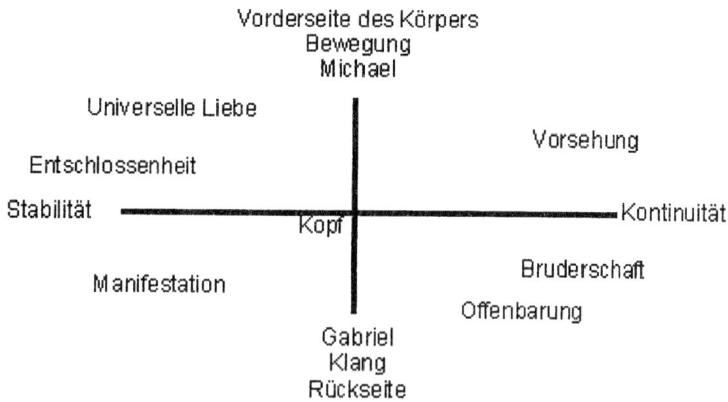

14. 13. Die Solar Plexus Atmung

Dieses GEBET wird im Anschluß an das GEBET „DIE HALSKETTE“ einmal durchgeführt.

1. *Visualisieren Sie direkt unter der Rippengrube des Brustbeins ein Reservoir ausstrahlenden LICHTES. Es hat die Farbe von brauner Erde. Es befindet sich in einer horizontalen Ebene* ***innerhalb*** *Ihres Körpers in Höhe der Brustbeingrube bis zum Rückgrat. Es ist völlig in Stille, ohne jede Bewegung.*

2. *Atmen Sie durch dieses Reservoir ein, und während Sie ausatmen, visualisieren Sie, wie diese ATMUNG (göttlich) in diesem Reservoir absorbiert wird. (Es erfolgt also keine Ausatmung nach außen!) Die göttliche ATMUNG geht in die visualisierte Erde des Reservoirs direkt hinein.*

3. *Atmen Sie jetzt durch Ihr UNIVERSELLES HERZ (Mitte der Brust) ein, und verfolgen Sie den Atem, der tief bis zum Rückgrat eindringt. Atmen Sie aus Ihrer Körperseite, nahe dem Rückgrat aus.*

4. *Atmen Sie wieder durch Ihr UNIVERSELLES HERZ ein, aber diesmal nur bis zur Körpermitte, und atmen Sie aus Ihrer mittleren Körperseite heraus aus.*

5. *Atmen Sie noch einmal durch Ihr UNIVERSELLES HERZ ein, aber dieses Mal nur bis kurz unter die Haut, und atmen Sie aus Ihrer vorderen Körperseite heraus aus.*

14. 14. Die dreifache Atmung

1. *Visualisieren Sie amethystfarbige STRAHLEN transmutierenden LICHTES, die schräg vom URBRUNNEN herunterkommen zu einem Punkt in der Mitte zwischen Ihren Schulterblättern. Dieser Punkt fängt langsam an zu glühen.*[14]

2. *Atmen Sie ein, und von diesem glühenden Punkt gehen die STRAHLEN durch Ihren Körper hindurch ins UNIVERSELLE HERZ hinein.*

3. *Atmen Sie aus und visualisieren Sie drei ATMUNGSSTRÖME, die vom UNIVERSELLEN HERZEN ausstrahlen in die Welt und zurück zum URBRUNNEN blitzen.*

Linke Seite, LIEBE:	*Blaues LICHT*
In der Mitte, KRAFT:	*Weißes LICHT*
Rechte Seite, WEISHEIT:	*Gelbes LICHT*

Hinweis: Blaue, weiße und gelbe Farben findet man sehr häufig in Kirchenfenstern.

---

[14] Die schräge Richtung vom Urbrunnen herunter ist nur eine Hilfsvorstellung, denn der URBRUNNEN ist überall!!

14. 15. STILLE

Die Qualität der Geistmaterie „STILLE“ ist vergleichbar mit erleuchtetem, hochfestem Beton und hat mit der Stabilität GOTTES zu tun, die wir in STILLE in uns hineinziehen. Denken Sie an das Lied: Eine feste Burg ist unser Gott...
Die Qualität der GEISTMATERIE könnte man wie folgt benennen: „Sei still und wisse, daß ich GOTT BIN“. - Es ist die STIMME aus unserem Inneren, die STIMME aus dem Himmel.

1. *Atmen Sie ein, und ziehen Sie diese MATERIE durch den Kopf hindurch tief in Ihren Körper hinein. Sie füllt Ihren Kopf, die Brust, den Bauch, den gesamten Körper aus. Sie werden so fest wie eine Burg sein. Die MATERIE nimmt die Form Ihres inneren Körpers an, bis zum Steißbein. Die MATERIE macht uns frei und verbindet uns mit dem VATER. - Wir werden genauso stabil werden wie JESUS CHRISTUS. Diese STILLE enthält alle wahren KENNTNISSE und ist das ESSENTIELLE, was mit* ***„ICH BIN“*** *bezeichnet wird.*

2. *Atmen Sie langsam aus.*

Ende des 3. Buches

15. Fragen an Emile Trommel:

Frage: Was hatte es mit der sog. *„Öffnung des Tores 11:11"* am 11. Januar 1992 auf sich?

Antwort: Die „Öffnung des Tores 11:11" am 11. Januar 1992 war eine besondere Konjunktion. Es sollte GEDANKENENERGIE geschickt werden, damit diese Tür zum Neuen Zeitalter aufgeht. Aber weil dies alles auf der Basis des menschlichen Willens geschehen sollte, war es auch wieder eine reine Willenssache des Menschen. Das war das Problem! Auch die Harmonische Konvergenz im Jahre 1987 wurde schon teilweise vom menschlichen Willen geprägt.

- Die Menschen sind auf ihrem persönlichen Evolutionspfad noch nicht so weit fortgeschritten, wie sie es eigentlich sein sollten, um dies alles selbst durchführen zu können. *Sie machen es aber trotzdem!*

Der einzelne Mensch kann überhaupt nicht wissen, an *welcher* Stelle seines Evolutionsweges er steht, doch er tut immer so, als wäre er allem überlegen. Es kann sein, daß einige Menschen, die von heute auf morgen so etwas durchführen wollen, in einem anderen Leben bereits ihren Entwicklungsgang gemacht haben, doch es kann genauso sein, daß es *nicht so ist,* und dann wäre der Schaden größer als der Gewinn. Wer will das wissen?

Wenn die LICHTGEBETE in geistiger BEGLEITUNG durchgeführt werden, so ist das eine ganz langsame Fahrt zu einem neuen Leben. Wenn wir mit den LICHTGEBETEN so arbeiten, wie es seinerzeit durchgegeben wurde, wird sich die Tür zum Neuen Zeitalter *automatisch* öffnen! Und dann ist es nicht mehr *unser* Wille, sondern der Wille des GESAMTEN. Wenn der Impuls dazu nur vom menschlichen Willen geprägt ist, ist die energetische Verschmutzung schon vorprogrammiert. Das ist ein sehr großes Problem!

Das Holländische Fernsehen zeigte die Vorgänge bei den großen Pyramiden in Ägypten am Tage 11:11. Es wurden dort einige der extra deswegen angereisten Leute gefragt, *warum* sie eigentlich angereist seien, und was sie dort machen würden. Es zeigte sich eine *erschreckende Unkenntnis* und das Vertrauen in eine *menschliche* Leitfigur(!), die ihnen *gesagt hatte*, was sie zu tun hätten. Die Leute selbst hatten überhaupt keine Ahnung oder nur sehr diffuse Vorstellungen, warum sie angereist waren. Es gab jemanden, der *vorgeschrieben hatte*, was wann und wo gemacht werden sollte.

Das ist mit absoluter Sicherheit der falsche Weg!

Diese Menschen standen an einem der wichtigsten Punkte der Welt und wußten nicht warum!

Die meisten der Befragten sagten, daß man „positiv denken" müsse. Aber was bedeutet „positives Denken" für den einzelnen? Jeder vertritt darüber seine *eigene* Interpretation.

Die große Pyramide ist sozusagen der Endpunkt aller ENERGIELINIEN der Erde mit all ihren VIBRATIONEN. Dieser Punkt ist deswegen so wichtig, weil alle Menschen der Welt über ihre Füße ENERGIEN an die Erde abgeben, die sich dann über die KRAFTLINIEN der Erde in der Cheops-Pyramide konzentrieren.

An jedem neuen Morgen wird von der Cheops-Pyramide aus erdbezogene ENERGIE in Richtung des *Sternbildes Orion* abgestrahlt. Diese ENERGIE ist sozusagen der *momentane Fingerabdruck* der Erde mit dem geistigen Entwicklungsstand ihrer Bewohner!

Irgendwo da draußen in der Unendlichkeit wird dann analysiert, wie weit der Mensch auf seinem Pfad der Evolution gekommen ist. Von dem Ergebnis wird *entscheidend* abhängen, ob *noch mehr* Kornkreise und andere Zeichen an den KRAFTPUNKTEN der Erde entstehen, in die die ENERGIEN injiziert werden müssen.

- Wenn Menschen zu den Pyramiden gehen und meinen, dazu privilegiert zu sein um etwas zu ändern, so ist dies ein *rein persönlicher* Aspekt!

Schon die alten Atlantier konnten mit ihrem Willen ENERGIEN lenken. Da dies *nicht* in SEINEM NAMEN geschah, führte der Weg in den Abgrund! Leider hat sich bis heute nichts geändert. Auch heute noch dominiert der *menschliche* Wille.

Wir Menschen sind nach wie vor durch das morphogenetische Feld gebunden und werden, wenn wir uns nicht ändern und die ENERGIEN der *Fünften* Dimension der aufgestiegenen LICHTMEISTER zur Erde bringen, in diesem Feld *steckenbleiben.*

- *Für die Jahrtausendwende kündigt sich ein neuer ENERGIEIMPULS an.*

Seit der Harmonischen Konvergenz hat jeder Mensch, der an die Verbindung mit der URKRAFT glaubt, die Chance, auf *leichterem* Wege den fälligen Evolutionsschritt zu machen. Man könnte es auch ein oder vielleicht zwei Jahre mit dem persönlichen Willen versuchen, doch wenn der Verstand keine *sichtbaren* Resultate bekommt, wird er zwangsläufig scheitern.

Es kann sein, daß manche Menschen durch die Arbeit mit ENERGIEN der *Fünften* Dimension hier und da etwas fühlen oder Visionen sehen, doch häufig gibt es im direkten Umfeld keine sichtbaren Resultate. Doch es gibt immer Auswirkungen irgendwo auf der Welt! So sollte man es sehen.

- *Wenn wir Vertrauen an die 100%ige Verbindung zur URKRAFT haben, dann ist an sich dieses Vertrauen das Resultat der Arbeit - und weiter gibt es nichts.*

Die erste *Weltfriedensmeditation* am 31.12.1986, die durch *John Randolph Price* bekanntgemacht wurde, ist eine wirklich sehr gute Sache gewesen. Dann kam die *Harmonische Konvergenz* am 16. und 17. August 1987, die auch tatsächlich etwas geändert hat, wie der enorme kurzfristige Umbruch in der Welt gezeigt hat. Aber jetzt sieht es so aus, daß alles vom Menschenverstand weiterentwickelt wird.

Ich sage nicht, daß es schlecht ist, in Ägypten mitgemacht zu haben, aber man sollte erst eine gewisse *charakterliche* und *geistige* EVOLUTION durchgemacht haben, damit die geistigen IMPULSE sauber bleiben. Die IMPULSE dürfen *nicht* aus dem Willen einer Gruppe heraus wie z. B.: „*Wir* wollen das!" in die Welt geschickt werden. Dies kann *niemals* in die gute Richtung gehen!

Es waren bei den Pyramiden viele Leute anwesend, die guten Willens waren, da gibt es für mich keinen Zweifel, aber ihre geistigen IMPULSE hatten *unterschiedliche* Ausrichtungen und waren *ohne* jegliche ABSTIMMUNG. Nicht mein Wille geschehe, sondern SEIN WILLE! Das ist die einzige Möglichkeit, in die richtige Richtung zu wirken.

- *Schon das Organisieren solcher Zusammenkünfte muß im Namen SEINES WILLENS geschehen!*

Es hieß, daß danach die „Tür" noch 20 Jahre aufbleiben würde; das ist kein Zufall, weil auch im Jahre 2012 die Zivilisationsbeschreibung unserer Welt *endet*. - Innerhalb der Cheops-Pyramide gibt es eine Tafel, auf der die Zivilisation der Erde genau bis zum Jahre 2012 beschrieben ist, um dann *abrupt* zu enden. Das heißt: Es wird also ein neuer ENERGIESCHWUNG kommen, doch auf welche Weise, davon hat niemand eine Ahnung.

Es wurden Geheimberichte geschrieben, von denen wenig bekannt geworden ist. Anfang der 80er Jahre haben sich 16 Wissenschaftler Einlaß in die Cheops-Pyramide von oben verschafft, sind also nicht durch den bekannten Eingang in die Pyramide gegangen. Sie haben eine Tür durch einen besonderen Klang geöffnet und sind dann eine Treppe nach unten gegangen, die *unter* die Pyramide führte. Dort gab es Räume, die verschlossen waren und die von ihnen geöffnet wurden. In den Räumen gab es Gegenstände und Beschreibungen, wie die

Pyramiden gebaut worden sind. Es gibt von diesem denkwürdigen Tag Fotografien, die zum Teil den Weg an die Öffentlichkeit gefunden haben, und es wurde auch ein Buch darüber geschrieben, das aber *nicht* erhältlich ist. Es gibt allerdings einige *illegale Kopien* davon, von denen auch ich ein Exemplar besitze. Von den 16 Wissenschaftlern leben heute noch zwei.

Ich selber bin sehr oft in der Cheops-Pyramide gewesen und manchmal, zu bestimmten Zeiten, war es nicht erlaubt, die Pyramide zu betreten. Ich nehme an, daß die verborgenen Räume ausgeräumt wurden und der Inhalt sehr wahrscheinlich in Richtung Amerika verschwunden ist. Es soll unter anderem eine Maschine gefunden worden sein, mit der sich die Schwerkraft aufheben läßt und andere fremdartige TECHNOLOGIE. Ich besitze den kopierten Bericht und auch Abzüge der Fotografien, die gemacht worden sind und glaube, daß die Berichte der Wahrheit entsprechen.

In diesem Zusammenhang ist interessant zu wissen, daß seinerzeit das berühmte amerikanische Medium *Edgar Cayce* prophezeit hatte, daß unter der großen Pyramide unbekannte Räume vorhanden seien, in denen alle Geheimnisse der Pyramide aufbewahrt und gefunden werden würden. Waren diese Berichte der Schlüssel zu den gemachten Funden?

Frage: Was können Sie zu den Geschehnissen am 26. Juli 1992 sagen?

Antwort: *Prof. Dr. José Arguelles*, der an der Universität von Kalifornien liest, hat ein hervoragendes Buch geschrieben. Der Titel des Buches lautet: „Der Maya Faktor". Er hat darin den *Tzolkin*, den mystischen Kalender der Mayas, auf das genaueste analysiert. Demnach waren die Mayas *keine* Indianer, sondern sind erst später zu Indianern *geworden* - so, wie die Ägypter von heute auch keine Pharaonen mehr sind.

- *Die ersten Maya waren keine Indianer, sondern Wesen ähnlich der ägyptischen Pharaonen, GOTTMENSCHEN die vom Himmel kamen.*

Ich pflege eine gewisse Verbindung zu *José Arguelles*, eine Verbindung, die mit der *Harmonischen Konvergenz* entstanden ist. *José Arguelles*, *David Price* und viele andere hatten damals den Impuls gegeben, daß die ENERGIEN der *Harmonischen Konvergenz* beschleunigt werden. *David Price* und *José Arguelles* hatten damals Verbindung zur HIERARCHIE. Ihre AUFGABE - wenn man es einmal so bezeichnen möchte - war, der Welt bekanntzugeben, daß kosmische ENERGIEN die Erde beeinflussen werden.

Aus der *Harmonischen Konvergenz* ist der *Tag der Erde* entstanden, der zwei- oder dreimal auf der ganzen Welt gefeiert wird. In Holland feiern wir dieses Fest zweimal im Jahr. In diesem Rahmen gebe ich auch in Holland die LICHTGEBETE für die Erde weiter. Von dieser amerikanischen Gruppe hat sich also das Ganze über die ganze Welt entwickelt. *José Arguelles* geht gemäß dem mystischen Mayakalender vor. In dem Mayakalender werden die wichtigen TAGE DER ENERGIE, die mit der Erde verbunden sind, angegeben.

Der 26. Juli 1992 war wieder so eine Phase, so ein Moment, wo die Leute zusammenkommen sollen, um den Weg der Evolution mit der Erde zu entwickeln. *José Arguelles* sagt: „Walk around the rock“, d. h. gehe um den Felsen herum, stimme dich auf den Felsen ab, auf die Innenseite der Erde. Damit werden wir wieder ein bißchen weiterkommen auf dem Weg der Evolution. Auch *11:11* in Ägypten hing damit zusammen. Die Tür des Neuen Zeitalters sollte aufgehen, weil sich die Leute darauf ABSTIMMTEN.

- *Alles hängt mit den Motiven zusammen. Man kann meditieren, sich abstimmen, was man will: Wenn der persönliche Wille mit ins Spiel kommt, passiert gar nichts!*

In der Dritten Dimension kann zwar etwas passieren, aber es passiert nichts im KOSMISCHEN BEREICH. Nur wenn in

SEINEM NAMEN für das GESAMTE gearbeitet wird, kann passieren was passieren muß, und man ist verbunden mit allem, was auf der Erde existiert. Dann und *nur dann* kann KOSMISCH gesehen etwas passieren. - Das ist unser Weg der Evolution! - Jeder Mensch hat seinen *individuellen* Weg zu gehen, dieser individuelle Evolutionsweg ist aber *dann* im GESAMTEN eingebettet.

José Arguelles meint es gut, aber andererseits sage ich mir: Jeden Tag müssen wir für die Erde beten. *Jeden* Tag! - Genau das tun wir, wenn wir *jeden* Tag die LICHTGEBETE durchführen.

Frage: Kann man die LICHTGEBETE auch in der Psychiatrie nutzen?

Antwort: Ich habe kürzlich mit einem Professor der Psychiatrie darüber gesprochen. Der Mann war ziemlich eins mit dem, was ich ihm gesagte hatte. Daraufhin fragte ich ihn: „Wenn Sie wissen, daß die LICHTGEBETE in die richtige Richtung weisen, warum erwähnen Sie das dann nicht auch innerhalb ihrer Vorlesungen an der Universität?“ Daraufhin schaute er mich irritiert an und fragte, ob ich denn irre sei? Er würde sofort seine Stellung los. -

Dies ist ein Beispiel dafür, daß die gesamte Psychiatrie und Psychologie eine *reine Verstandessache* ist. Man versucht innerhalb *menschlicher* Verstandesmöglichkeit zu erklären, was Seele und Körper sind. Der Mensch kann nur *dreidimensional* denken, versucht aber, die Mehrdimensionalität der Seele *zu erklären.* - Das ist unmöglich! - Es bleibt immer nur eine *persönliche* Interpretation.

Die einzelnen Disziplinen der Naturwissenschaft haben sich untereinander total *separiert.* Die Chemie hat sich separiert, die Psychiatrie hat sich separiert, die Soziologie hat sich separiert, alles hat sich separiert, denn sonst könnte man es nicht mehr verstehen. Und wenn ich dann sage: ALLES IST EINS UND EINS IST ALLES -, wissen die Wissenschaftler nicht, wovon ich überhaupt spreche. - Die Wissenschaft argumentiert innerhalb der Dritten Dimension, und darin liegt der Fehler! Doch man kann und darf es diesen Leuten nicht übel nehmen, denn es ist *ihr* Leben!

- In der Bibel stehen fabelhafte Dinge, doch wenn man sie aus Sicht der Dritten Dimension interpretiert, entstehen die Verfälschungen!

Spricht man Theologen auf bestimmte Bibelstellen an, beispielsweise auf den Satz, den JESUS CHRISTUS sprach: „Was ich kann, kannst du auch", heißt es meistens, daß dies „nicht so gemeint gewesen sei". Die Theologen können den *tiefen Sinn* der Worte mit ihrem Schulwissen nicht erfassen und nicht erklären, weil sie alles in die Dritte Dimension hineininterpretieren. Viele lesen auch nur das aus der Bibel heraus, was in ihr Weltbild paßt oder sie verdrehen die Worte so, *bis* sie passen! - Dadurch wurden CHRISTUS und besonders GOTT, der SCHÖPFER, sehr *vermenschlicht.* Der KOSMISCHE Gesichtspunkt tritt völlig in den Hintergrund.

- *Wir Menschen bestehen aus ENERGIE und GEIST und das bedeutet AUSSTRAHLUNG!*

Nur wenn wir von diesen *separierend* aufgebauten Bildern wegkommen und uns der ENERGIE und dem GEISTIGEN zuwenden, werden Formen und Separierungen, wie zum Beispiel: „Das gehört zu mir", oder: „Das gehört zu dieser Gruppe und das zu jener" usw., wegfallen.

Unter ENERGIE und GEIST verstehen viele Menschen das gleiche, nur die separierenden Worte und die separierenden Bilder, die die *persönliche* Interpretation mit sich bringen, machen die Unterschiede. Diese sind es, die *trennen* und die zu harten Auseinandersetzungen führen. Darunter kranken sämtliche Religionen dieser Welt!

- *GOTT trennt nicht. Es ist immer der Mensch, der trennt!*

Durch die LICHTGEBETE wird die menschliche Sicht auf diese Welt wieder KOSMISCHER ausgerichtet, aber das bedeutet auch, daß zuvor eine gewisse Einsicht *nicht fehlen* darf. Denn wir leben in einer Welt, in der die Menschen so sehr auf die Technik fixiert sind, daß unsere kosmischen VERBINDUNGEN immer schwieriger werden.

Es sollte eigentlich so sein, daß die kosmische BRÜCKE *immer* vorhanden ist! Doch diese BRÜCKE wird mehr und mehr *von den Menschen* abgerissen. Die Leute können damit nichts anfangen und kommen sehr schnell zu der Überzeugung, daß derjenige, der sich intensiv damit beschäftigt, total irre sein muß. Die Leute sagen, daß sich der Betreffende lieber um die „Sachen des Alltags" kümmern und mehr „Realismus" zeigen solle. - Doch *welchen* Realismus meinen sie?

Frage: Wie sehen Sie das Tätigkeitsfeld heutiger Heiler?

Antwort: Heutzutage gibt es viele Heiler, doch mit welchem Hintergrundwissen versuchen sie zu heilen? Wenn wir wirklich an das EWIGE LEBEN glauben, ist es manchmal besser, die Bremsung der Seele *zuzulassen*, damit sich die seelische Harmonie des erkrankten Menschen wieder einstellen kann. Man sollte *nicht* mit geistiger Kraft und *eigenem* Willen in den KOSMISCHEN PLAN für diese Person eingreifen. Doch wer von den praktizierenden Heilern besitzt das WISSEN und die Weitsicht?

- *Jede Krankheit ist im Grunde genommen eine Bremsung der Seele!*

Wenn ein Mensch im Sterben liegt, möchte man diese Person, die schon ihr Leben auf Erden innerlich abgeschlossen hat, mit aller Macht festhalten. Dazu werden dann alle möglichen ENERGIEN übermittelt. Nun kann es passieren, daß genau *dadurch* der sterbende Mensch wieder in Disharmonie kommt, und entsprechend schwer kann sich sein Ableben gestalten!

Jeder Heiler sollte eigentlich *erkennen* - und das ist natürlich sehr, sehr schwierig - was für den Kranken KOSMISCH gesehen gut ist und was nicht. Er sollte dabei *keine* egoistischen Ansprüche stellen, um die sterbende Person länger auf Erden zu halten.

Wenn wir mit Esoterik beschäftigt sind - nicht nur, weil es eine willkommene Ausfüllung der Freizeit darstellt - sondern weit, weit mehr, dann ist dies auch ein Anfang für eine andere Sichtweise, zum Beispiel: *Warum* wir überhaupt auf der Erde sind.

- Die LICHTGEBETE sind - auch wenn jeder dies individuell verschieden erlebt - immer mit Hinfallen und Aufstehen verbunden.

- Die LICHTGEBETE bringen auch keine Krankheiten zum Verschwinden. Das ist nicht der Sinn!

- Wenn Sie sich trotz der LICHTGEBETE schlecht fühlen, kann das auch mit Ihren unbewußten Widerständen gegen das LICHT zusammenhängen.

Der Mensch *sagt zwar* häufig, daß er LICHT empfangen möchte, aber inwieweit möchte er das wirklich?

Heute stand folgendes in einer holländischen Zeitung über Heilungen: Es gibt Wissenschaftler in der „Heilungsindustrie", die in Norwegen *auf lebende Ferkel schießen.* Es sind Chirurgen und Ärzte, die anhand der Wunden, die diese Kugeln reißen, studieren, inwieweit Schußwunden beim Menschen besser zu heilen sind. Die beschriebenen Schußversuche sollen nun auch in Holland eingeführt werden und später vielleicht auch in Deutschland. Die Ferkel werden beschossen, damit der Mensch im Falle eines Krieges lernt, wie man Schußwunden besser und schneller versorgen kann. Es ist ein perverser Test, inwieweit sich ein Krieg lohnt.

Auf der Erde ist der Trend der „Heilung" für den Menschen so unglaublich, daß man ihn nur mit *geistiger Verschmutzung* betiteln kann, ähnlich den lebenden Organbanken, wo Menschen als Magazine für Organe benutzt werden. Wenn wir mit den LICHTGEBETEN weitergehen und akzeptieren können, daß keine zeitliche Heilung wichtig ist, sondern nur Heilung von der Seele aus das einzig Entscheidende ist, werden auch solche Perversionen des Denkens und Handelns aufhören. Dann wird die Frage danach nicht mehr gestellt, und es werden dann auch die Symptome verschwinden. Doch wir Menschen halten es umgekehrt:

- *In unserer Welt wird alles von den Symptomen aus bekämpft und n i c h t die Quelle des Übels.*

Wir machen die LICHTGEBETE *für die Erde* und im Grunde genommen auch für uns selbst. Wenn wir die geistige ENERGIE auf dieser Basis zur Erde bringen, wird die Verschmutzung aufhören, weil wir dann *andere Menschen* werden. Wir werden *andere* Dinge brauchen, und wir werden eine völlig *andere* Einstellung bekommen. Verschmutzung von den Symptomen aus zu bekämpfen hat überhaupt keinen Zweck.

Frage: Was hat es mit der REIKIKRAFT für eine Bewandtnis?

Antwort: REIKIENERGIE ist UNIVERSELLE KRAFT aus dem Universum, die sehr hilfreich wirken kann. Doch leider haben viele Menschen auch die REIKIÜBERTRAGUNG zu einer reinen Verstandessache gemacht.

- Häufig steht heute die *rein wirtschaftliche Seite* im Vordergrund!

Ich komme zum Beispiel aus der Wirtschaft und war in Holland ein erfolgreicher Marketingmanager. Ich weiß genau, wie man vorgehen müßte, um die LICHTGEBETE *zu vermarkten.* Wir leben in einer Zeit, in der *Verpackungen* in Form von Titeln usw. *im Vordergrund* stehen. Wenn ich also die Möglichkeit der Vermarktung wählen würde, so hätte ich dies in einer entsprechenden Form von Investition und Organisation durchgeführt, so daß eine Entwicklung und Begeisterung entsteht, denn damit wäre eine Menge Geld verbunden.

Aber: *Geld ist gefährlich, denn es stellt Macht dar!*

- Meine Absicht ist es, für das GESAMTE *zu arbeiten*! Die LICHTGEBETE sind *nicht* mein Eigentum. Sie stammen nicht von mir. Ich habe die LICHTGEBETE erhalten, um sie an andere *weiterzuvermitteln.*

Nichts, was mit LICHT zu tun hat, gehört irgend einem Menschen *allein*!

- *Die LICHTGEBETE sind Allgemeingut! - Es gibt kein Copyright!*

Ich bitte Sie ausdrücklich darum, die LICHTGEBETE *zu kopieren* und *weiterzugeben*!

Wenn wir etwas *umsonst* empfangen, müssen wir es auch wieder *umsonst* abgeben. Wenn man für die HIERARCHIE und für das GESAMTE *wirklich* arbeiten will, darf man sich in keiner Form daran bereichern! Nur die reinen persönlichen Spesen dürfen ausgeglichen werden.

Angenommen, ich hätte die LICHTGEBETE *nun doch* in der beschriebenen Weise *vermarktet* und für mich genutzt und *nicht* in SEINEM NAMEN gearbeitet, so bin ich davon überzeugt, daß auch meine BEGLEITUNG und mein SCHUTZ verlorengegangen wären - und die Effektivität ebenfalls! Außerdem wäre damit wieder KARMA ins Spiel gekommen und eventuell hätte sogar die HIERARCHIE auf irgendeine Art und Weise eingegriffen. Wer weiß?

- *Ich kann vor Praktiken zum Vermarkten der übermittelten WAHRHEITEN nur warnen!*

Zu Ihrer Frage:

REIKI ist gut und bringt Heilung und manche Leute brauchen das auch. Wenn ein Heiler sagt: „Ich heile dich“, so hilft er zwar seinem Nächsten, doch nur *für den Moment.*

- Der betreffende Mensch muß *selber* daran arbeiten! Niemand kann die Arbeit *für ihn* tun!

Manche Heiler verlangen hohe Geldsummen, und die Leute zahlen. Auch darin steckt eine Form von ENERGIE. Doch die meisten Leute wollen gar nicht selber an sich arbeiten, sondern *zahlen lieber* dafür.

Doch so geht das nicht!

Was ich zur Übertragung der ENERGIE sagen kann, ist folgendes:

- Greift nicht in den kosmischen PLAN für einen sterbenden Menschen ein, in dem Ihr ENERGIEN übermitteln laßt, die mit *menschlichem* Willen gelenkt werden und damit *gegen* GOTTES PLAN arbeiten! Es entsteht dadurch eine Disharmonie in der Seele des Kranken und das Loslassen wird ihm *sehr erschwert.* - Ihr helft ihm dadurch nicht!

Viele Heiler schicken ENERGIEN, die *nur* durch den Willen dieser Heiler gelenkt werden und *nicht* im NAMEN des GESAMTEN wirken. Somit arbeitet der Heiler *gegen*(!) den kosmischen PLAN für die erkrankte Person. Dadurch entsteht Disharmonie, und das ist nicht die Absicht. Ein Heiler, der für das GESAMTE arbeiten will, sollte *ausschließlich* ENERGIE in SEINEM NAMEN dem Kranken übermitteln, denn nur die HIERARCHIE hat die Übersicht - und nicht der Heiler!

- *GOTTES WILLE geschehe und nicht der Wille des Heilers!*

Wenn ein Heiler einem schwerkranken Menschen helfen will, sollte er sich zuvor fragen: Soll ich helfen, damit dieses Leben auf Erden verlängert wird, oder soll ich helfen, damit der betreffende Mensch möglichst schmerzfrei in die andere Welt hinüberwechseln kann? Arbeitet der Heiler demütig in SEINEM NAMEN, wird er *intuitiv wissen*, was zu tun ist. Es gibt leider nicht viele Heiler, die das so sehen. Achten Sie bitte darauf, und fragen Sie danach!

Ich weiß, wir Menschen möchten natürlich die sterbende Person so lange wie möglich auf der Erde behalten. Das ist verständlich und menschlich, denn wir sind alle keine Supermenschen. Aber ist das auch im Interesse des Sterbenden? - Meistens liegt es nur in unserem Interesse. Die Familie möchte es so haben.

Unter „heilen" verstehen wir Menschen mit unserem irdischen dreidimensionalen Verstand, die betreffende Person *so lange wie möglich auf Erden zu halten*. Doch wenn wir *wirklich* an das EWIGE LEBEN glauben - und wie weit glauben wir tatsächlich daran? – so sollten wir den Sterbenden mit unseren Gedanken und Wünschen *nicht erdgebunden halten*, sondern ihm alle erdenklichen Hilfen für das EWIGE LEBEN geben. Aber das liegt in der Überzeugung jedes einzelnen, und jeder muß das so sehen, wie er es sehen möchte.

Heilung ist ein sehr schwieriger Bereich und wirft viele Fragen auf, zum Beispiel: Inwieweit *dürfen wir* eine Person so lange wie möglich auf dieser Erde halten? - Heilung für diese Erde oder Heilung für das EWIGE LEBEN? - Das sind Fragen, die, - soweit ich das beurteilen kann - in Holland noch sehr, sehr wenig gestellt werden. Wenn der Heiler an das positive GANZE angeschlossen ist, wird er *intuitiv* spüren, *wie* er helfen soll. Zum Beispiel der sterbenden Person Erleichterung für den Übergang verschaffen. Dies *verkürzt* die Leidenszeit, die durch das verkrampfte Festklammern an der Materie entsteht, erheblich. Der Heiler vermittelt dann ENERGIEN, *nicht* um den Sterbenden auf Erden zu halten, sondern ihm den Übergang zu erleichtern. Das ist *auch* Heilung! Jedoch aus einem *anderen Grund.*

- *Gute Heiler arbeiten in der Stille!*

Wenn sich der Heiler an den URBRUNNEN angeschlossen hat und mit Hingabe an die URKRAFT heilt - was man heilen nennt -, dann wird er *intuitiv* das machen, was gemacht werden muß. Doch die meisten Heiler sprechen nur von der Krankheit, die sie heilen können, die dem Kranken eine kurze Lebensverlängerung auf Erden bringen kann, doch *die Probleme des Kranken bleiben dieselben.* So weit ich die holländischen Heiler kenne, sind die bekanntesten auch *die teuersten.* Leider ist das so.

Die bekanntesten Heiler sind die, welche *physische* Krankheiten geheilt haben. Würde ein Heiler sagen, daß er *Sterbebegleitung* gibt, würden keine Menschenschlangen mehr vor seiner Tür stehen. Sichtbare Erfolge sprechen sich schnell herum. Man sagt: „Der Kranke ist nicht innerhalb von drei Monaten verstorben, so wie es die Ärzte vorausgesagt hatten, sondern er hat noch ein Jahr länger gelebt!" - Alles wird nur an *sichtbaren* Resultaten gemessen, die den Bekanntheitsgrad steigern. Das ist leider der Normalfall auf dieser Erde. Doch merke:

- Alle meßbaren und sichtbaren Resultate gehören zur *Dritten* Dimension!

Frage: Wie gut sind die *Bachblüten* für eine ganzheitliche Therapie geeignet?

Antwort: Mit den Bachblüten arbeitet man *zusammen*! - Wenn dabei alles *seelisch* betrachtet wird, ist es gut. Aber *seelisch* betrachten heißt auch, mit dem URBRUNNEN, der URKRAFT *zusammenzuarbeiten.* Bei manchen Bachblüten-Therapeuten habe ich den Eindruck, daß sie alles mehr aus *eigener* Sichtweise heraus tun.

Was auch immer in Bezug auf Heilung, in Verbindung mit dem URBRUNNEN mit der Seele gemacht wird, geschieht für das EWIGE LEBEN. Wenn wir uns einer Operation unterziehen müssen, so ist dies auf *dieses* Leben beschränkt. Eine *zeitliche* Heilung kann man beanspruchen, aber die seelische Seite sollte dabei nicht außer acht gelassen werden.

- Auf diese Weise kommen wir dem GEBURTSAUFTRAG *nicht* entgegen und werden so auch *nie* unser KARMA auflösen.

Frage: Was hat der persönliche EVOLUTIONSWEG mit Krankheiten zu tun?

Antwort: Warum kommt der Mensch zur Erde? - Das ist die Frage.

- *Der seelische AUFTRAG lautet, die Erde von Krankheiten freizumachen, und dazu wird aus Erdmaterie ein Körper geformt.*

Unser Körper ist *erdgebundene* Materie mit allen genetisch bedingten Krankheiten. In diesen Körper wird die Seele inkarniert. Wenn wir es während unseres Erdenlebens schaffen, unseren Körper *krankheitsfrei* zu machen, haben wir unseren Teil getan, damit auch die Erde von Krankheiten befreit werden kann. - Das ist die AUFGABE.

In dem Moment, wo der grobstoffliche, erdgebundene Körper von Krankheiten befreit worden ist, ist er *unser* Körper geworden, und die *Verschmelzung* mit dem feinstofflichen Seelenkörper kann stattfinden. Körper und Seele können dann zu einer Einheit verschmelzen und beide gehen *gemeinsam* in die *Fünfte* Dimension - in die Körperlosigkeit. JESUS CHRISTUS hat es durch seine Auferstehung gezeigt. Das ist unsere GEBURTSINTENTION!

Wenn nun die Schulmedizin Krankheiten *nur* von der körperlichen Seite aus zu heilen versucht, wird sich niemals etwas ändern können. Wenn man die Heilung jedoch *auch* von der

Seele her anfaßt und die Seele dadurch die Herrschaft über die Körperkräfte wiedererlangt, wird auch der Körper frei, und *das* ist der Weg der EVOLUTION für die Menschheit.

- Heilung, die sich *nur* mit dem materiellen Körper beschäftigt, ist an die Dritte Dimension gebunden und damit Illusion!

Ich sage nicht, daß Operationen usw. nicht durchgeführt werden sollten, aber diese sind nur *zeitlich begrenzt* und für das *irdische* Leben und haben *keine* Gültigkeit für das EWIGE LEBEN. Die einzige Heilung, die greift, wenn wir *wirklich* an das EWIGE LEBEN glauben, ist, daß man von der seelischen Seite die körperliche Heilung vornimmt, das heißt:

- *Heilung im NAMEN des* GESAMTEN*!*

Unser materieller Körper besteht aus erdgebundener DEVA-ENERGIE. - DEVAS sind Wesen, die im Namen des GESAMTEN arbeiten. Sie arbeiten auch in der Pflanzenwelt[15]. Wenn menschliche Seelen zur Erde kommen, arbeiten sie *anfänglich auch* im NAMEN des GESAMTEN. Wenn sich also Seele und DEVA-ENERGIE einigen im Namen des GESAMTEN, d. h. unseren Verstand überzeugt haben, *dann* wird unser Körper auch frei von Krankheiten sein.

- Krankheit bedeutet *Disharmonie zwischen Seele und Körper*, und deshalb muß man von der seelischen Seite aus beginnen, damit Harmonie für das EWIGE LEBEN aufgebaut werden kann. Man sollte *immer* von diesen zwei Seiten aus vorgehen!

- Die Seele kann *nur unter Mithilfe der URKRAFT* geheilt werden!

Die alternative Heilmethode schließt die ärztliche Kunst keineswegs aus. Meistens reicht diese allein aber nicht aus. Doch inwieweit Ärzte, Homöopathen, Heilpraktiker und Geistheiler

---

[15] Siehe dazu die Erfolge der Findhorngruppe in Schottland.

wirklich mit der URKRAFT zusammenarbeiten, diese Frage beantworten Sie sich bitte selbst.

Wir können mit Hilfe der LICHTGEBETE im Namen des GESAMTEN die KRAFT durch unseren Körper strömen lassen, damit unser Körper TRANSFORMIERT wird, so wie JESUS CHRISTUS es vormachte. SEIN KÖRPER war *zunächst* genauso erdgebunden, gebaut wie unser, nach *demselben* Naturgesetzen. JESUS hat Zeit seines Lebens im NAMEN des GESAMTEN seinen Körper frei gemacht, und dann wurde dieser Körper zu *seinem* Körper.

- Durch unser menschliches „ich will“ *separieren* wir uns vom GESAMTEN und damit auch von den DEVAS und deren ENERGIE, und eine TRANSFORMATION kann *nicht* stattfinden. Das ist die ewige Illusion, der *Kreis der Wiedergeburt*, in dem der Mensch herumirrt, und aus dem er nicht herauskommt, wenn er nur mit seinen eigenen Kräften arbeitet.

Der materielle Körper ist wie eine zeitliche Jacke. Die Seele benötigt diesen Mantel, um in der entsprechenden Umgebung *sichtbar* wirken zu können und ihren AUFTRAG zu erfüllen. Das Resultat könnte eine „Auferstehung“ *der Erde selbst* sein. Doch leider gehen die meisten Seelen an ihrem hohen AUFTRAG, die Erde auf eine höhere VIBRATION zu bringen, vorbei.

Frage: Warum führen viele Menschen einen so langen Todeskampf?

Antwort: Unser UNIVERSELLES HERZ ist der Sitz der Harmonie. Die auftretenden Schmerzen sind meist kein großes Problem, damit kann der Mensch umgehen. Das *seelische* Leid wird zum eigentlichen Problem! Das Leiden wird hervorgerufen durch den inneren Widerstand des einzelnen. Der betreffende Mensch versucht krampfhaft, etwas festzuhalten, was kosmisch gesehen überhaupt nicht möglich ist.

- *Im Streit und im Leiden äußert sich unser Widerstand gegen das LICHT!*

Wenn Sie die LICHTGEBETE im Vertrauen zum URBRUNNEN durchführen, kann es vorkommen, daß auch ein gewisses Leiden zeitweise auftritt. Auch dies spiegelt dann den *inneren Widerstand* wieder, den Sie bewußt oder unbewußt dem LICHT entgegenbringen. Unser niederer dreidimensionaler irdischer Verstand sträubt sich vehement gegen die Umwandlung, hin zu einem höheren Verstand und zur einsetzenden kosmischen Integration. Die ENERGIEN, mit denen wir in den LICHTGEBETEN arbeiten, sind für die wenigsten Menschen sichtbar. Der eine oder andere wird diese ENERGIE vielleicht durch eine gewisse „Wärme" spüren, aber das ist auch schon alles. Diese „Wärme" entsteht, wenn sich der seelische und physische Körper einander nähern. Es ist eine Art „Widerstandswärme", die dabei entsteht. Die Arbeit mit dem LICHT kann man folgendermaßen erklären:

- GOTT der VATER schickt sein LICHT zur Erde. Aus dieser formbaren ENERGIE entsteht symbolisch wieder der SOHN. Diese ENERGIE spüren wir und mit dieser ENERGIE arbeiten wir. Mehr erfahren wir selten darüber.

Und dann ist es auch immer wieder der Verstand, der interveniert und sagt: „Ich mache diese GEBETE jeden Tag, aber *wofür*? Ich spüre doch gar nichts!" Doch eines kann ich Ihnen versprechen:

- *Wenn Sie die nötige Geduld aufbringen, werden Sie von Zeit zu Zeit kleine DINGE bemerken, die individuell angepaßt sind und worüber Sie erstaunt sein werden!*

<u>Frage</u>: Was ist unter geistiger HIERARCHIE zu verstehen?

Antwort: Es gibt verschiedene HIERARCHIEN, die *alle* im Namen GOTTES arbeiten. Unser seelischer, feinstofflicher Körper wird zum Teil mit dem geformten grobstofflichen irdischen Körper verknüpft. Die Seele *bedient sich* des irdischen Körpers, der aus DEVA-ENERGIE geformt wurde. Die DEVA-HIERARCHIE mit deren Hilfe der Wille GOTTES auf die Erde kommt, arbeitet *auch* im Namen GOTTES,

Außer unserem physischen Körper besitzen wir den Verstand, der auch eine göttliche ENERGIEFORM darstellt, die aber zur Dritten Dimension und damit zur Erde gehört. Den Verstand und den Körper brauchen wir, um auf der Erde überhaupt leben zu können. Unser Verstand möchte uns auf der Erde *festhalten*, denn er selbst gehört dazu.

- Wir müssen lernen, unseren Verstand *zu überwinden*!

Ohne Zweifel kann man durch den dreidimensionalen Verstand, aus dem ja auch unser Wille entsteht, enorme Dinge erreichen. Der dreidimensional denkende irdische Verstand kann sich aber immer nur ENERGIEFORMEN bedienen, die zur *Dritten* Dimension gehören. Diese ENERGIEN können allerdings sehr, sehr kräftig wirken. Denken Sie dabei an die weltweiten Auswirkungen der Schwarzen Magie.

- Die Schwarze Magie gehört zur Dritten/Vierten Dimension und zeigt *nur dort* ihre Wirkung. Die LICHTGEBETE arbeiten jedoch nur mit der Seele und im Namen GOTTES und sind damit *mehrdimensional*!

Genau hier liegt der ausschlaggebende Unterschied.

Es gibt andere GEBETE in der Esoterik, die mit Form und Stoff arbeiten, aber diese sind alle an die Dritte Dimension *gebunden*. Deswegen sind die LICHTGEBETE auch ziemlich einfach und dreidimensional *verständlich*. Dadurch läßt der Verstand, der im Grunde genommen auch unser Wille ist, diese GEBETE passieren.

Halten wir fest:

- *Die ENERGIE unseres Verstandes arbeitet mit dem Stoff der Dritten Dimension und n i c h t mit der mehrdimensionalen Seele.*

- *Die mehrdimensionale Seele bedient sich des inneren Gefühles und ist eine reine Angelegenheit des HERZENS.*

Wenn GOTTES WILLE sich unseres Körpers und unserer Seele bedienen *darf*, weil wir es so wollen und das Vertrauen zu all SEINEN verschiedenen HIERARCHIEN und HELFERN aufbringen, so ist dies ein Schlüssel, der alles zufriedenstellen wird und der „Berge versetzen“ kann.

Wenn wir jedoch *nur für uns selber* wählen, für unseren eigenen Körper, so wie unser dreidimensionaler Verstand es möchte, dann spielen die DEVA-ENERGIEN nicht mit und *bremsen* die betreffende Seele.

- E i n e B r e m s u n g d e r S e e l e n e n n t m a n K r a n k h e i t !

Frage: Was ist *Schwarze Magie,* und woher kommen die Ängste?

Antwort: Der Grad zwischen WEISSER MAGIE und Schwarzer Magie ist sehr, sehr schmal. Auch die LICHTGEBETE können schwarzmagisch wirken, wenn sie zu einer reinen Verstandessache gemacht werden.

- Wenn Sie die LICHTGEBETE durchführen, *ohne* sich vorher mit der URKRAFT GOTT zu verbinden, werden die LICHTGEBETE *schwarzmagisch*, weil wieder der eigene Wille dominiert!

Die Potenz der LICHTGEBETE, Menschen zu beeinflussen und zu beherrschen, ist außerordentlich groß. Beeinflussungen aller Art können damit durchgeführt werden. Richtig angewendet, stellen die LICHTGEBETE einen hervorragenden SCHUTZ vor schwarzmagischen Einflüssen dar, denn es handelt sich hierbei um höherdimensionale ENERGIEFORMEN.

- Erkennen Sie bitte die hohe Verantwortung, welche der Übende hat!

Denken Sie immer daran:

- Was Sie säen, werden Sie einmal ernten!

Es gibt nur *einen* Weg der persönlichen Evolution, aber es gibt *viele* Wege, die zu diesem Pfad der Evolution führen! Alles, was uns ablenkt vom Weg der Evolution im NAMEN des GESAMTEN ist de facto das, was uns in der Materie *gefangen hält*. Es ist der Pfad der DNS.

Eigentlich ist es ganz einfach:

- *Die Tür zur nächsten Dimension steht auf! Wir müssen nur im Vertrauen und in SEINEM NAMEN handeln, dann erreichen wir die nächste Evolutionsstufe.* –

Das ist alles!

Doch wir Menschen bestehen aus *verschiedenen* ENERGIEN und machen es eben *nicht*! Deswegen brauchen wir HILFE, eine Art SCHLÜSSEL, der in unseren Körper gebracht werden muß, um die VERSCHMELZUNG durchzuführen. Die *geistige* Umweltverschmutzung, die wir Menschen seit Jahrtausenden an die Erde abgegeben haben und unter der die Erde in dieser Zeit so sehr leidet, wird dadurch aufgelöst und TRANSFORMIERT. Doch leider ist der Mensch *beherrscht* von seiner Macht, die mit „Verstand" bezeichnet wird. Der Verstand *blockiert* und *interveniert* ständig, wenn er sich auf etwas unbekanntes Höherdimensionales einlassen soll, denn er gehört *fest* zur Dritten Dimension.

- Das *Aufbauen von Dogmen* gehört zur Schwarzen Magie!

- Schwarze Magie führt derjenige aus, der *genau weiß*, wie diese ENERGIEN arbeiten.

- Schwarze Magie führt auch derjenige aus, der die LICHTGEBETE *nicht* in SEINEM NAMEN einsetzt, sondern *nur zum eigenen Nutzen.*

- Eine Person zu „lieben" und dadurch die persönliche Entwicklung dieses Menschen *zu blockieren,* ist auch Schwarze Magie. „Ich tue doch alles nur aus Liebe!" - wie oft hört man diesen Satz!

- Wenn man dem GESAMTEN Schaden zufügt, indem man selber *zu viel nimmt*, ist dies auch Schwarze Magie.

- Schwarze Magie ist die Beherrschung der zur Erde gehörenden *dreidimensionalen* Energie, egal in welcher Form diese Energie auch immer in Erscheinung tritt.

- Ein Schwarzmagier ist ein Magier *der Dritten/Vierten* Dimension!

Formen der Schwarzen Magie sind z. B.: Voodoo, Gunasuna und andere. Es gibt sehr viele Beispiele für Schwarze Magie, über die die wenigsten Menschen nachdenken oder die sie mit einer Handbewegung abtun. Doch ich kann nur warnen! - Der menschliche Fußtritt ist gerade so breit, um auf dem RICHTIGEN WEG zu bleiben, in Verbindung mit „OBEN". Alles, was am Wegesrand liegt, ist eigentlich *nicht* so wichtig.

- *Man braucht keine Angst vor Schwarzer Magie zu haben, wenn man sich jeden Tag mit der URKRAFT verbindet!*

Als ich kürzlich mit einer Gruppe in den Dschungeln von Mexico und Yucatán war, fragte mich eine Dame, warum ich diese Arbeit überhaupt machen würde. Ich war verblüfft und dachte: Die hat recht, warum mache ich das alles überhaupt? - Im Grunde genommen ist die Antwort einfach: Es ist die einzige Möglichkeit, eine Gruppe von Leuten zusammenzubekommen, um zusammen mit dieser Gruppe auf den KOSMISCHEN PUNKTEN der Erde *gemeinsam* die LICHTGEBETE durchführen zu können. Das habe ich ihr dann auch gesagt.

In Orten wie *Palenque*, *Uxmal* oder *Chichén Itzá*, der *Toltekenstadt*, ist noch heute eine riesige Schwarze Magie vorhanden. Wenn man dort im Rahmen einer Gruppe die LICHTGEBETE durchführt, entsteht eine gewaltige TRANSFORMATIONS-ENERGIE. Diese ENERGIE ist gut für die Erde und schwächt die Morphogenetischen Felder, die aus dieser Zeit stammen und immer noch vorhanden sind. - Diese Morphogenetischen Felder sollen in SEINEM NAMEN TRANSFORMIERT werden. *Das* ist es, warum ich das alles mache. Das ist mir in der Tat erst nach der verblüffenden Frage dieser Dame so richtig klar geworden.

Manche von Ihnen könnten nun vielleicht einwenden, daß es unverantwortlich ist, was ich tue, und daß ich die Leute ausnutzen würde. Doch das hat mit Unverantwortlichkeit und Ausnutzen nichts zu tun. Jeder Teilnehmer wird *vorher* genauestens informiert, *worum es geht,* und er wird gefragt, ob er mitmachen möchte. Wenn jemand es nicht möchte, ist es gut. Er ist deshalb kein schlechterer Mensch! Die Leute müssen zuvor *genauestens informiert* werden!

- Wenn die Leute informiert werden, worum es geht und dann *freiwillig* mitmachen wollen, geht die persönliche Verantwortung in eine KOSMISCHE VERANTWORTUNG über. Das ist der Unterschied!

Von absoluter Wichtigkeit dabei ist: Wenn etwas gemacht wird, weil *wir* es so möchten, liegt es im Verantwortungsbereich der *Dritten* Dimension, dann würde man mit *eigener* Macht arbeiten, mit anderen Worten: Schwarze Magie ausüben!

Nun noch ein Wort zur Angst:

- *Je mehr sich der Verstand sperrt und der Mensch Angst bekommt, um so geringer ist sein Vertrauen in die Führung GOTTES. Mangelndes Vertrauen hat immer Angst zur Folge!*

Angst kann wie ein Isolator wirken. Zum Beispiel wirkt die Angst, etwas zu versäumen oder etwas nicht fühlen zu können, wirkt erst recht wie ein Isolator. Angst geht immer über den Verstand, und weil wir Angst haben, etwas vielleicht nicht zu erkennen, ist es damit zu einer reinen Verstandessache geworden. Der Verstand sagt: „Ich muß aufpassen!", und das ist gleichzeitig die Blockade. Wir müssen lernen, *intuitiv* zu erkennen und zu reagieren. Es passiert, wenn es passieren soll. Einfach so!

Es gibt Menschen, die förmlich auf den Durchbruch irgendwelcher medialen Fähigkeiten lauern. Doch erst, wenn wir auf kein Resultat warten, machen wir die Kanäle frei, und es kann geschehen, was geschehen soll. Es geschieht in dem Moment, wo wir uns am *wenigsten* bewußt sind, was wir eigentlich machen, und genau *dann* werden wir es erkennen - *sofort!*

Parzifal ritt aus, um den Gral zu suchen. Er hatte sich mit seinem Verstand zuvor auf den Gral abgestimmt und ihm dadurch dreidimensionale Form und Gestalt gegeben. Später wird ihm dann der Gral präsentiert und - er *erkennt ihn nicht*! Sein „vorprogrammierter" Verstand lag wie eine verschmierte Fensterscheibe dazwischen und schränkte die Sicht völlig ein.
In vielen Überlieferungen, Sagen und Märchen ist die WAHRHEIT so wie der Gral versteckt. Mit offenem und unverbildetem Geist kann jeder Mensch diesen Schatz entdekken. Doch zu allem Überfluß benutzen viele Menschen dann einen „öligen und verdreckten Lappen", um ihre „persönliche verschmierte Fensterscheibe" zu putzen.

- *Wenn die Zeit da ist, wird alles geschehen, was geschehen muß.*

Wenn der Verstand sagt: „Ich muß danach fragen", ist es schon zu spät. Alles muß *intuitiv*, von der Seele her, kommen. Es ist sehr schwer, dies zu erklären. Auf einen Nenner gebracht: Man tut, was man tun will, und man bekommt das, was einem zusteht. Ganz einfach! - CHRISTUS sagte: „Ihr müßt werden wie die Kinder."

Wir sind in diesem Seminar zusammengekommen, um zu lernen, wie man geistige Blockaden der „Erwachsenenwelt" ganz langsam *loswerden* kann. Also brauchen wir auch keine Angst zu haben, es vielleicht nicht zu schaffen. Wenn die Zeit da ist, werden wir es können! Wir arbeiten *freiwillig* in SEINEM NAMEN an unserem EWIGEN LEBEN und *können nicht* fehlen. Es ist alles nur eine Frage der Zeit, und die ist individuell verschieden.

Zeit ist Rhythmus und weiter nichts! Im Kosmos besteht keine Zeit in Form einer Uhr. Im Kosmos besteht Rhythmus, und Rhythmus ist dasselbe wie Zeit. Nur wir Menschen haben uns mit unseren technischen Uhren zeitlich eingegrenzt.

Die LICHTGEBETE laufen in ihrer fortgeschrittenen Form für den Verstand so *schnell* ab, daß dieser nicht mehr in der Lage ist zu blockieren, so wie er das gern bei Meditationen macht. Wenn Sie mit den LICHTGEBETEN *weitergehen*, werden alle denkbaren Formen von Ängsten sehr, sehr stark abnehmen. Aber jeder von Ihnen muß das *selber* erfahren! Es gibt leider keine Resultate im voraus. Sie bekommen auch am Ende dieses Kurses kein Diplom, und Sie sind auch keine „Lichtmeister erster Klasse". - Vergessen Sie das nicht!

Unser Verstand beeinflußt sogar die DNS, den molekularen Träger der Erbinformation. Denken Sie in diesem Zusammenhang ein wenig an die Psychosomatik! Es ist *kein* Zufall, daß es genau 64 LICHTGEBETE gibt, denn auch die menschliche DNS weist 64 Kombinationen auf!

Unser Verstand *weiß nicht*, wie mehrdimensionale ENERGIEN vereinigt werden müssen und wie man damit umgeht. Doch das CHRISTUSBEWUSSTSEIN, das *jeder* Mensch besitzt, weiß es um so besser.

Wir wollen hier lernen, mit unserem CHRISTUS-BEWUSSTSEIN zu arbeiten, denn erst dann arbeiten wir für das GANZE. Dafür wurden seinerzeit die GEBETE zum „SCHILD DES LICHTES“ geschaffen.

- *Alles hängt davon ab, wie weit der einzelne Mensch daran g l a u b e n kann!*

- *Erreichen GLAUBE und VERTRAUEN hundertprozent, dann gehen die Möglichkeiten gegen unendlich.*

Alles kann dann superlative Formen erreichen. Alles, aber auch wirklich alles, ist dann möglich! JESUS CHRISTUS hat es vorgelebt und gesagt: „Was ich kann, kannst Du auch!“ - Denken Sie daran!

Frage: Was hat es mit dem Land MU auf sich?

Antwort: Wie Sie wissen, war ich auf Yucatán, Mexico, zu Besuch bei den Tempeln der Mayas. Ich wußte, daß die Geschichte der Mayas sehr alt ist, sie liegt noch weit vor der Zeit der Indianer. Irgendwie hatte ich das Gefühl, daß die Mayas von ihrem Ursprung her ein Volk waren, das mit den Pharaonen zu vergleichen ist, jedoch *viel* älter.

Ich hatte mit einer Gruppe diese Reise durch Yucatán gemacht und spürte, daß hier irgendwo eine Verbindung zum Land MU vorhanden war. Als wir das Grab *Pacal Votans* (d. h. Sonnenschild), des Maya-Meisters in Palenque, besucht hatten, wurde mir klar, daß auch gewisse LICHTGEBETE des SCHILD DES LICHTES von „Prä-Maya“ Klängen begleitet werden.

Wir verbrachten unsere Zeit mit LICHTGEBETEN in Gruppenform, und das Erstaunen in der Gruppe war groß, als sie die gewaltigen aufgebauten ENERGIEN verspürte. Die Spirale der ENERGIE war so groß, daß es manchmal passierte, daß Leute fast von der Erde hochkamen.

Ich erzählte die mir bekannte Geschichte des Landes MU, und wie die damalige Entwicklung, wie bei allen anderen großen Zivilisationen auch, von Machtausübung und Ränkespielen verschmutzt wurde und das Land Mu darum unterging. Ich erzählte weiter, daß in unserer heutigen Zeit - für Leute, die es erkennen - die Möglichkeit vorhanden ist, all dies zu TRANSFORMIEREN.

Es gibt einige unklare Quellen, in denen zum Land MU, das im Pazifischen Ozean gelegen haben soll, etwas beschrieben wird. Die Südseeinseln sowie die Osterinsel, Hawaii usw. sollen ein Teil von MU gewesen sein. Es ist das Land, in dem die königliche Familie *Can* regierte. Das Land MU war zu seiner Zeit eine Weltmacht, die ihre Art von „Gottesdienst" über die ganze Welt brachte.

Zum Symbol des Landes MU läßt sich folgendes sagen: Ich vermute, daß dieses Symbol das Ursymbol der Menschheit darstellt und wahrscheinlich älter als 50.000 Jahre ist.

- Das *Symbol* von MU besteht aus zwei ineinander verschlungenen Dreiecken, ähnlich dem Stern von Israel, mit einer Sonnenscheibe in der Mitte.

- Die zwölf Teile innerhalb der zwei äußeren Kreise geben die verschiedenen Eintritte zum Himmel an. Zu jedem Eintritt gehört eine gewisse VIBRATION.

- Der äußere Kreis ist gleichbedeutend mit der äußeren Welt, wobei die zwölf kleineren halbkreisförmigen runden Zeichen den Zodiak darstellen, die zwölf Verführungen, durch die die Menschheit an die Erde gebunden bleibt.

- Darunter die *acht* verschiedenen Wege, die der Mensch gehen soll, bevor die Seele freigesetzt wird. „Acht" bedeutet „wie oben, so unten", es ist die Zahl des CHRISTUSBEWUSSTSEINS.

Wie gesagt, ich vermutete das kosmische Diagramm des Landes MU irgendwo auf Yucatán. Und dann sah ich es auf einmal! - In *Chichén Itzá*, auf der Hinterseite eines steinernen Wächters der Pyramide, war das KOSMISCHE DIAGRAMM eingemeißelt. Ich konnte es kaum glauben. Die Gruppe war erstaunt, und es wurden viele Fotos gemacht. Die Reise ging weiter, und wir taten, was getan werden mußte, und kehrten danach nach Europa zurück.

Bild: Der steinerne Wächter in der Tempelanlage von Chichén Itzá.
(Die Originalaufnahme zeigt die beschriebene Situation erheblich besser!)

Die Entwicklung des Filmes brachte eine unglaubliche Sensation: Auf dem Foto, das den steinernen Wächters zeigt, fällt das Sonnenlicht genau durch die Sonnenscheibe des kosmischen Diagrammes aus MU, das sich auf dem *im Schatten liegenden Rücken* des steinernen Wächters befand.

Ich vermutete zunächst eine Reflexion auf der Optik der Kamera, doch eine Reflexion kann nicht die *Rückseite* der Figur *beleuchten*. Das ist nach unserem physikalischen Verständnis unmöglich. Es sei denn: der Stein *strahlt selbst* das kosmische Symbol von MU nach draußen in die Welt, so, wie wir Menschen ausstrahlen sollen - was wir erreichen können, wenn wir den SCHILD DES LICHTES in unseren Körper hineinbringen.

Auf dem entwickelten Film wurde etwas sichtbar, das für mich ein weiteres Zeichen dafür gewesen ist, daß die *eigentlichen* Maya göttlichen URSPRUNGS waren, bevor die geistige Verschmutzung und damit die Trennung von GOTT stattfand. Und daß der SCHILD DES LICHTES uns Menschen zeigen soll, daß wir MENSCHEN DES LICHTES werden und die Verbindung mit GOTT der Weg ist, den wir in Stille gehen sollen.

Wenn man Yucatán besucht und an spirituellen Geschichten interessiert ist, wird man dort sehr viel erleben können. Aber so wie überall, läuft sehr viel durcheinander, und man braucht BEGLEITUNG von „OBEN", um zu verstehen, um *was* es sich handelt.

Frage: Worin besteht die AUFGABE des inkarnierten Menschen?

Antwort: Alle AUSSTRAHLUNGEN, die wir Menschen besitzen, spiegeln das wider, was wir sind. Wenn diese verschiedenen Gedankenenergien mit unserem Seelenkern *übereinstimmen*, d. h. mit ihm resonieren würden, wäre alles ganz einfach. - Doch leider ist das nicht so. Unsere Seele ist unsere *eigentliche* Identität, und der Verstand und der materielle Körper sind es *noch nicht*.

- *Die Seele hat die AUFGABE und ist inkarniert, um Körper und Geist auf eine höhere VIBRATION zu bringen, denn dadurch kommt auch der Planet Erde automatisch zu einer höheren VIBRATION.*

Es ist sehr wichtig, die Erde auf eine höhere VIBRATIONSSTUFE zu bringen. Wenn wir das schaffen, ist auch unser grobstofflicher Körper TRANSFORMIERT. Erst dann ist auch der materielle Körper *unser* Körper geworden.

Wenn wir es nicht schaffen, hinterlassen wir den grobstofflichen Körper mit all seinen geistigen Schwingungen auf der Erde, denn er ist nicht mehr unser Körper. Er war nur ein Werkzeug gewesen, eine Art Transportmittel.

- *Schafft es der Mensch jedoch, seinen grobstofflichen Körper zu TRANSFORMIEREN, so, wie es JESUS CHRISTUS zeigte, dann findet die EINHEIT, die VERSCHMELZUNG statt, und seine AUFGABE in dieser Dimension ist gelöst.*

Frage: Sie sagten, daß unsere materielle Welt nur eine Illusion ist. Ist auch der produzierte Müll nur eine Illusion?

Antwort: Der Mensch wird mit seinen *eigenen* technischen Entwicklungen der Energieumwandlung konfrontiert. Diese technischen Entwicklungen gehören zur Dritten Dimension und sind damit Illusion. Andererseits ist es aber so, daß wir in dieser Welt fast ausschließlich mit unserem dreidimensionalen Verstand arbeiten, der alles zur Dritten Dimension Gehörende *sehr real* werden läßt. Das heißt also: Auch wenn primär gesehen in Wirklichkeit alles Illusion ist, so ist diese Illusion auf der anderen Seite gleichzeitig *dreidimensional real* und kann für jemanden viele Jahrzehnte lang Wirklichkeit sein.

Frage: Wozu haben wir überhaupt unseren Verstand, wenn er uns doch nur hindert?

Antwort: Den Verstand haben wir bekommen, damit wir *frei wählen* können: nur für uns oder für das GESAMTE. Was ist die Folge, wenn der Mensch nur für sich selber wählt und sich abgeschnitten hat von göttlichen INSPIRATIONEN? - Schauen Sie sich um in der Welt, und Sie finden die Antwort.

Der Verstand ist für die heutige Welt zur *alles* entscheidenden Instanz geworden. Gefühle sind albern und unnütz. Nur was der Verstand macht, ist richtig.

- *Wo gibt es die absolut notwendige Harmonie zwischen Verstand und Gefühl?*

Wir leben zur Zeit im Morphogenetischen Feld des Verstandes. Ob wir es nun einsehen wollen oder nicht, Tatsache ist: Wir *alle* leben darin.

Vor 6.000 Jahren wurde vorausgesagt, daß dies alles zu einer gewissen Zeit geschehen wird. Wenn diese Zeit vorbei ist, werden auch alle Steinmonumente verschwunden sein, einschließlich der großen Pyramiden. Weltweit zeigen die Pyramiden ihre Zerfallserscheinungen. Diese Bauwerke haben ihre Zeit *gehabt*. Die Zeit der Steine ist vorbei! Die Zeit des LICHTES soll kommen. LICHT, das wir *werden* müssen!

- Der Mensch des LICHTES ist der SCHILD DES LICHTES. *Das* ist die Neue Zeit. Darum ist das Festhalten an alten Dingen eine Begrenzung der eigenen Entwicklung.

Frage: Sollte man dann nicht auf das Fotografieren verzichten?

Antwort: Eben! - Wenn ich nicht gerade dokumentarisches Material für meine Vorträge benötige, nehme ich auf meinen weltweiten Reisen *niemals* eine Fotokamera mit, denn ich *sehe,* und das ist genug. Auch mit Fotografien versucht man immer, etwas *festzuhalten*. Wozu? - Ich sage nicht, daß es schlecht ist zu fotografieren, man sollte nur einmal in Ruhe darüber nachdenken.

Wenn wir akzeptieren können, daß Leben und Tod nur verschiedene Lebenszyklen sind und der Tod der Seele letztendlich ihre Freiheit wieder zurückgibt, dann sollten wir unsere Verstorbenen nicht mit unserer Gedankenkraft an die Erde binden. Friedhöfe sind schreckliche Gebilde! Dadurch versucht man krampfhaft, die Seele erdgebunden zu halten.

- *Das Gefühl für eine KOSMISCHE DENKWEISE fehlt uns Menschen noch sehr.*

Ich habe kürzlich wieder erlebt, wie eine Familie ihren „Toten" am liebsten wieder lebendig gemacht hätte. Die Seele zieht sich wieder zurück, und das geschieht nicht nur im Interesse der betreffenden Seele, sondern auch im Interesse des GANZEN. Wer so denkt, läßt es auch einfacher zu und versucht nicht, mit allen ihm zur Verfügung stehenden Mitteln eine Seele *erdgebunden* zu halten. Letzteres nennt man fälschlicherweise „Liebe". - Doch es ist keine echte LIEBE, sondern nur Eigenliebe!

Wenn die Zeit für ein Leben auf Erden vorbei ist und wir wirklich glauben, daß alles *kein Zufall* ist und wir uns wiedersehen werden in einer anderen AUSSTRAHLUNG und UMGEBUNG, in Verbindung mit dem GESAMTEN, dann kann man auch viel einfacher darüber reden, und es wird keine herzzerreißenden Szenen an den Gräbern mehr geben. Doch diejenigen, die das so leben, hören dann oft: „Dieser Mensch hat keine Emotionen, er hat kein Herz."

Man kann bei einer Person, die dabei ist, hinüberzuwechseln in die ANDERE WELT, an der AUSSTRAHLUNG ihrer Chakren erkennen, wie weit die betreffende Seele *tatsächlich* gekommen ist. Sie wird sich in einer Sphäre, die mit den Chakren der Seele *korrespondiert*, weiterentwickeln müssen. Irgendwann kommt diese Seele wieder zurück zur Erde, um ein neues Leben im Stoff zu beginnen und um *nochmals zu versuchen*, den Körper von Krankheiten frei zu machen. Doch vielleicht hat diese Seele schon *teilweise* etwas zustande bringen können. Davon lebt die Evolution der Erde, davon lebt die Erde, und dies trägt zu ihrer VIBRATIONSERHÖHUNG bei.

Frage: Was ist unter dem sog.“GRUPPENKLANG“ zu verstehen?

Antwort: Dies ist ein mit Worten schwer zu beschreibendes Phänomen. Wir haben alle unseren Ursprung im VATER. Aber jeder Mensch besitzt andere VIBRATIONEN, die alle etwas mit unserer seelischen Entwicklung zu tun haben. Dadurch entsteht ein GRUPPENKLANG, den die Erkennenden *hören*. Es ist ein KLANG, der anzieht und der auch mit dem CHRISTUSBEWUSSTSEIN zu tun hat. Im Grunde genommen bedeutet dieser KLANG: „Wenn die Zeit da ist, werde ich euch alle anziehen.“

- *Wenn man den GRUPPENKLANG hört, weiß man intuitiv, daß man auf dem richtigen Pfad ist. Doch durch die tägliche Eile und Hetze geht der GRUPPENKLANG verloren.*

Wenn Sie die LICHTGEBETE in Ihr Leben einbauen, wird es irgendwann passieren, daß Sie diesen GRUPPENKLANG hören, und dann wissen Sie, daß Sie ZUHAUSE sind. Sie wissen dann intuitiv, wohin Sie gehören. Es ist ein TONERLEBNIS sehr hoher VIBRATION - ähnlich einem großen anfliegenden Schwarm Bienen, der mit hoher VIBRATION schwingt. Es ist sehr intensiv mit sehr hoher VIBRATION. Man erkennt es einfach! - Mehr kann ich nicht darüber sagen.

Frage: Ich halte es für äußerst schwer, die LICHTGEBETE in mein tägliches Leben einzubauen.

Antwort: Ahnungen und Erkenntnisse sind wie IMPULSE, mit deren Hilfe wir feststellen können, daß unser dreidimensionaler Verstand *nicht alles* ist. Für mich war dieser IMPULS der Grund dafür, meinen alten, gesicherten beruflichen Hintergrund im holländischen Industriemanagement *aufzugeben*. Meine damaligen Geschäftsfreunde haben mich wegen meiner diesbezüglichen Entscheidung glatt für verrückt erklärt. Sie wollten es einfach nicht glauben! Entsprechend verändert hat sich mein

Freundeskreis und der meiner Familie. Doch meine Familie hält zu mir und stärkt meine Kraft für diese Arbeit.

Jeder Mensch wird einmal in die ANDERE WELT gehen und dann seine vertanen Chancen erkennen.. Das sind keine Überlegungen aus der Angst heraus, sondern Überlegungen, warum wir eigentlich hier auf Erden sind.

In etwa 20 Minuten kann man alle 64 LICHTGEBETE durchführen; in der restlichen Zeit von 23 Stunden und 40 Minuten sind wir mit Dingen beschäftigt, für die wir *nicht* hier auf Erden sind! Leider ist das so. Jeder Mensch muß für sich selber herausfinden, wofür er hier ist und wofür er seine Zeit einsetzt.

Ich bin beruflich sehr viel durch die Welt gereist und habe Dinge erlebt, die ohne Zweifel aus der Welt des EWIGEN LEBENS stammten. Diese Dinge haben meine Sichtweise und meine Einstellung zum Leben *völlig umgekrempelt.* Wenn man durch irgendeinen Umstand im Leben gelernt hat, an eine andere Dimension und an ein EWIGES LEBEN zu glauben und den Zusammenhang zum GESAMTEN ahnt, erkennt man automatisch, daß der Verstand uns allein *nicht* weiterhilft.

Diese Erkenntnis hat zu meiner persönlichen Entscheidung geführt, mich auf *wichtigere* Dinge zu konzentrieren und die mir überbrachten LICHTGEBETE weiterzuvermitteln. Diesen Entschluß habe ich damals völlig *freiwillig* gefaßt. Ich wollte etwas ändern und bat GOTT darum, mir zu zeigen, *wie* ich es anpacken könnte.

Das ganze hört sich vielleicht sehr idealistisch an, doch auch Stolpern und Aufstehen gehören dazu. Wir sind alle nur Menschen, und daher wird immer wieder der Verstand intervenieren und die Frage stellen: Ist das wirklich alles so richtig, was du tust? -

Man kann nicht sagen, ich mache die LICHTGEBETE nur ein Jahr, und dann reicht es. Nein, dies kann ein ganzes Leben dauern! Die LICHTGEBETE sind ein *täglicher Rhythmus*, ähnlich wie Essen und Trinken, und sollten in unseren Alltag *eingebaut* werden. Dann wird es auch nicht mehr so sein, daß man die GEBETE als *lästig* empfindet.

- Doch auch wenn wir uns ein Leben lang mit den LICHTGEBETEN beschäftigen, gibt es *keine* Versprechungen, und wir genießen auch *keine* besonderen Privilegien oder haben deshalb ein besseres Leben!

JESUS war die am höchsten privilegierte Person, die jemals auf Erden gelebt hat. Hatte ER deshalb ein so gutes Leben aus der Sicht unseres Verständnisses? ER hatte stets betont, eben *nicht* privilegiert zu sein!

Im Gegensatz dazu gibt es Menschen, die weiße Kleider anziehen und sich benehmen wie „hohe Priester“, obwohl es genau solche Menschen sind wie du und ich, nur ihre Illusion *ist stärker ausgeprägt*. Dies kann man häufig bei medial begabten Menschen (Medien) erkennen.

Das Holländische Fernsehen berichtete kürzlich über eine Kubanerin, die ich demnächst besuchen werde. Diese Frau, *Rosemund Miller*, ist Bischof an einer gnostischen Kirche in Palo Alto, Kalifornien. Früher war sie in kubanischen Gefängnissen schwerer Folter und Vergewaltigungen ausgesetzt. Darauf angesprochen, sagte sie: „Die Folterungen und die Mißhandlungen waren nicht das Schlimmste. Das Schlimmste für mich war mein seelisches Leiden, weil ich dachte, den Kontakt zu GOTT verloren zu haben.“

Sie erzählte weiter, daß eines Tages der schlimmste Folterknecht im Gefängnis herumlief und allen erzählte, daß er einen kleinen Hund für sein Kind gekauft habe, und wie froh er sei. Und sie habe gedacht: Mein Gott, der Mann, der Menschen foltert, kann froh sein, und er hat Kinder und er liebt ein Tier. Wie ist das möglich? - Sehe ich nur seine dunkle Seite? Habe auch *ich* meine dunkle Seite, die sich nur im Moment nicht zeigt? Diese Gedanken gaben ihr wieder GOTTES Anwesenheit zurück, denn vorher lag sie im ständigen Widerstand zu dem, was mit ihr passierte: Warum muß ich da durch? - Warum passiert das einem gottesfürchtigen Menschen wie mir? Aber dann hatte sie verstanden, daß alle nur Menschen sind *ohne* besondere Privilegien.

Das, was mancher Mensch mitmachen muß, ist sicher sehr schlimm. Doch wenn er VERTRAUEN besitzt, wird es nur Schmerz sein, aber niemals seelisches Leid. Leiden zu müssen ist das Schlimmste, was einem Menschen passieren kann. Seelisches Leid entsteht immer dann, wenn der Verstand mitspielt und wir uns dadurch abtrennen von der URKRAFT. Das ist es, was der Mensch tagtäglich macht -, immer und immer wieder. Durch *Rosemund Miller* ist mir das sehr klar geworden.[16]

Wir Menschen kommen immer wieder in SEINEM NAMEN mit einem AUFTRAG zur Erde. Wenn wir das eingesehen haben, ist die Möglichkeit da, zur nächsten Evolutionsstufe zu gehen. Nicht nur als Resultat des Einsehens, nicht als Belohnung, sondern als TEIL DES GESAMTEN. Doch das läßt sich mit einem einzigen „Tod" nicht festlegen.

Frage: Viele Menschen werden aber die LICHTGEBETE als „zu hoch" empfinden.

Antwort: Wenn ich in meinen Vorträgen über Dinge rede, von denen die Zuhörer noch nie etwas gehört haben, so ist diese Reaktion ganz natürlich. Doch wenn es nur ein Wort in dem einstündigen Vortrag gegeben hat, das irgendwo eine Resonanz ausgelöst hat, so ist dies schon etwas, das vielleicht auch nur bei diesem einen Betreffenden geschehen sollte und alle Mühen haben sich gelohnt.

Wenn man als Vortragender spürt, daß die Zuhörer am Thema interessiert sind, obwohl sie es noch nicht verstehen, ist es gut,

---

[16] JESUS zeigte am Kreuz seine Menschlichkeit, als ihn für kurze Zeit der ganze Jammer der Menschheit einzuholen begann. Dadurch blockierte er für einen Moment seine Fähigkeiten und rief: *„Mein GOTT, warum hast Du mich verlassen!"* Doch dann kehrte sein GLAUBE und sein großes VERTRAUEN zu GOTT zurück, und er konnte die Welt überwinden.

trotzdem darüber zu reden. Vielleicht gibt es dabei Worte, die eine Resonanz im universellen HERZEN eines Menschen erzeugen, so daß derjenige stutzt und von selber auf die Suche geht, dann *ist* schon etwas passiert. Man wird die LICHTGEBETE und vieles andere auch nicht gleich verstehen können, weil der Mensch grundsätzlich versucht, es erst mit seinem Kopf zu verstehen. Das nennt man dann: es-ins-Bewußtsein-bringen.

- *Ich behaupte, daß unser Kopf nicht unser eigentliches Bewußtsein beinhaltet, sondern nur Geiststoff der Dritten Dimension! Wenn man jedoch sein UNIVERSELLES HERZ dazuschaltet und auf die feinen IMPULSE hört, geschieht alles mit dem höherdimensionalen GEIST.*

Der einzelne Mensch ist erheblich mehr als nur Kind seiner Eltern!

Wenn ich über den Geist rede und Sie als Zuhörer versuchen meine Worte nur mit dem Kopf zu verstehen, sehe ich sofort an Ihren Augen, wann Sie den Weg verlieren. Anderseits ist es aber auch so, daß manchmal Fragen gestellt werden, wo ich mir sage: Da hat *doch* etwas angefangen zu resonieren.
FREQUENZ und RESONANZ sind maßgebend, und das ist auch das Neue, obwohl es genau genommen uralt ist und es zu allen Zeit gegeben hat. Aber es ist insofern neu, daß wir eben nicht alles in Stoff und Formen kleiden sollten. - Doch damit tut man sich ziemlich schwer.

Frage: Was bedeutet es, „loslassen“ zu können?

Antwort: Solange man nur vom Loslassen redet, hat man im Grunde genommen noch gar nichts losgelassen. Loslassen ist eigentlich Dogma, denn man muß zuvor die Entscheidung treffen, etwas loszulassen. Aber dann läßt man es doch nicht los, denn wenn man sich darüber bewußt ist, ist es schon wieder eine Sache des Verstandes. Beispiel: „Ich habe das und das losgelassen. Hat mir aber nichts gebracht.“ -

- *Echtes Loslassen geschieht unbemerkt! Man redet dann nicht mehr vom Loslassen, denn man h a t b e r e i t s losgelassen!*

Letze Woche wurde ich in einem Schweizer Institut gefragt, ob ich Fleisch essen würde. Ich habe „ja“ gesagt, und die Anwesenden wären fast auf die Barrikaden gegangen. Das ist auch reines Dogma! Man ißt Fleisch, oder man ißt es nicht. Schon allein die Frage zeigt, daß die Leute innerlich noch sehr damit beschäftigt sind. Es ist *nicht* die Abweisung, die etwas bringt! Es passiert jedoch sehr oft, daß sich Esoteriker gewisse Regeln auferlegen, denn sonst ist man ja kein „richtiger“ Esoteriker. Wenn die betreffende Person in ihrer eigenen Zeit so weit ist, wird sie *von sich aus* kein Fleisch mehr essen oder sich sehr damit einschränken.

Viele meinen, daß echte Esoteriker doch auch ihre festen Regeln haben müssen. Doch alle diese Regeln sind Menschenwerk(!) und wurden von außen auferlegt. Man ißt, was man essen möchte. Punkt! Man sollte auf keinen Fall *fanatische Regeln* festlegen, denn dann ist es wieder ein menschliches Gesetz, dem man sich unterwirft.

Wir sind alle Menschen und dürfen in der Stille darum bitten, daß wir auf unserem Weg geführt werden. Selbst der Dalai Lama hat sich in einer erschütternden Aussage zum Fleischessen *bekannt*. Er sagte: „Wenn ich irgendwo zu Gast bin, und der Gastgeber bietet mir von dem an, was er hat, werde ich es auch essen!“ –

- Doch die Fanatiker in seinem Gefolge bekämpften diese Aussage und strahlen damit weitere Aggression in die Welt, und das ist *viel, viel schlimmer,* als Fleisch zu essen!

Es hängt immer davon ab, *wie* man damit umgeht, und *nicht*, ob man etwas aus seinem Leben vertreibt. Etwas mit Gewalt zu vertreiben ist etwas anderes, weil man es sich mit entsprechender Willenskraft auferlegen kann. Ist jedoch die EINSICHT da, wird alles viel, viel leichter, und die persönlichen GEISTFÜHRER können helfen.

Wenn Sie beispielsweise als überzeugter Vegetarier auf einer Insel festsitzen und haben nichts zu essen außer Fleisch und haben die Wahl, zu verhungern oder Fleisch zu essen, was würden Sie tun? - Meinen Sie nicht auch, daß Sie das Fleisch essen würden? Oder möchten Sie *aus reinem Eigensinn* lieber sterben und die Verantwortung dafür vor Ihrem SCHÖPFER übernehmen?

Es ist immer wieder der Fanatismus, die geistige Unfreiheit, die jeder in seinem Umfeld lebt und ausstrahlt. Die persönliche Abgrenzung, weil man sich durch einen Fleischverzicht über andere „erhöht" fühlt, ist absolut negativ. Aktion bringt immer Reaktion. Dies ist ein altes Gesetz.

- *Der Fanatismus ist wesentlich schrecklicher in seinen Auswirkungen als Fleisch zu essen!*

Bisher wurde vieles in Stein geschrieben: Auch die Cheops-Pyramide ist ein in Stein geschriebenes GESETZ. Auch die göttlichen GEBOTE sind ein in Stein geschriebenes GESETZ. JESUS sagte: „Wenn du mich fragst, werde ich die GESETZE meines VATERS *in Dein Herz schreiben*." Das ist Teil der Neuen Zeit, und es ist eigentlich genau das, was wir mit den LICHTGEBETEN tun. Irgendwann sind wir es plötzlich *geworden* und denken gar nicht mehr daran, jemanden zu fragen, ob er Wein trinkt oder Fleisch ißt oder was er sonst macht.

Leider sind die GEBOTE noch nicht in unsere Körper geschrieben! Weil diese GESETZE noch *außerhalb* von uns existieren, ist unsere heutige Welt in Disharmonie. Am Ende - wann immer das auch sein wird - sind wir es *geworden* und haben es überhaupt nicht bemerkt. –

Genau das ist der Weg!

Dann wird sich niemand mehr irgendwelchen Vereinen anschließen mit bestimmten Aufnahmebedingungen. JESUS hatte sich niemandem angeschlossen, darum wurde er auch von den Pharisäern nicht akzeptiert. Im Grunde genommen hat sich bis zum heutigen Tag in unserer Gesellschaft nur wenig geändert. Es gilt, was durch die Cheops-Pyramide bereits vorausgesagt wurde. Anhand der Vergangenheit läßt sich die Glaubwürdigkeit dieser Voraussage einfach *prüfen*.

Keiner weiß, was genau passieren wird.

Manche sagen, daß die Welt vergeht, doch das ist Unsinn! - Welche Welt vergeht? - Wir bestehen aus ENERGIE und ENERGIE kann unmöglich vergehen! Wenn wir zur URKRAFT eine Verbindung haben, ist es einfach unmöglich, daß etwas Schlechtes mit uns passiert!

Doch inwieweit glauben wir das? - Genau da liegt das Problem!

Wie schon gesagt:

- Glaubt der Mensch *hundertprozentig*, dann gehen seine Möglichkeiten gegen unendlich!

Frage: *Wieviel* muß getan werden, um der Erde zu helfen?

Antwort: Sie wissen alle, was heute für die Erde getan wird. Es gibt viele Bereiche, die sich mit der Heilung der Erde beschäftigen. Doch die Menschheit wird die Erde niemals heilen können, wenn das dazu nötige Morphogenetische Feld nicht vorhanden ist.

- Solange die Umwelt ausschließlich zu einer *politischen* Frage gemacht wird, bringt es *gar nichts*!

Auch Aggressionen bringen nichts, denn Aktion bringt Reaktion, d. h., irgendwo auf der Welt wird etwas *zum Ausgleich* passieren *müssen*, um das gestörte „Gleichgewicht“ wieder herzustellen.

Wir werden in diesem Jahr in Holland auf dem Lande damit anfangen, Gruppen aufzubauen, die in SEINEM NAMEN TRANSFORMATIONEN durchführen, genauso wie wir dies zusammen auf den Externsteinen gemacht haben. Wir werden etwa alle zwei Wochen ein Morphogenetische Feld in SEINEM NAMEN aufbauen, damit die URKRAFT wirken kann. Die Leute spüren meistens etwas dabei, auch wenn sie nicht genau wissen, *was* passiert. Wichtig ist, daß sich die Gruppe *gemeinsam* darauf abstimmt und sich geistig in SEINEM NAMEN vereinigt. Die Gruppe wird dann BEGLEITET und erhält *intuitiv* Hinweise, *welche* GEBETE an den jeweiligen ENERGIEPUNKTEN der Erde zu machen sind.

In den heutigen Umweltgruppen zeigt sich meistens das folgende Bild:

Es kommen z. B. zehn Leute zusammen, um etwas zu ändern, und sie fangen an zu planen. Doch von diesen zehn Leuten haben sechs eine *andere* Meinung! Kann man da von einer geistigen Abstimmung sprechen? - Jeder versucht, seine *eigenen* Vorstellungen mit viel Rhetorik durchzudrücken. Was passiert? Es entstehen Aggressionen mit all ihren negativen Auswirkungen. Nur im ersten Fall, der gemeinsamen Abstimmung, wird sich das Morphogenetische Feld in SEINEM NAMEN vergrößern können, ohne daß Menschen ein persönliches Wünschepaket vorgelegen und Resultate verlangen.

Erkennen Sie den Unterschied?

Wir Menschen können die Erde nicht heilen! Die Zerstörungen gehen schon zu weit, so daß wir es nicht mehr allein schaffen können. Die Erde und ihre Atmosphäre verändert sich drastisch, weil die Verschmutzung und Zerstörung unserer Umwelt einfach *zu schnell* stattfindet. Diese Art Dinge nur wissenschaftlich festzustellen, nützt gar nichts, denn im Endeffekt ist doch alles immer wieder auf eine rein wirtschaftliche Basis aufgebaut.

- Zur Zeit ist man weltweit dabei, die Verschmutzungen zu dezentralisieren, d. h., sie werden gleichmäßig über die

Erde *verteilt*, doch die Gesamtverschmutzung wird dadurch *nicht* weniger!

Doch wenn wir beginnen würden, über ein Land das Morphogenetische Feld in SEINEM NAMEN so aufzubauen, daß es stark und stärker wird und beginnt, die Leute in SEINEM NAMEN zu beeinflussen, ist dies meiner Meinung nach die einzige Möglichkeit, um zu einer *Neuen Welt* zu kommen. Hierin zeigt sich auch andeutungsweise die MACHT, die jeder einzelne Mensch in Wirklichkeit besitzt, egal welche Position er bekleidet und in welchem Ort der Welt er lebt.

Wie Sie wissen, beschäftigen wir uns in diesem Seminar seit etwa einem Jahr mit dem *ersten* Buch der LICHTGEBETE. Heute haben wir mit den KOSMISCHEN GEBETEN begonnen. Ich frage Sie: Inwieweit gehören nach einem Jahr die LICHTGEBETE zu Ihrem Leben? - Inwieweit haben Sie schon die GEBETE in Ihr Leben *einbauen* können? Was wir mit diesen GEBETEN machen, ist eine Vorbereitung auf die *Neue Zeit*, denn in Wirklichkeit hat sich die Welt *noch nicht* geändert. Wir haben zwar mehr politische Freiheit auf der Welt bekommen, und die Dogmen der Kirchen wurden etwas zurückgedrängt, aber dafür kommen wieder *neue* Dogmen.

Es ist etwa sechs Jahre her, als ich mich selbst fragte: Wenn es diesen geistigen Hintergrund wirklich gibt, womit war ich dann in meinem *bisherigen* Leben beschäftigt? - Wenn bei mir leise Zweifel aufkommen, brauche ich gedanklich nur zu den Tagen in Südengland zurückzugehen und zu der LICHTGESTALT, und ich habe meine Sicherheit wieder. Für *jeden* Menschen gibt es in seinem Leben einen solchen besonderen MOMENT. *Niemand* kann später sagen, er habe von nichts gewußt. Wenn man beginnt, die fließenden ENERGIEN zu spüren, sind die Zweifel, ob die LICHTGEBETE einen Sinn haben, wie weggewischt, und man beginnt, an einem neuen Leben und an einer anderen Zeit zu arbeiten.

Frage: Was verstehen Sie unter dem Begriff „GEISTIGE WELT"?

Antwort: Man redet in esoterischen Kreisen oft über die GEISTIGE WELT. - Was ist gemeint? Wenn wir nach unserem Tode erdgebunden bleiben, gehören wir *auch* zur GEISTIGEN WELT, doch es ist die GEISTIGE WELT der Dritten und Vierten Dimension. Auch Hellsichtigkeit gehört zu dieser Ebene.

Wenn ich über die GEISTIGE WELT rede, meine ich immer die WELT, in der sich die göttliche FLAMME und die MEISTER DES LICHTES befinden, die mit der göttlichen FLAMME verschmelzen. Wer einmal gesehen hat, wie ein hohes LICHTWESEN aussieht, wird es nie mehr vergessen. Es ist ein so unglaubliches Erlebnis!

Für viele Menschen ist auch ein *erdgebundenes* Geistwesen schon unglaublich. Ein erdgebundenes Geistwesen hat aber niemals eine solche AUSSTRAHLUNG, weil es noch keinen TRANSFORMIERTEN Körper besitzt, d. h., es ist noch nicht zur göttlichen FLAMME *geworden*.

Bei einem Wesen, das zur göttlichen FLAMME *geworden* ist, erkennt man sofort am Erscheinungsbild, daß es nichts mehr mit erdgebundener Materie zu tun hat. Jeder Mensch wird dies *intuitiv* erkennen. *Dieses* SEHEN hat mit Hellsehen nichts mehr zu tun. Wenn sich ein MEISTER wie EL MORYA manifestiert, kann jeder Mensch diese Materialisation sehen. Man sieht den Körper in Verschmelzung mit der göttlichen FLAMME. Das ist es, was man sieht. Wenn ich also von der GEISTIGEN WELT spreche, spreche ich immer von *dieser* WELT.

Frage: Wird die Materie überflüssig, wenn sie krankheitsfrei gemacht worden ist?

Antwort: Der materielle Körper wird im Mutterleib aus Energien der Erde geformt und bei der Geburt mit der Seele verknüpft. Die Seele hat den AUFTRAG, *ihren* Beitrag zur Reinigung der Erde zu leisten und ihren materiellen Körper von

Krankheiten zu befreien. Damit wird dann auch die Erde Stück für Stück von Krankheiten befreit.

Von der seelischen Seite aus gesehen heißt das, daß der Mensch *an sich arbeiten muß*, bis er selber zu einer strahlenden göttlichen FLAMME *geworden* ist. Doch dann ist die materielle Lebensebene nicht überflüssig, sondern die seelische und materielle Ebene sind EINS geworden!

Frage: Was haben menschliche Medien für Aufgaben?

Antwort: Es gab zu allen Zeiten Menschen, die die göttliche INSPIRATION empfangen und weitergegeben haben. Auf diese Weise sind die Religionen der Erde entstanden. Diese Menschen arbeiten wie Kanäle - mehr oder weniger gut. Aber die Neue Zeit wird uns *davon unabhängig* machen.

Jeder Mensch kann auf der Basis seines freien Willens in Zusammenarbeit mit der CHRISTUSFREQUENZ die universellen STRÖME durch seinen Körper leiten und Teil der CHRISTUSFREQUENZ werden. Er braucht dazu *keinen* irdischen Lehrer und auch kein Medium! *Jeder* kann es werden, und das ist etwas ganz anderes, als wenn ein Medium, ein menschlicher Kanal, nur eine Nachricht weitergibt. Man wird es, und es wird einem *nicht* bewußt. - Dann *ist* man es!

Frage: Was versteht man unter dem CHRISTUS-BEWUSSTSEIN?

Antwort: Unser Körper würde die direkte Strahlung GOTTES nicht aushalten; zu weit haben wir Menschen uns geistig von dem UNIVERSALGEIST entfernt. Das CHRISTUSBEWUSSTSEIN ist unser Vermittler und wirkt wie ein energetischer TRANSFORMATOR. Ohne diesen TRANSFORMATOR wäre unser Körper nicht in der Lage, die göttliche LIEBE zu empfangen. Wir würden verbrennen! CHRISTUS ist der Vermittler, damit wir die göttliche LIEBE *empfangen können*. Wir empfangen dann die STRAHLUNG in einem Maß, das wir ertragen können. Unser persönlicher Teil des CHRISTUS hat auch mit der BEGLEITUNG zu tun, die wir bei unseren Verbindungen mit der Erde haben.

Kein Mensch in dieser Zeit sollte einem anderen Menschen sagen, was er in dieser Beziehung *zu tun* hat. *Jeder* einzelne Mensch hat das CHRISTUSBEWUSSTSEIN *in sich* und die Verbindung zu diesem bitter nötig. Man sollte lernen, sich *gegenseitig zu helfen und zu stützen*, dann würde vieles leichter werden auf dieser Welt. Die Zeit ist jetzt für jeden gekommen, Teil des UNIVERSELLEN LEBENS zu werden.

Frage: Wurden Ihnen die LICHTGEBETE geistig übermittelt?

Antwort: Nein, diese GEBETE gab es schon. Die Engländerin *Olive Pickley* hat die LICHTGEBETE in den 30er Jahren in Südfrankreich empfangen. Ich bin seinerzeit mit EL MORYA in Kontakt gekommen und wurde beauftragt, nach *Glastonbury*, Großbritannien, zu fahren, um dort eine Nachricht zu empfangen. Dieses Erlebnis, das sich völlig überraschend während einer Geschäftsreise in einem Hotel in Stockholm ereignete, kann ich mit Worten kaum beschreiben. Ich war im Badezimmer und badete und überlegte dabei wichtige geschäftliche Dinge für den kommenden Tag. Plötzlich war der Raum von LICHT erfüllt. Es war eine gewaltige PRÄSENZ, die von der LICHTGESTALT ausging, und ich wußte definitiv, daß ich *nicht* träumte.

Ich konnte die Nacht nicht schlafen und lief stundenlang durch Stockholm. Ich marterte meinen Verstand auf der Suche nach einer möglichen Erklärung. Ich konnte einfach nicht glauben, was ich gesehen und gehört hatte!

Später bin ich dann zusammen mit meiner Frau nach *Glastonbury* gefahren. Wir sollten uns in eine kleine Kirche setzen und auf ein bestimmtes Zeichen warten: Meine Füße sollten kalt werden. Leider hatte ich vergessen zu fragen, an welchem Tag ich mich in die kleine Kapelle setzen sollte. Also blieb uns nichts anderes übrig, als Tag für Tag für ein paar Stunden diese

Kirche aufzusuchen. - Doch nichts passierte. Nach kurzer Zeit wurde ich ungeduldig, und die ganze Sache begann für mich immer mehr an Wichtigkeit zu verlieren. In Gedanken beschäftigte ich mich wieder mit geschäftlichen Dingen und plante schon die Abreise am Wochenende.

Als wir zum dritten Mal in dieser kleinen Kirche saßen und ich wieder mit meinen Gedanken zuhause war, merkte ich, daß ich fröstelte. Daraufhin sagte ich zu meiner Frau: „Komm, laß uns fahren, ich habe eiskalte Füße - und auch keine Lust mehr." Meine Frau schaute mich an und rief: „Aber das ist doch das Zeichen! Vielleicht solltest Du Deine Schuhe ausziehen?" Ich war total verblüfft und kam der Aufforderung voller Erwartung nach, aber - nichts geschah.

Am vierten Tag haben wir uns noch mit Einheimischen unterhalten und etwas die Umgebung angesehen. So verging auch der fünfte Tag.

Am sechsten Tag sagte ich zu meiner Frau: „Morgen früh fahren wir ab!" Und dann - ich werde es nie vergessen - es war etwa gegen 17.30 Uhr, begegneten wir einer Dame, die wir schon kannten. Sie sagte zu mir, daß mich eine fremde Dame sprechen wolle. Meine Frau und ich waren enttäuscht. Wir hatten eine „göttliche Botschaft" oder so etwas Ähnliches erwartet. Was sollten wir bei dieser Frau?

Aber wir gingen hin und wurden mit einer etwa 70 Jahre alten Frau bekannt. Sie bat uns in ihr Haus, und wir nahmen im Wohnzimmer Platz. Mit meinen Gedanken war ich überhaupt nicht anwesend bei diesem Besuch. In meinem Kopf drehte sich alles um das Versagen in der angepeilten Sache. Ich gebe zu, ich war auch etwas ärgerlich, denn wir waren 11 Stunden angereist, und nichts war passiert. Es gab *keine Resultate,* und daher war für mich alles umsonst gewesen.

Wir unterhielten uns mit dieser Dame. Meine Frau deutlich mehr als ich, denn ich war ehrlich gesagt nicht besonders interessiert. Die Dame sagte, daß sie alte, übermittelte LICHTGEBETE aufbewahrt habe, und wenn ich wollte, könne ich davon etwas mitnehmen. Ich sagte mehr aus Höflichkeit zu. Ich wußte eigentlich überhaupt nicht, worum es ging, denn ich hatte kaum zugehört. Nachdem wir uns verabschiedet hatten - ich hatte die Papiere auf die Rücksitzbank meines Wagens geworfen - sind wir zum Hotel zurückgefahren.

Am nächsten Morgen war auch noch nichts Besonderes passiert, und wir stiegen in den Wagen und fuhren ab. Während der Fahrt bat ich meine Frau, doch mal etwas aus diesen Aufsätzen vorzulesen.

Und sie begann zu lesen ...

Seit dieser Zeit haben mich die LICHTGEBETE nicht mehr verlassen.

Für mich ist alles eine große ERFAHRUNG gewesen, und ich habe gelernt, daß bei *zu hoch* gespannten Erwartungen *nichts passiert.* Positive geistige Dinge präsentieren sich meistens in Form von Dingen, von denen man meint, daß sie „sowieso nicht wichtig sind". Ich war total fixiert auf etwas „Höheres" und konnte gar nicht erkennen, worum es sich handelte.

- *Nur in der Stille und ohne Erwartungsmuster können wir empfangen! Alles passiert dann, wenn wir es überhaupt nicht erwarten.*

In der ersten Zeit danach habe ich mich intensiv mit den LICHTGEBETEN auseinandergesetzt. Meine Frau gab mir neue Impulse, indem sie mich auf die mangelhafte Gliederung der GEBETE hinwies. Ich begann die GEBETE zu übersetzen, damit man sie flüssiger lesen konnte. Zwei Monate später waren meine Frau und ich wieder in *Glastonbury* und haben die alte Dame nochmals besucht. Während unseres Gespräches mit ihr hörte ich mich plötzlich sagen: „Ich bin damit beschäftigt die GEBETE zu gliedern und werde sie später auch für andere Leute zugänglich machen." Ich war verblüfft und dachte: Mein Gott, was erzählst du da? - Weißt du nicht, welche Arbeit eine Veröffentlichung mit sich bringt? Aber ich habe es dann doch gemacht, und allmählich ist dann alles so gekommen, wie es sich heute für mich darstellt. Rückblickend kann ich heute sagen:

- *Es kommt nie so, wie man es plant. - Es passiert einfach!*

Nachdem ich eine solche Erfahrung gemacht hatte, glaubte ich natürlich, daß es so weitergehen würde, weiter und immer weiter. Doch die Entwicklung auf dem Weg zum CHRISTUSBEWUSSTSEIN hat einen *spiralförmigen* Verlauf. - Keine Erfahrung kommt wieder! Es sind immer wieder unsere Erwartungsmuster, die sagen: „Ich habe dies erfahren, und die nächste Erfahrung muß *noch besser* sein. Doch ERFAHRUNGEN kommen dann, wenn man sie überhaupt nicht erwartet. Und wirklich *erst dann* sind wir *ohne* Erwartungsmuster und können EMPFANGEN. In Holland hatte ich angefangen, die GEBETE zu verbreiten, danach in Deutschland, Amerika und neuerdings auch in Belgien. Ich werde weitermachen, aber *ohne* besondere Planung, denn alles kommt, wenn die Zeit dafür da ist.

<u>Frage</u>: Ist die Verbreitung der LICHTGEBETE Ihr persönlicher AUFTRAG?

<u>Antwort</u>: Ich kann nicht sagen, daß es *mein* AUFTRAG ist. So sehe ich das nicht. Aber wenn ich es *benennen* müßte, dann würde ich „ja“ sagen. Ich rede nicht besonders gern über mein ERLEBNIS, denn meistens weckt dieses in anderen Menschen nur falsche Erwartungshaltungen. Es war meine *persönliche Erfahrung*, und jeder Mensch wird eine *andere* Erfahrung machen.

In Holland und auch in anderen Ländern sehe ich häufig, daß viele, die auf esoterischem Gebiet tätig sind, sich im Kreis bewegen. Sie versuchen zu bewerten und versuchen mit aller Macht, Phänomene zu erreichen, um damit ihren Kontakt mit „oben“ bestätigen zu können. - Nein, das sind *keine* guten Beispiele.

- Kein Mensch ist besser als der andere!

Man sieht sich selber nicht so genau, und es ist dann immer gut, wenn *andere* sagen, wie sie es empfinden, sozusagen: wie es die Außenwelt sieht. Meine Frau spricht mich z. B. sofort darauf an, wenn ihr etwas Widersprüchliches in meinem Tun auffällt. Ich halte diese Kontrollen für sehr wichtig, und daß man darüber spricht!

Man muß sehr aufpassen, wenn man auf esoterischem Gebiet tätig ist, sonst kann es leicht passieren, daß man mit einem Mal glaubt, alle Weisheit dieser Welt zu besitzen. Leider sieht man dies sehr, sehr oft, und zu allem Überfluß gelangen solche Fälle meistens an die Öffentlichkeit. Ist erst eine bestimmte Popularität erreicht, wird es mehr und mehr zu einem Morphogenetischen Feld der betreffenden Person oder der Personen und stellt *keine echte* VERBINDUNG mehr nach „oben" dar. Das ist sehr schade und verursacht viel Flurschaden in der noch unaufgeklärten Öffentlichkeit.

Gemäß dem URBRUNNEN arbeitet jeder mit jedem zusammen, und jedes Wesen gibt seinen individuell wichtigen Teil dem GESAMTEN hinzu. Damit wird es *automatisch* zum Teil des GESAMTEN. Dies kann kein Institut mit einem Namen auf der Tür erreichen, denn es *separiert* sich dadurch vom GANZEN. Auf diese Weise wird nur immer wieder demonstriert: *Wir* sind anders als die *andere* Gruppe, denn die hat auch einen anderen Namen auf ihrem Türschild.

- Der SCHILD DES LICHTES besitzt *kein* Zentrum und hat auch keinen besonderen Arbeitskreis. Wer die LICHTGEBETE haben will, der kann sie haben!

Ein persönlicher Vorteil, den ich vielleicht besitze, ist die Tatsache, daß ich von den Seminaren nicht leben muß. Wahrscheinlich wäre aber auch sonst nicht alles so gekommen, wie es gekommen ist. Im Grunde genommen kann man auch nicht davon leben - und man sollte es auch nicht! Schleichen sich erst einmal wirtschaftliche Interessen ein, kann das Ganze schnell wieder kippen. Man wandelt dabei auf einem sehr, sehr schmalen Grat. Ich verurteile niemanden, der dies *trotzdem* so hält, aber ich zweifle sehr stark, ob *das* der WEG sein kann.

Wenn man in Holland und anderswo das esoterische Angebot ansieht, - meine Güte!

- *Die Verpackungen* auf dem esoterischen Sektor werden immer schöner.

Jeder Mensch - und sei er noch so verbildet - wird eines Tages wie in einem Blitz entdecken, daß das Geistige Reich existiert. Hat man es erst einmal erkannt, hat jeder innerhalb seines persönlichen Umfeldes und seiner Möglichkeiten die Wahl, damit *weiterzumachen* und der Sache *treu* zu bleiben oder nicht. Man macht weiter, oder man läßt es bleiben, alles geschieht freiwillig und liegt in der eigenen Überzeugung, was man für wichtig erachtet und was nicht.

- *Jeder Mensch hat eine andere Vorstellung von seinem Leben und muß wissen, wofür er es einsetzt!*

Frage: Wie kann man Kristalle von schädlichen Schwingungen säubern?

Antwort: Kristalle kann man in der Sonne und unter laufendem Wasser von unsauberen Schwingungen säubern. Leider wird vorher meistens vergessen, die ELEMENTE des Wassers *zu bitten*, die unsauberen Schwingungen zu TRANSFORMIEREN, denn die Erde sollte damit *nicht* verschmutzt werden.

Man kann die ENERGIEAUSSTRAHLUNG der Kristalle an einigen Stellen auf der Handfläche spüren. Es fühlt sich an wie *ein feines Blasen*, wie eine Windströmung, ganz fein. Das bedeutet, daß die Kristalle *tatsächlich* ENERGIEN abgeben können. Und nun liegt es wieder am Menschen selbst, ob er diese ENERGIESTRÖME mit *seinem* Willen lenkt oder die Voraussetzungen dafür schafft, daß eine Steuerung in SEINEM NAMEN erfolgen kann.

Viele Leute, die mit Kristallen arbeiten, arbeiten mit ihrem *eigenen* Willen. Darin liegt auch die Tragödie von Atlantis begründet, wo die Kraft der Kristalle für *eigene* Zwecke mißbraucht wurde. Ein *„Atlantischer (Kristall)Stab"* - den oftmals Könige trugen - wurde benutzt, um ENERGIEN zu beliebigen Stellen auf der Welt zu schicken. Mit diesen Instrumenten wurde der Wille des einzelnen Menschen in der Dritten Dimension manipuliert und damit *Schwarze Magie* betrieben.

Ich habe viele Jahre mit Kristallen gearbeitet und empfinde die LICHTGEBETE persönlich weniger erdgebunden, wenn ich sie *ohne Kristalle* durchführe. Doch jeder muß natürlich seine eigenen Erfahrungen damit machen. Es ist wie mit den Gefühlen: Gefühle sind wie Farben, es gibt unendlich viele. Deshalb ist es von vornherein zum Scheitern verurteilt, wenn man Gefühle mit Worten beschreiben will.

Alle Wege sind individuell verschieden und hängen von der geistigen Entwicklung des einzelnen ab. Fühlt man sich zu den Kristallen *hingezogen*, so sollte man mit diesen arbeiten, denn sie könnten ein wichtiger Bestandteil Ihres Lebensweges sein. Liegt Ihr Gefühl mehr im Bereich des LICHTES, so ist es das LICHT, mit dem Sie weitergehen sollten.

- *Wir müssen alle lernen, uns wieder nach unserem Gefühl auszurichten.*

Erinnern Sie sich? - *Deswegen* leben wir Menschen auf Erden.

<u>Frage</u>: Ist es besser, die einzelnen LICHTGEBETE *gefühlsmäßig* auszusuchen?

<u>Antwort</u>: Das liegt in der eigenen Entscheidung. Viele GEBETE kann man zu jeder Tageszeit durchführen, aber schaffen Sie sich keinen Streß damit! Es ist überhaupt nicht die Frage, ob man die LICHTGEBETE macht oder nicht. Es ist alles eine Art von *Ausarbeitung* mit Hilfe der persönlichen BEGLEITUNG.

Wenn wir unseren Körper von Krankheiten befreien möchten, ist es so, wie wenn man in einem Labor forscht. Wenn z. B. eine gewisse chemische Reaktion stattfinden soll, muß man eine bestimmte Prozedur durchführen. Fehlt nur ein kleiner Teil davon, findet die erwünschte Reaktion nicht statt. Es finden dann andere Dinge statt, aber nicht die, welche man sich erhoffte.

Wenn wir unseren Körper wirklich frei von Krankheiten machen möchten, gibt es leider keine andere Möglichkeit, als es *selber* zu tun! Man braucht keinerlei Gewissenskonflikte zu bekommen. Alles muß *individuell* ausgearbeitet und abgestimmt werden, aber *immer* in Verbindung mit Ihrer geistigen FÜHRUNG.

- *Was die LICHTGEBETE mit Hilfe der Seele mit dem materiellen Körper machen, ist eine Vorbereitung auf das EWIGE LEBEN.*

Frage: Sollte man sich zwingen, wenn man keine Lust zum Üben verspürt?

Antwort: Das muß jeder Mensch für sich selbst entscheiden. Es ist immer wieder unser Verstand, der als Bremse fungiert: „Bringt das ganze überhaupt was?" - „Ist es gut für mich?" Dies ist *typisch* für die Dritte Dimension. Jeder Mensch kennt das.

Frage: Wozu ist der persönliche SCHUTZKREIS gut[17], wenn man *fest* an CHRISTUS glaubt?

Antwort: Sie werfen zwei verschiedene Dinge durcheinander: Es ist etwas anderes, Kontakt zu CHRISTUS zu haben oder CHRISTUS in unseren Körper „hineinzutragen". Es gibt *viele* Möglichkeiten, Kontakt zum eigenen CHRISTUSBEWUSSTSEIN herzustellen. Es gibt *nicht nur* den SCHILD DES LICHTES! Wenn wir damit anfangen, die ENERGIEN in

---

[17] Siehe dazu das erste LICHTGEBET im Buch 1

unseren Körper hineinzuziehen, *dann* brauchen wir den SCHUTZKREIS! Also *nicht*, um Kontakt zu CHRISTUS herzustellen, das können wir auch mit einem intensiven Gebet und durch unseren Glauben tun. Der SCHUTZKREIS ist für folgende zwei Punkte da:

1. Es schafft Übenden eine Art Insel, wo er *in Stille* empfangen kann.

2. Es bewirkt, daß das LICHT vom URBRUNNEN durch unseren Teil des CHRISTUS - unter BEGLEITUNG also - *ungestört* in unseren Körper hineinkommen kann. Wenn wir „nur" glauben, ist das ganz etwas anderes.

Stille benötigt auch unser UNIVERSELLES HERZ, denn nur darin können wir empfangen. Man kann einen SCHUTZKREIS auch in Gedanken um sich ziehen, denn ENERGIE und Gedanke sind miteinander gekoppelt. CHRISTUS selber ging in die Wüste und zog einen Kreis um sich herum. Mit dieser Handlung kann man das *erste* LICHTGEBET vergleichen. Der Kreis dient außerdem auch zum SCHUTZ vor dunklen ENERGIEN. Doch der Kreis ist nicht ausschließlich als SCHUTZWALL zu sehen, sondern er dient auch zur Ausschließung vieler anderer Dinge.

Es gibt Grabhügel, die so gebaut worden sind, daß sie einen SCHUTZKREIS besitzen. Wenn man mit einem Pendel das dortige ENERGIEFELD ausmißt, ist *vor* dem Hügel noch die ENERGIEPRÄSENZ zu messen, während *innerhalb* des Kreises das Pendel völlig still steht.

Als ich mit einer Studiengruppe in Südamerika war, konnten wir erleben, wie die dortigen Indianer mit ENERGIEN arbeiten. Doch wer mit geistigen ENERGIEN arbeitet, sollte wissen, ob sie zur Dritten Dimension gehören oder ob es URKRÄFTE sind. Ich habe häufig festgestellt, daß vieles, was die Indianer tun, von den Besuchern bewundert wird, weil es so phantastisch ist, obwohl es noch viel Effektiveres gibt. Es gibt Leute auf der Welt, die mit ENERGIEN der Dritten Dimension Dinge zustande bringen können, von denen wir *glauben*, daß sie göttlich sind - aber sie sind es *nicht*!

Wenn ich sehe, daß in Holland noch immer Tausende von Leuten zusammenkommen, um mit Steinkreisen zu arbeiten, dann ist das schon verwunderlich. Sie *sprechen* über die Zeit des LICHTES und *arbeiten* noch mit Steinkreisen!

Woher kommt das?

Es könnte sein, daß unsere Nostalgie - unter der wir alle „leiden" - die Ursache dafür ist, denn wir Menschen haben gewisse Erkenntnisse *aus früheren Leben mitgebracht*, und es könnte sein, daß manches uns heute wieder anspricht, den einen mehr, den anderen weniger.

Frage: Haben Sie schon einmal VERÄNDERUNGEN sehen können innerhalb von Gruppen?

Antwort: Änderungen sehen? - Derjenige, der zuerst eine Änderung *spürt*, ist die betreffende Person selbst, falls sie es überhaupt spürt. Sollte ich tatsächlich etwas bemerken, würde ich es der betreffenden Person *nicht* sagen.

- *Änderung ist AUSSTRAHLUNG, und das ist es, worum es geht!*

Häufig kann man es selber daran erkennen, daß sich Veränderungen im persönlichen Umfeld ergeben. Die Zusammensetzung des Freundes- und Bekanntenkreises beginnt, sich zu ändern. Dies muß *zwangsläufig* so kommen, weil sich durch die veränderte AUSSTRAHLUNG gewisse Leute an- und andere wiederum abgestoßen fühlen. Auch hier muß man lernen, „loslassen" zu können!

Irgendwann stellen Sie dann vielleicht verblüfft fest, daß Sie mit bestimmten Leuten nicht mehr reden können. Irgend etwas hat sich geändert und ist nicht mehr so, wie es einmal war. Es hat sich etwas getan, was man selber kaum benennen kann.

Wenn Sie die LICHTGEBETE weiterführen, kommt in alles, was Sie tun, eine andere Vorstellung hinein.

Aber: Auch der umgekehrte Fall ist möglich! Wenn Sie den Weg des LICHTES wieder verlassen, ändert sich *wieder* ihr Umfeld! Ob der betreffende Mensch diese Instabilität bemerkt oder besser überhaupt bemerken *will*, hängt vom individuellen Stand seiner geistigen Entwicklung ab. Jeder hat die Wahl! - Alles unterliegt einer stetigen Wandlung und hat seinen Sinn!

Ich könnte mich 24 Stunden über LICHT und ENERGIE unterhalten, aber ich kann mir nicht vorstellen, daß dies manche Leute aus meinem alten geschäftlichen Bekanntenkreis hören möchten. Früher ging fast alles *ausschließlich* um das Geldverdienen, und *geschäftliche* Dinge hatten Vorrang. Jetzt ist mit einem Mal alles anders geworden, und es finden immer mehr die Leute zusammen, deren Lebensinteresse auf der gleichen Ebene liegt. LEBENSINTERESSE! - also weniger, was man heute und morgen machen soll und wo man hingehen kann, um sich zu amüsieren, zu rauchen und zu trinken.

- *Es ist das LEBENSINTERESSE, das die existentiellen Fragen aufwirft, wie die Frage nach dem persönlichen WEG, und warum sich alles ändert. Darüber läßt sich nicht mit allen Menschen diskutieren. Ihr Freundeskreis wird sich zwangsläufig verändern und anders zusammensetzen. Hier wirkt das KOSMISCHE GESETZ: GLEICHES zu GLEICHEM!*

Frage: Ich empfinde die Änderungen im alten Freundeskreis als sehr bedauerlich.

Antwort: Warum das Bedauern? Auch eine Freundschaft ist ein Entwicklungsgang! Niemand sollte sich natürlich *bewußt* zurückziehen, denn das wäre wieder eine bewußte und damit *verstandesmäßige* Überlegung. Die Begegnungen werden einfach *weniger* werden und hören irgendwann ganz auf, oder sie werden sich von selbst auf ein Mindestmaß reduzieren. Dies sollte man nicht bedauern, denn die vergangene gemeinsame

Zeit hat ihre beiderseitige Auswirkung gehabt. Wenn sich Ihr Freundeskreis IM NAMEN DES GESAMTEN ändert, was ist daran schade? Doch auch das muß jeder für sich überlegen und in seinem Inneren verarbeiten.

Frage: Was war der Grundgedanke zum Bau der Cheops-Pyramide?

Antwort: Der Grundgedanke, der zum Bau der Cheops-Pyramide geführt hat, war, eine „*Abbildung in Abmessungen*" zu schaffen. Man könnte auch sagen: LICHT in Abmessung. Wie ich schon einmal sagte, wurde die Pyramide außen und innen von einer Gruppe Fachleute vermessen. Dies geschah in den 70er Jahren. Eine Gruppe von 16 Wissenschaftlern, darunter ziemlich bekannte Namen, ist damals nach Ägypten gereist. Sie wußte, daß es einen Eingang in der Pyramide gab, der nicht von Touristen benutzt werden kann. Dieser Eingang kann nur mit einem bestimmten Klang geöffnet werden. Es gibt darüber einen Bericht. Die meisten Bücher, die über die Cheops-Pyramide geschrieben worden sind, beziehen sich auf diesen „Geheimbericht". Man könnte auch sagen, es handelt sich um ein Buch, das nicht veröffentlicht wurde und nur von einem zum anderen weitergegeben wird.

Als ich in Amerika weilte, habe ich eine Kopie dieses Berichtes bekommen. Eine Frau, der ich noch nie in meinem Leben begegnet bin, gab mir diese mit den Worten: „Ich bin sehr froh, daß Du da bist. Hier ist der Bericht." Ich war völlig verdutzt und frage: „Ein Bericht? - Was für ein Bericht?" - Später wurde mir klar, was dieser Bericht bedeutet. Als ich ihn anfangs in den Händen hielt, hatte ich es noch nicht gewußt.

Ich bin viele Male in der Cheops-Pyramide gewesen. Es gibt dort die sog. Königskammer, ein Raum, mehr für Touristen gedacht. Dieser Raum ist nicht so wichtig. Unter der Pyramide, etwa 150 m unterhalb des Wüstenbodens, gibt es eine sog. Einweihungskammer.[18] Durch die Einweihungskammer führen

---

18 Siehe dazu die Broschüre „Die Cheops-Pyramide" vom selben Herausgeber.

die starken energetischen TURBULENZEN der irdischen ENERGIELINIEN hindurch.

Die Cheops-Pyramide steht genau auf der Mitte der Erde, bezogen auf die Landmassen der ganzen Welt. Das soll immer so gewesen sein, unabhängig von der Kontinentaldrift. Für mich ist klar: Die Pyramide konnte auf diese Weise nie so gebaut werden, ohne daß Luftaufnahmen vorlagen.

Die Pyramide an sich ist von den *Atlantiern* gebaut worden. Es gibt viele Spekulationen um das Alter der Pyramide. Die Schätzungen vermuten bis zu 50.000 Jahre. Ich rede nicht von der Sphinx, sondern ausschließlich von der Cheops-Pyramide. Meiner Meinung nach ist diese Pyramide etwa 6.000 Jahre alt und ist für die *heutige* Zivilisation gebaut worden.

Die Vorbereitungen zum Bau der Cheops-Pyramide findet man über die ganze Welt verstreut. Denn die anderen ähnlichen Steinformationen auf der Welt haben alle mit der Großen Pyramide zu tun, denn sie richten und führen ENERGIE.

Der Grund, warum diese Pyramide gebaut wurde, ist folgender:

Der Mensch läuft mit seinen Füßen über die Erde und gibt seine Gedanken ab an die Erde. Diese laufen über die KRAFTLINIEN der Erde zur Cheops-Pyramide. Alle KRAFTLINIEN der Erde münden in der beschriebenen Einweihungskammer, etwa 150 m unterhalb der Pyramide. Man kann die Einweihungskammer manchmal nur auf den Knien kriechend erreichen, und der betreffende Besucher sollte nicht unter Klaustrophobie[19] leiden.

Jeden Morgen bei Sonnenaufgang werden die Informationen, die die Pyramide über die ENERGIELINIEN der Erde gesammelt hat, von der Spitze der Pyramide ausgestrahlt in Richtung des Sternbildes Orion. Ein hellsichtiger Mensch kann die ENERGIE aus der Spitze herauskommen sehen. Ein riesiger

---

[19] Krankhafte Angst vor Aufenthalt in geschlossenen Räumen.

STRAHL, der beschreibt, wie weit der Mensch auf seinem Pfad der Evolution gekommen ist.

- *Die Große Pyramide ist eine Art „Meßinstrument" für die Evolution des Menschen.*

Wenn man in die Einweihungskammer hineinkommt, verspürt man gewaltige TURBULENZEN. Ich war mit einer Gruppe dort, und ich habe die Leute sofort angewiesen, sich hinzusetzen. Zwei von den Besuchern wurden bewußtlos und kamen erst nach etwa 10 Minuten zu sich. Die energetischen TURBULENZEN sind dort unwahrscheinlich stark. Wir haben uns einige Zeit in der Einweihungskammer aufgehalten und die LICHTGEBETE durchgeführt.

Die 16 Wissenschaftler haben genau gewußt, daß noch ein spezieller Eingang bestand, und haben es geschafft, diesen mit einem besonderen Klang zu öffnen. Von dort führt eine Treppe hinab, und sie fanden einen Raum mit einer Art Kartei und Metalle, deren Herkunft nicht zu klären war.

- *In der Kartei wurde die Vergangenheit der Erde beschrieben und daß die Erde insgesamt sechs- oder siebenmal von außerirdischen Wesen besucht worden ist. Ein Teil der Menschheit stammt von diesen BRÜDERN aus dem All ab.*

Die Wissenschaftler haben dann angefangen, die Korridore und Räume der Pyramide von innen zu vermessen. Irgendwie muß dann jemand auf den Gedanken gekommen sein, daß diese Abmessungen vielleicht etwas mit der Entwicklung und der Geschichte der Menschheit zu tun haben könnten. Ich bin sicher, daß dies kein Zufall ist, und daß darunter Leute waren, die aus der INSPIRATION heraus gehandelt haben. Diese Überlegungen entsprechen nicht der Norm.

Man hat den inneren Maßen eine *Zeitachse* zugeordnet, z. B. 1 cm = 1 Jahr. Daraus ist eine *historische Zeittafel* entwickelt worden, in der alle wichtigen Dinge, die in der Welt nachweislich passiert sind, haargenau hineinpaßten. Diese Analyse steht *einmalig* da und wurde niemals der breiten Öffentlichkeit nahegebracht. Warum und wie war das möglich? Darüber kann man nur ein großes Fragezeichen machen. Unsere Zivilisation wurde ganz offensichtlich in Stein festgelegt: Auch die GESETZE GOTTES wurden in Stein geschrieben. - Die Kreise, mit denen die Naturvölker gearbeitet haben, waren Steine. - Die Erde selbst ist beschrieben in Stein im Grand Canyon in Colorado, USA. Und *unser* Zivilisationsverlauf ist beschrieben worden im Stein der Cheops-Pyramide.

Nachdem ich den kopierten, nicht veröffentlichten wissenschaftlichen Bericht gelesen hatte, ist mir folgendes klar geworden: Wenn es vor 6.000 Jahren Atlantier gegeben hat, die die Möglichkeit besaßen, die menschliche Entwicklung in einem IMPULS von 6 000 Jahren so präzise zu beschreiben, dann bedeutet das nichts anderes, als daß sie die Gabe der Präkognition *vollendet* beherrschten. Das dies so ist, beschreibt nicht nur die Cheops-Pyramide, sondern auch der Kalender der Maya. Der mystische Kalender redet über denselben IMPULS.

Die Daten sind vorhanden und können im Nachhinein anhand des bisherigen geschichtlichen Ablaufes *überprüft* werden. Das bedeutet: Die Menschheit hat sich innerhalb der 6 000 Jahre *nicht* geändert, denn sonst hätte es signifikante Abweichungen geben müssen. Es hat auch weiterhin keinerlei TRANSFORMATION stattgefunden.

Die Frage stellt sich: Wie können wir uns ändern?

Wir können uns selber *nicht* ändern. Wir brauchen dazu HILFE! Für diejenigen, die das wollen, ist die HIERARCHIE da. Wir können zwar auch innerhalb unseres eigenen IMPULSES gewisse Dinge tun, aber Änderung kann nicht mehr stattfinden. Es heißt in der Vorhersehung, daß alle Steinmonumente zerfallen und verschwinden werden.

- *Wenn der Mensch endlich einmal einsieht, daß er mit alten Dingen keine Neue Welt bauen kann und statt dessen anfängt, mit LICHT zu arbeiten, wird die nötige TRANSFORMATION stattfinden.*

Das ist in Kürze die Interpretation der Cheops-Pyramide.

Die Menschheit muß es schaffen, vom Stein zum LICHT zu gehen.

- *Die zeitliche Beschreibung unserer Zivilisation endet in der Cheops-Pyramide und auch im mystischen Kalender der Maya abrupt im Jahre 2012.*

Frage: Warum wurde der erwähnte wissenschaftliche Bericht geheimgehalten?

Antwort: Es gibt gewisse Beschränkungen auf Daten und auf Namen, auch innerhalb der Bundesrepublik. Es ist sehr wahrscheinlich, daß die Dinge, die aus den Räumen unterhalb der Pyramide herausgeholt wurden, in die Vereinigten Staaten gebracht worden sind. Man vermutet, daß gewisse Geheimtechniken, die in der Pyramide gefunden wurden, im Besitz der US-Regierung sind.

Frage: Wieso hat die ägyptische Regierung das zugelassen?

Antwort: Sie wußte davon nichts. Das Untersuchungsteam war *offiziell* für etwas *anderes* vor Ort. Die *eigentliche* Aufgabe war jedoch eine andere. Ich habe bei meinen häufigen Besuchen der Cheops-Pyramide schon oft erlebt, daß die Pyramide geschlossen wurde, weil gewisse „innere Arbeiten" eine Öffnung der Pyramide angeblich nicht zuließen.

Frage: Können sich auch innerhalb von Modellpyramiden gewisse KRÄFTE aufbauen?

Antwort: Ich weiß, daß viele Leute mit PYRAMIDENKRAFT arbeiten und die KRAFT auch experimentell erfahren wird. Es ist eine Tatsache, daß diese Effekte auftreten, aber für mich ist dies nur ein Nebenaspekt. Natürlich sind die Abmessungen der

Pyramide schon etwas Besonderes und haben natürlich auch etwas mit den inneren ENERGIEN zu tun.
Die Bauart der Pyramide ermöglichte eine gewisse Unzerstörbarkeit durch Erdbeben, Kontinentaldrift usw. Die Pyramide wurde so gebaut, daß die ENERGIEN am besten durch sie hindurchfließen können. Doch alle diese Dinge sind *alt* und haben ihre Zeit gehabt. Ich persönlich sehe die einzige Möglichkeit zur TRANSFORMATION darin, daß der Mensch lernt, mit der HIERARCHIE *zusammenzuarbeiten.*

Ich sage nicht, daß die alten Dinge schlecht sind, aber die ENERGIE für eine Zusammenarbeit mit der HIERARCHIE ist da! Wenn ich 100 Wattstunden Energie zur Verfügung habe, aber nur 60 Wattstunden nutze, so ist das *ineffizient.* - KOSMISCH gesehen, gibt es aber keine Ineffizienz! Nur der Mensch arbeitet noch ineffizient, weil er von seiner Nostalgie nicht lassen will. Wir haben Beschränkungen von vielen gelebten Leben in uns. Bewußt oder unbewußt erkennen wir dies, und es zieht uns an. Es ist sehr effizient, mit dem LICHT zu arbeiten, denn aus Steinkreisen sollen LICHTKREISE werden. Auch die Kreise im Korn sind eigentlich LICHTKREISE. Steinkreise haben eine erheblich *niedrigere* VIBRATION als LICHTKREISE.

Wenn wir uns mit dem LICHT verbinden, können wir nicht aus *unserem* Willen heraus selber TRANSFORMIEREN. Nur im NAMEN des GESAMTEN kann TRANSFORMIERT werden. Wir Menschen sind die Instrumente, die benutzt werden, um zur TRANSFORMATION dieses Planeten zu kommen. Eine TRANSFORMATION hat bis heute noch nicht stattgefunden, sonst wäre die „chronologische Tafel“ der Cheops-Pyramide falsch. Doch diese ist *nachprüfbar richtig*. Das bedeutet: Wenn Änderung stattfindet, ist Vorhersehung *nicht möglich.* 2. Wenn *keine* Änderung stattfindet, ist auch Vorhersehung *möglich.*

Frage: Sollte man nicht mit Edelsteinen arbeiten?

Antwort: Ich sage nicht, daß es schlecht ist, damit zu arbeiten. Doch die Steine haben ihre Zeit gehabt. Auf dem esoterischen

Gebiet halten viele Leute *traditionsgemäß* an alten Sachen fest. Die alten Sachen waren gut und sind noch immer gut, aber sie sind alt! - Ich kann mit einem Auto aus dem Jahre 1920 von Punkt A zu einem Punkt B fahren, aber effizient ist es sicher nicht. Es ist Nostalgie! Das gilt auch für die Esoterik. Esoteriker sind offenbar viel konservativer, als man glaubt. Was vor tausenden von Jahren gut war, ist es auch heute noch -, aber es gibt Besseres! Doch der Mensch hält lieber an alten Dingen fest, weil er nicht weiß, was ihm die neuen Möglichkeiten bringen.

Die esoterische Geschichte zeigt, daß wir immer noch über *Rudolf Steiner*, *Alice Bailey* usw. reden. Diese Vordenker sind gut, und man sollte sie lesen, aber unter der *heutigen* ENERGIE erfahren, dann wird es zu etwas ganz anderem. Wenn eine elektrische Spannung von 110 V durch einen Transformator auf 220 V hochtransformiert wird, bleiben die Elektronen immer Elektronen - und doch ist etwas anders geworden. Wenn wir in der Esoterik mit Dingen arbeiten, die zwar nicht schlecht, aber nostalgisch sind, werden wir nicht das bringen, was in der *heutigen* Zeit für die Welt und für das GESAMTE benötigt wird. Im *Yoga* beispielsweise gibt es viele verschiedene Arten, alle sind traditionell entwickelt. Der *Kriya-Yoga* gehört zur *Neuen Zeit*, ist aber längst nicht so populär, weil die Leute noch immer zurückgreifen auf die alten, traditionellen Dinge. Es ist Nostalgie, die uns anzieht, und dies kann eine Reflexion aus vergangenen Leben sein.

- *Die Welt besitzt die Vorhersage der Cheops-Pyramide und diese stimmt bis auf den heutigen Tag.*

Wir haben höchstens noch etwa 20 Jahre Zeit, nicht mehr, um die TRANSFORMATION durchzuführen. Die Frage bleibt offen, ob der Planet Erde solange mitmacht. Werden wir Menschen die TRANSFORMATION durchführen oder nicht? Das ist die Frage. Und was passiert, wenn wir es nicht machen? - Nichts? Wenn wir daran glauben, was wir in Wirklichkeit sind, nämlich GEISTWESEN im Stoff, dann brauchen wir auch keine Angst zu haben, denn auch in der ANDEREN WELT bekommen wir eine neue Chance. Es wird natürlich immer

Leute geben, die sagen: „Ich bekomme eine neue Chance? Na prima, dann brauche ich mich *jetzt nicht* darum zu kümmern." - Nun, das ist ihre Entscheidung.

Frage: Es ist wirklich ein großer Vorteil, daß die LICHTGEBETE *unauffällig* durchzuführen sind.

Antwort: Wir empfangen von CHRISTUS die WAHRHEIT und strahlen aus in die Welt. Alles ist Wechselwirkung, nichts kommt von uns selber. Wir sind Teil des GESAMTEN. In der Welt, in der wir heute leben, ist das ziemlich schwierig zu praktizieren. Doch wenn wir wenigstens *akzeptieren* können, daß alles Wechselwirkung ist, ist das schon etwas. Alles, was wir im Rahmen dieser Gruppe hier machen, steht konträr zur heutigen Gesellschaft, zur sichtbaren Welt.

Alles soll in Stille geschehen, das ist das Gute an den LICHTGEBETEN. Weltverbesserer „in Uniform" sind nur Irritation. Sie machen vielleicht sogar etwas Gutes, aber die Art und Weise, *wie* sie es machen, löst Ärger bei anderen aus. Ärger ist Reaktion und Reaktion ist ENERGIE! - Dadurch ändert sich nichts! Leute, die dies so praktizieren, TRANSFORMIEREN vielleicht sogar etwas, aber auf diese Art und Weise bringen sie auch wieder Disharmonie in die Welt. Man könnte nun sagen: „Das ist nicht meine Sache. Es ist das Problem dieser Leute." Doch vergessen Sie dabei nicht: ALLES IST EINS UND EINS IST ALLES.

Ich hatte Ihnen ganz zu Anfang unseres Seminares gesagt, wie wichtig es ist, daß die LICHTGEBETE *geistig* ablaufen und *keinerlei* äußerer Handlung bedürfen. Das heißt, die LICHTGEBETE produzieren keinerlei Aufregungen in unserem Umfeld! Das heißt weiter: Sie erzeugen keinerlei Disharmonie in unseren Mitmenschen, die damit noch nichts anfangen können. Das ist sehr wichtig! Ein Beispiel: Wir gehen zu den Externsteinen und machen das, was getan werden muß, egal was die Leute sagen. Wir würden die LICHTGEBETE so durchführen, wie ich sie Ihnen hier durch bestimmte Körperhaltungen vorgeführt habe. Dies würde mit Sicherheit Aufsehen und Irritationen auslösen. Wir machen dann zwar die GEBETE und TRANSFORMIEREN auch, aber andererseits entstehen neue Disharmonien. Und weil wir *wissen*, daß dies nicht gut ist, wenn Leute sich über uns ärgern, dann ist es eben *nicht* Sache und Problem der Leute, sondern es ist *unsere* Sache! – Was wir so tun würden, wäre Aufregung erzeugen in der Welt. Das heißt aber nicht, daß wir tun müssen, was die Leute möchten!

- Die Menschen, die LICHTGEBETE durchführen, sind *keine* privilegierten Leute. Sie machen die LICHTGEBETE, weil sie es möchten, nicht weil es dogmatisch vorgeschrieben wird.

Frage: Sind Vorschriften innerhalb einer Gruppe als Stillstand der Entwicklung zu sehen?

Antwort: Dadurch werden Muster gebaut, die sehr negativ sind. Man sollte in keiner Weise zu etwas gezwungen werden. Die *Freiheit zur Einsicht*, worum es überhaupt geht, ist *viel* wichtiger! Ich sage nicht, daß es gut ist, Tiere zu töten, aber der Zwang an sich, Leuten etwas vorzuschreiben, die das nicht *von sich aus unterstützen*, ist Macht auf andere ausüben - und das gehört zur Schwarzen Magie! Es geht nicht darum, ob etwas gut oder schlecht ist, es geht um den Zwang! Es sind Dogmen! Es ist *wieder* destruktiver ENERGIEAUFBAU, denn freiwillig würden die Leute es ja nicht tun.

Man muß auch realistisch bleiben! Manche Leute sagen, wir müssen zu der Zeit zurück, in der wir von Nüssen und Äpfeln lebten. Ist es nun wirklich realistisch gedacht, wenn 5 Milliarden Menschen von Nüssen und Äpfeln leben sollen?

Es ist leicht zu sagen: „Ich esse vegetarisch“, aber wie leicht ist dies für einen Menschen, der in Äthiopien lebt?

Wie leicht ist es in ähnlichen Ländern?

Die Leute essen alles, was sie überhaupt bekommen können, um *überleben* zu können.

Alles sollte einer persönlichen freien Entscheidung unterliegen und nie zum Zwang werden. Alles, was erzwungen wird, hat keine Zukunft!

Frage: Wie stehen Sie persönlich zur Gentechnologie?

Antwort: Die biogenetische Manipulation ist in Holland schon sehr weit. Sie ist eine eigene Industrie geworden. Früher hatte ich häufig beruflich damit zu tun. Ich habe das Gefühl, daß es seinen Grund hat, warum gerade in Holland die biogenetische Industrie so stark vertreten ist.

Bei der Entwicklung von Körpern stellt sich die Frage, inwieweit eine GRUPPENSEELE vorhanden ist, oder ob es nur *Klone* sind. Die Multiplikation von geklonten Tieren ist ein völlig mechanischer Vorgang. Diese Technik ist eine abscheuliche menschliche Entwicklung, denn es sind lebende Wesen, mit denen experimentiert wird. Ob diese Wesen eine Seele haben oder nicht, kann ich nicht beurteilen. Doch *wie* die Körper entwickelt werden, dies ist kein Entwicklungsgang zu einem normalen Tier. Wir arbeiten mit dieser Technik, und damit unterliegt sie auch *unser* Verantwortung!!

Eine weitere Frage ist: Weswegen essen wir, was wir essen? Viele Leute sagen, ich esse vegetarisch, weil sich sonst die VIBRATIONEN der in Todesangst schreienden Tiere *auf mich* übertragen. Man denkt in dem Fall nur *an sich*, und das ist wiederum Trennung vom GANZEN. Die ENERGIEN der abgeschlachteten Tiere sind so oder so vorhanden und müssen TRANSFORMIERT werden. Für das GESAMTE arbeiten und *darum* den Kauf verweigern: Das ist der Punkt! Essen wir Fleisch, weil es gut *für uns* ist oder weil es gut für das GESAMTE ist? Darin liegt wieder ein großer Unterschied!

- *Mit welcher Absicht mache ich etwas? - Diese Frage ist das einzig Entscheidende!*

Viele versuchen, biologisches Gemüse zu bekommen. Versuchen sie das, weil sie an ihrer Gesundheit arbeiten, oder wollen sie, daß weniger gespritzt wird?

Das sind die Nuancen im Denken! - Das ist der feine Unterschied!

Viele Leute essen vegetarisch, weil sie glauben, es sei besser *für sie selbs,* und das bedeutet Trennung! Es ist immer die Art und Weise, wie man die Dinge betrachtet. - Die Erde wird verschmutzt, weil sie mit Herbiziden usw. besprüht wird, und da mache ich nicht mit. Punkt! Die persönlichen Aspekte sind Nebensache! Ich vermute stark, daß dies meist umgekehrt gesehen wird. Wenn Leute sich weigern, Gemüse zu kaufen *weil es gespritzt wurde*, wird das Spritzen des Gemüses aufhören. Nicht weil es für den einzelnen schlecht ist, sondern weil es für das GESAMTE schlecht ist. Diese Denkweise gehört zur Neuen Zeit. Mit den von mir vorgestellten energetischen LICHTGEBETEN kann jeder Mensch die dazu nötigen morphogenetischen Felder aufbauen helfen.

Ich verstehe auch nicht, warum manche Leute keine Tomaten essen, nur weil sie auch im Dunklen wachsen. Auch wir Menschen haben unsere dunkle Seite! Ich kann dies nicht nachvollziehen. Doch jeder muß das für sich selber entscheiden. Etwas vorzuschreiben, ist *nicht* im Sinn des GANZEN.

Frage: Kann man die Theologie als eine Wissenschaft bezeichnen?

Antwort: Unsere Theologen in Holland sind *reine* Wissenschaftler. Sie haben Theologie studiert und ihren Gottesdienst *gelernt.* Aber inwieweit sie *wirklich* an GOTT glauben, da muß ich doch große Bedenken anmelden.

Frage: Kann man das, was mediale Menschen von sich geben, als WAHRHEIT bezeichnen?

Antwort: Es *kann* die WAHRHEIT sein, aber nicht unbedingt. Interpretationen, die ein Medium macht, sind immer nur *die Wahrheit des Mediums,* und da liegt die Schwierigkeit. Man kann die WAHRHEIT eigentlich nur hören oder fühlen, man kann sie nicht interpretieren.

- *Die WAHRHEIT bringt etwas im Inneren zum Klingen, sie resoniert im Innern eines Menschen. Man spürt dann intuitiv, ob etwas WAHR ist oder nicht.*

Ich weiß nicht, wie man überbrachte WORTE GOTTES beschreiben soll? Wenn ich diese beschreibe mit *meinem* Glauben, so ist das *meine* Interpretation von GOTT. Wir wissen es nicht, weil dazu unser Verstand nicht ausreicht. Wir können immer nur beschreiben, was wir glauben. Die LICHTGEBETE dagegen sind eine Möglichkeit für *jeden* Menschen, Kontakte zur göttlichen HIERARCHIE herzustellen, um in sich selber zu erfahren, was WAHR ist. Nutzen Sie diese Möglichkeit!

Frage: Was ist gut und was ist schlecht?

Antwort: Dazu eine Geschichte, die meine Frau und ich erlebt haben. In der Wüste bei Las Vegas hatten wir ein Nest mit neun kleinen Katzen gefunden. Die Katzen waren etwa sechs oder sieben Wochen alt und sahen schrecklich aus. Sie hatten durch die Wüstensonne entzündete Augen und waren völlig ausgehungert. Wir konnten nicht alle mitnehmen und haben daher die zwei mit dem augenscheinlich schlechtesten Gesundheitszustand ausgewählt und mit nach Holland genommen und dort zum Tierarzt gebracht. Die Tiere wurden gesund, wir haben sie großgezogen, und sie sind zu zwei phantastischen Katzen herangewachsen.

Jetzt kommt das Unglaubliche: Die Amerikanerin *Beatrice Leyendekker,* bekannt durch ihre Arbeit mit autistischen Kindern und Autorin des sehr guten Buches „*Wir und die Tiere*“, besuchte uns in Holland. Eine sehr seriöse Dame mit einer hohen Sensibilität gegenüber Tieren. Die Lebensgeschichte unserer beiden Katzen kannte sie nachweislich nicht. Als sich diese Dame mit unseren beiden Katzen näher beschäftigte, wurde ihr per telepathischer Bildübertragung die gesamte Lebensgeschichte von einer der beiden Katzen übermittelt. Es entstanden Bilder in ihrem Bewußtsein, die von einer der beiden Katzen stammten.

Die Katze beschrieb in bewegenden Bildern ihre Lebensgeschichte: Sie „erzählte", daß sie bei ihrer Mutter war und sich dort wohlfühlte. Die Katze wußte nicht um ihren Gesundheitszustand und auch nicht, daß sie nur noch wenige Tage zu leben hatte. Sie war bei ihrer Mutter sehr glücklich! - Dann wären wir gekommen und hätten sie mitgenommen. Und das fand sie überhaupt nicht angenehm. Sie „erzählte" von einer sehr langen, dunklen Reise, die sie gemacht hätte. Wir hatten die Tiere wegen der Einfuhrbestimmungen in einer Tasche mitgenommen. Mittlerweile fühle sie sich zu Hause, müsse aber noch häufig an die Mutter und an die anderen Geschwister denken. - Was soll man dazu sagen? - Es war für uns bedrückend, dieses alles von einer Frau zu erfahren, die, wie gesagt, *nichts* über unsere Katzen wußte. Wir hatten *geglaubt*, etwas „Gutes" getan zu haben. Ich gebe Ihnen jetzt die Frage zurück: *Was ist nun gut?*

Es sind *menschliche* Überlegungen, von denen wir *glauben*, sie seien gut oder schlecht. Die Hilfe, die wir geleistet haben, war sie wirklich eine Hilfe? Aus Sicht der Katze sicherlich nicht. War das, was wir taten, hundertprozentig richtig? Die Katze war ohne unsere „Hilfe" glücklich! Sie lag zwar im Sterben, aber sie war glücklich! Unsere rein *rationalen* Überlegungen von gut und schlecht sind nur unsere Interpretationen der WAHRHEIT. Sind diese Interpretationen richtig? - Was ist überhaupt *richtig*? Ich war von der bildhaften Durchgabe fasziniert und bedrückt zugleich. Wir hatten es doch „gut gemeint"! Die beiden Katzen waren schließlich nicht gestorben! - Dennoch: Es sind alles rein menschliche Überlegungen, das was *wir* glauben!

Ich sagte schon einmal, daß ENERGIEAUSTAUSCH eine Wechselwirkung sein sollte. Von der westlichen Welt geht ein riesiger Energiestrom in Richtung Dritte Welt. Die Menschen der westlichen Welt wollen helfen. Sie geben ENERGIE in Form von Hilfe dorthin, aber sie bekommen fast nichts zurück. Kosmisch gesehen ist das, was dort passiert, wahrscheinlich *nicht* gut, denn es gibt keine Wechselwirkung. Wir helfen, und die Dritte Welt kann *nur* empfangen. Empfangen, *ohne* etwas zurückgeben zu können, verursacht ein Abhängigkeitsgefühl. Dieses Abhängigkeitsgefühl verursacht irgendwann negative Emotionen und Haß!

Was ist mit den Kindern der Dritten Welt? - Besser nicht darum kümmern? Nein! Wir haben die Möglichkeit auf der ENERGETISCHEN Ebene, mit Hilfe der LICHTGEBETE etwas zu tun. In SEINEM NAMEN sollte geschehen, was geschehen muß. Nur ER hat den Überblick und nur ER kennt den göttlichen PLAN.

Doch wir Menschen greifen auf alle nur denkbare Weise in etwas ein, von dessen tieferen Zusammenhängen wir keine Ahnung haben, was wir nicht wissen können, wo wir *nur glauben*, daß etwas passieren muß - in *unserem* Namen!

Und wie ist das ganze mit unseren Katzen von der seelischen Seite aus zu sehen? Der Tod besteht nicht! - Ist es nur unser Denken oder ist es Hilfe für das GESAMTE?

Meine Frau stammt aus Indonesien. Ich habe sehr viele Verbindungen zur Dritten Welt. Ich weiß sehr genau, daß unsere westliche Denkweise und Hilfe in Ländern der Dritten Welt überhaupt nicht akzeptiert wird, denn deren Eigenwürde wird dabei völlig zertrampelt. Im übrigen ist es so, daß die Menschen der westlichen Welt auch nur *das* geben, was sie *übrig* haben! Ist es nun wirkliches Geben oder Schuld abtragen?

Wie gesagt: Wir *verstehen* nicht, um was es sich handelt. Das ist das Problem! Wir *glauben* nur, daß die rationale Lösung der Dritten Dimension die richtige Lösung ist. Wir *glauben* das, aber ist es das wirklich? Es sind *unsere* Überlegungen in einer Welt, von der wir nur *ein Teil* sind. Denken Sie an die Katze! Wie sah dieses Tier aus seiner Sicht den menschlichen „Rettungsversuch“?

- Wir sind nur *ein Teil* dieser Welt, aber wir treffen Entscheidungen für alles! - Größenwahn?

Frage: Was heißt Liebe im KOSMISCHEN SINN?

Antwort: Das Wort Liebe ist in unserer Welt ein Wort, das der Mensch sehr, sehr oft benutzt: Liebe für sich selbst, Liebe für seine Kinder, Liebe für seine Frau usw. Wenn ich hier über Liebe rede, so spreche ich von der UNIVERSELLEN LIEBE. *Diese* LIEBE braucht man nicht zu benennen, sie ist einfach da! Es handelt sich dabei um *unbewußte* LIEBE.

- *Wenn wir mit dem LICHT arbeiten, kann nichts anderes als UNIVERSELLE LIEBE vorhanden sein, denn sonst würden wir nicht mit dem LICHT GOTTES arbeiten.*

Wenn man die LIEBE benennen will, kann das Wort sehr blockierend wirken. Ein Beispiel: „Aus Liebe zu ihr habe ich das gemacht." Warum wird das gesagt? - Man braucht überhaupt nichts zu sagen, man hat etwas getan und Punkt! Man hat es nicht aus Haß getan, man hat es nicht aus Liebe getan, sondern man hat es im Namen des GESAMTEN getan. Das enthält die UNIVERSELLE LIEBE!

So viele Leute reden von „Liebe", daß ich es bald nicht mehr hören kann. Sie reden über Emotionen, sich einander helfen usw. Aber einander aus „Liebe" helfen kann auch *blockierend* wirken. Wenn ich damit dem anderen *nur zeigen will*, was ich alles zu tun vermag, ist es eine Blockierung.

Universelle LIEBE, GOTTES LICHT, kann nie blockierend wirken. Denn sie respektiert *alles* und *jeden* und weiß, daß jeder Mensch selbst an sich arbeiten muß in Zusammenarbeit mit der hohen FÜHRUNG.

Etwas geben, ohne etwas zurückzuerwarten ist das Entscheidende.

Man braucht es dann nicht zu benennen, man tut es einfach - und geht seines Weges.

Frage: Ist die Fünfte Dimension gleichbedeutend mit dem *Nirwana* des Buddhismus?

Antwort: Wenn die Kirche von „Himmel" spricht, was meint sie dann damit? Ich glaube, daß auch die sieben Sphären des astralen Bereichs zum *Nirwana* gehören, aber sie gehören *nicht* zur Fünften Dimension. In den verschieden Glaubensrichtungen gibt es eine Menge Umschreibungen. Wenn man stirbt, geht man „in den Himmel" oder „in die Hölle". Aber was ist die Hölle? Die Hölle ist ein verzehrendes Feuer. GOTT ist unser verzehrendes Feuer. Die Hölle hat mit dem zu tun, *was wir sind*. Wir haben dieses Feuer *in uns*! Die Hölle ist ein Zustand und *kein* Ort! - *Nirwana* ist das Jenseits, und jenseits ist eigentlich ALLES.

Die Kirche sagt: Der Mensch stirbt und geht zu GOTT. Das ist so und auch wieder nicht, denn wir haben einen langen Entwicklungsweg zu gehen. Das ist im Buddhismus genauso, obwohl der heutige Buddhismus nicht mehr so gehandhabt wird, wie er seinerzeit von Siddharta Gotama, dem Buddha, gelehrt wurde. Der Buddhismus hat sich genauso sehr geändert, wie das Christentum sich geändert hat. Wenn man im Fernen Osten die Auswirkungen sieht, die der Buddhismus auf das normale Leben gehabt hat - einfach grauenhaft! Die Priester lassen sich wie Götter bewundern. Das Volk hat große Angst vor diesen Priestern. Die Priester dürfen alles tun - und sie tun es auch. Es sind Privilegierte, eine separate Sorte von Menschen. Ich sage nicht, daß alle Priester es so halten, aber das, was ich dort selber erleben konnte, war so, wie ich es schildere. Von dem Buddhismus, wie ihn *Siddharta Gotama* gepredigt hat, ist nicht viel übriggeblieben. Der Buddhismus wird meiner Meinung nach im Westen viel zu viel bewundert.

Auch die Priester der christlichen Kirchen früherer Zeiten hatten eine enorme Macht ausgeübt. Doch auch alle Priester sind ganz normale Menschen! Sie glaubten, daß *nur sie* ein Teil von GOTT seien, doch das sind alle anderen Menschen *auch*! Die Buddhismusbewegung ist nicht viel besser als die westliche christliche Kirche, die wir hier haben. Man sollte meinen, daß die Auswirkungen von dem, was die Buddhisten glauben, sich in ihrem Zusammenleben und in ihrem Benehmen widerspiegeln, doch dies konnte ich dort während meines Aufenthaltes nicht entdecken. - Es gibt zwar kleine Gruppen von Leuten, die sich in ihren Aschrams von der Außenwelt abschließen, aber das ist nicht die Aufgabe. Die Aufgabe ist: EINS ZU SEIN MIT ALLEM! Und das ist dort genauso wenig zu finden wie bei uns - jedenfalls habe ich es dort nirgendwo gesehen.

Frage: Wozu gibt es die Tiere auf der Welt?

Antwort: Wenn man an die Evolution glaubt, dann haben Pflanzen, Tiere und Menschen ihre Evolution im gleichen Bereich. Sie sind nicht gleich, aber *gleichwertig*. Man kann nicht ohne weiteres sagen, daß die Tiere für die Menschen oder die Menschen für die Tiere da sind, denn jeder hat seine Entwicklung zu gehen. Aber weil der Mensch die Möglichkeit besitzt *zu dominieren*, hat er alles zu seinem Eigentum gemacht, d. h. die Erde gehöre dem Menschen. Leider vergessen wir dabei, der glaubt wird nur *ein Teil* der Erde sein!

Wir Menschen haben die Macht, es zu tun, und daher glauben wir, daß wir *mehr* wert sind. Auch manche Priester glauben, *mehr* wert zu sein als andere Menschen, und meinen, deshalb Macht ausüben zu dürfen. Aber niemand ist mehr wert als der andere! Alles ist nur eine Frage der Zeit. Alles ist Evolution. Pflanzen, Tiere und Menschen sind eine Sache der Entwicklung.

Frage: Der Mensch kann also Pflanzen und Tiere vernichten, oder Verantwortung zeigen?

Antwort: Ich weiß nicht, ob der Mensch dies kann. Die Menschheit hat die Möglichkeit dazu, ob sie es *kann*, ist etwas ganz anderes. Ich weiß nicht, inwieweit die HIERARCHIE eine

Vernichtung zulassen würde oder ob sie eingreift, genauso wie sie vielleicht beim Gebrauch der Atomwaffen eingreifen würde. Es ist alles eine Entwicklungssache, damit wir *verstehen*, daß die Macht, die wir haben, sich ändern soll in universelle LIEBE.

Frage: Vieles ist schon vernichtet. Warum greift die HIERARCHIE nicht ein?

Antwort: Die energetische SUBSTANZ, d. h. die energetischen FELDER der ausgestorbenen Pflanzen bleiben erhalten. Jede Pflanze entwickelt sich gemäß ihrer energetischen VORLAGE, und dies gilt nicht nur für die Pflanzenwelt. Wenn sich also die Bedingungen bessern, werden auch die ausgestorbenen Pflanzen *zurückkommen*. Eine materielle Pflanze ist verschwunden, aber ihr energetisches ABBILD, die VORLAGE sozusagen, bleibt erhalten.

Es liegt in der Verantwortung des Menschen, alles zu tun, damit das GANZE erst gar nicht in Gefahr kommt. Zur Zeit überschreiten wir diese Grenze. Werden sich die Umstände bessern, werden die Pflanzen wieder da sein, aber dann vielleicht in einer *feineren* Stofflichkeit, einer anderen SCHWINGUNG.

Wenn es irgendwo auf der Welt zu einer Ausrottung kommt, ohne daß wir einsehen, was wir machen, liegt das in unserem *alleinigen* Verantwortungsbereich. Wir werden dafür zu zahlen haben, denn: Niemand kommt von dannen, bis daß der letzte Heller bezahlt ist!

Wir Menschen sind nicht die Herren und Meister der Erde. Wir sind nur ein Teil davon! Zu lange ist in den großen Religionen der Mensch als Mittelpunkt des Universums dargestellt worden. Wir Menschen sind *keine* Götter! Wir könnten es *werden*, wenn wir uns im KOSMISCHEN SINNE bewähren!

Frage: Gibt es Probleme, wenn man mit den LICHTGEBETEN eine gewisse Zeit aussetzt?

Antwort: Alles liegt bei jedem einzelnen in seiner eigenen freien Wahl, wie er es handhaben möchte. Zu sagen: „Es wirkt dann nicht", was hätte das für einen Zweck? Wenn der Bedarf da ist, werden Sie die LICHTGEBETE durchführen. Es ist eine *reine Gefühlssache*! Ich habe Ihnen schon viel darüber erzählt und versuche auch immer, die Hintergründe aufzuzeigen, vielleicht nicht immer so deutlich, wie ich es gerne möchte, denn es ist sehr schwierig mit Worten zu beschreiben.

Meine persönliche Meinung dazu ist:

- Nur wenn Sie die LICHTGEBETE *täglich* durchführen, wird sich Ihr persönlicher Rhythmus einstellen können. Es geht nicht darum, die LICHTGEBETE zu lernen, sondern sie auszustrahlen!

Man sollte die GEBETE lernen, damit man sie ausstrahlen *kann* - und zwar *unbewußt*! Zur Zeit machen Sie diese GEBETE noch bewußt. Es ist eine Frage der Zeit, aber es wird der Moment kommen, wo Sie die GEBETE 24 Stunden am Tag *unbewußt* durchführen. Sie sind dann permanent mit der Fünften Dimension verbunden und sind sich darüber *nicht* bewußt.

Damit kein Mißverständnis auftritt: Dies alles kann nur dann eintreten, wenn Sie *selbst* zu LICHT *geworden sind.* Es ist individuell verschieden und kann sogar viele Leben dauern. Sie haben jeden Tag die *freie Entscheidung*: ich möchte oder ich möchte nicht. Kein anderer Mensch sollte das kritisieren. Jeder muß *selber wissen,* was er spürt. Doch es kommt einmal der Zeitpunkt, wenn Sie auf der anderen Seite des Lebens stehen, daß Sie vielleicht sagen werden: „Ich hatte die Chance, warum habe ich sie nicht genutzt?" - Deswegen kann jeder Mensch es auch nur für sich selber entscheiden, was er tun will.

Die Motivation, diese GEBETE durchzuführen, hat natürlich auch mit einer unbewußten Erinnerung zu tun. Es ist wie ein Erfühlen der WAHRHEIT. - Auch das läßt sich nicht erklären.

Als ich an die LICHTGEBETE herangeführt wurde, konnte ich nicht erklären was ich spürte, dafür gab und gibt es einfach keine Worte. Aber es war für mich *außerordentlich deutlich*, und darum gebe ich die LICHTGEBETE weiter. Die GEBETE heute, aber morgen nicht zu machen, ist Ihre eigene Entscheidung.

Der Moment wird kommen, daß wir Menschen permanent ausstrahlen. Und wenn wir nur ausstrahlen, sind wir *automatisch* mit der Fünften Dimension verbunden. Wir strahlen dann *unbewußt* aus, was wir *bewußt* in unseren Körper hineingebracht haben. Mit anderen Worten: Wir sind zu LICHT geworden. Das Ausstrahlen ist dann lebensnotwendig geworden, vergleichbar mit der Atmung. Darum geht es!

Jeder Übende sollte eine gewisse Disziplin zeigen, wenn er die LICHTGEBETE durchführt. Dieses muß aus dem Inneren eines jeden Übenden heraus entstehen und nicht, weil wir eine Gruppe sind und uns selber Regeln auferlegen. Das eine ist Disziplin *aus dem Inneren heraus,* und das andere ist Disziplin von außerhalb.

Außerdem ist die Frage zu klären, für wie lebensnotwendig der einzelne diese GEBETE hält. Wenn Sie die LICHTGEBETE z. B. zwei Jahre intensiv durchgeführt haben, brauchen Sie nicht mehr zu sagen: „*Jetzt* mache ich die LICHTGEBETE“, sondern es passiert einfach, weil alles Wechselwirkung geworden ist. So muß es werden!

Der menschliche Kanal ist dann *permanent* für das LICHT geöffnet. Das ist es, was es zu trainieren gilt. Unsere Aufgabe ist es, die Möglichkeiten dazu zu schaffen. Sie sind dann Teil des GESAMTEN *geworden,* und von der geistigen FÜHRUNG aus wird durch Ihre Erlaubnis und durch die Zusammenarbeit das LICHT gebracht. Das ist *unbewußte* Ausstrahlung!

- Was wir hier zur Zeit tun, ist ein *bewußtes* Training, um die LICHTGEBETE in der Zukunft *unbewußt* durchführen zu können.

Wenn jemand aus innerer Überzeugung sagt: „Ich mache die GEBETE 20 Minuten am Tag, morgens 10 Minuten, mittags 5 Minuten und abends 5 Minuten, und auch nur, was ich in dieser Zeit an GEBETE schaffe", so ist dies in Ordnung. Sie werden anfangs feststellen, daß in die ersten zehn Minuten vielleicht nur vier GEBETE passen, aber ein halbes Jahr später sind es schon acht usw. Man sollte auch *nicht zu schnell* vorgehen. Man kann sich also selber eine gewisse Zeit vorgeben. Doch keiner von Ihnen kann mich davon überzeugen, daß er *keine* 20 Minuten am Tage Zeit dafür hat!

Wenn Sie die LICHTGEBETE durchführen, wissen Sie nicht, was mit Ihnen passiert. Sie vertrauen darauf in GOTTES NAMEN, und daß es gut ist. Das ist das Wichtigste überhaupt, und ÄNDERUNG kann *und wird* stattfinden. Sie werden durch die LICHTGEBETE auch Ihre Sensibilität *beträchtlich steigern*. Dadurch lernen Sie *zu spüren*, inwieweit ein Gesprächspartner „WAHR" ist. Die Veränderung, die Sie selber durchlaufen, spüren, Sie vielleicht nicht einmal, aber *andere* Menschen werden es spüren und deswegen wird sich auch Ihr Bekanntenkreis zwangsläufig ändern und anders zusammensetzen.

Frage: Kann man *bewußt* seine Chakren heilen oder heilen lassen?

Antwort: Meine ganz persönliche Meinung dazu ist, daß *kein Mensch eine Chakrenheilung durchführen kann*. Es könnte vielleicht sein, wenn die UNIVERSELLE VERBINDUNG besteht, doch wer kann von sich behaupten, diese zu besitzen? - Wie gesagt, dies ist meine ganz persönliche Meinung.
Man kann *ein* Chakra in Harmonie bringen, aber parallel dazu *ändern* sich auch wieder *die anderen* Chakren. Eine Chakrenheilung muß *wie durch einen Blitz* geschehen, sonst geht es meiner Meinung nach nicht. Im Grunde genommen sind auch die LICHTGEBETE eine Art Chakrenbehandlung. Doch werden diese nur in BEGLEITUNG der HIERARCHIE und in SEINEM NAMEN durchgeführt und außerdem noch von der Seele.

Ich weiß, es gibt ein gewaltiges Angebot auf dem Gebiet der Chakrenbehandlung, und das wird wohl auch so bleiben. Doch wer von den Chakrenheilern arbeitet in SEINEM NAMEN? Ich glaube nicht, daß ein Mensch mit seinem eigenen Willen die Chakren heilen kann. Es hört sich für mich unlogisch an. - Doch das muß jeder für sich selber entscheiden.

Frage: Auch die Katharer[20] sollen mit ähnlichen GEBETE gearbeitet haben. Stimmt das?

Antwort: Nach allem, was bekannt ist, waren tatsächlich schon die Katharer, die in der zweiten Hälfte des 12. Jh. nach Christus hauptsächlich in Südfrankreich und Oberitalien den *Manichäismus*[21] lebten, mit ähnlichen GEBETEN beschäftigt.

---

20 **Katharer** (griech.: die Reinen), eine der größten religiösen Bewegungen des Mittelalters. Die Herkunft des im 12. Jh. belegten Namens ist unklar. Die Katharer selbst nannten sich „veri christiani" oder „boni christiani" (wahre oder gute Christen) oder „boni homines" (gute Menschen). Zeitgenössische Bezeichnungen waren auch Manichäer, Patarener und Albigenser.

Die Katharer breiteten sich im 12. und 13. Jh. vor allem im Rheinland, in England, in Nord- und Südfrankreich und in Oberitalien rasch aus. Motive ihrer Entstehung waren die Kritik an der Verweltlichung des Klerus und an den Mängeln der Seelsorge und Theologie sowie der Ruf nach einer „armen" Kirche und das Streben nach einem apostolischen Leben. Als Heilige Schrift galt den Katharern lediglich das Neue Testament, vor allem das Johannesevangelium und die Apokalypse sowie die Psalmen und einige der Propheten des Alten Testaments.

Grundlegend für die katharische Lehre war der Dualismus von einem guten Gott und einem bösen Satan. Jesus Christus war nach ihrer Vorstellung kein wirklicher Mensch gewesen, sondern ein den Menschen als Führer zur Erkenntnis des Guten aus dem Himmel gesandter Engel. Aus dem Wort Katharer ist „Ketzer" entstanden.

21 **Manichäismus**, von Mani gegr., im 4. Jh., im ganzen Orient und bis nach Spanien verbreitetes religiöses System. Es beruht auf der dualistischen Auffassung von einer Lichtheimat und einer Welt der Finsternis; der letzteren gehört alles Materielle (auch der Leib) an. Die Seelen (Lichtelemente) sind im Leib gefangen oder mit dem Materiellen vermischt. Läuterung und Erlösung wird erzielt durch Askese jeglicher Art und durch Gebet (keine

Als die Heere der Kirche ihre Stadt und ihre Burg *Monségur* belagerten, wurden sie von einem Heerführer der Kirche ultimativ aufgefordert, daß sich entweder 1000 Katharer stellen und verbrennen lassen müßten, oder die Stadt würde vernichtet. Die verlangten 1000 Katharer haben sich gestellt und sind freiwillig in das Feuer hineingegangen. Die Geschichte endet damit, daß aus dem Feuer ein blendend weißer LICHTSTRAHL herausgeschossen sein soll.

Dies ist etwa 700 Jahre her, und die Geschichte der Katharer sagt aus, daß nach dem Ablauf von 700 Jahren ein bestimmter Strauch, der auf ihrem Gebiet wächst, wieder blühen wird. Nun sind diese 700 Jahre fast um. Dies alles spielte sich bei Monségur südlich von Toulouse in den Pyrenäen ab. Dort unten liegt das Gebiet der Katharer. Einige von Ihnen kennen dieses Gebiet aus dieser Zeit, denn die meisten von Ihnen hier waren in einem früheren Leben Katharer.

Wenn man in dieses Gebiet fährt, kommt man durch einen Ort namens *Bethlehem*, wo die Katharer eingeweiht wurden. Es ist eine Grotte, in der ein etwa zwei Meter hohes Pentagramm steht. Dort wurden die Einweihungen durchgeführt. Es ist die Absicht, daß man sich dort in die Grotte hineinstellt und die VIBRATIONEN erspürt. Ich selber habe mir das Katharengebiet angesehen. Ich habe die Grotte mit dem Pentagramm aufgesucht, und es war ein Erlebnis, in diese Grotte hineinzutreten. Die VIBRATIONEN dort sind enorm, aber man muß immer realisieren, daß diese *alt* sind!

Die Katharer hatten das Kreuz im Kreis als Symbol für die vier Elemente und waren in ihrer Denkweise sehr KOSMISCH eingestellt. Die Katharer wurden allesamt von der Römisch Katholischen Kirche unter *Innozenz III.* rücksichtslos ausgerottet.

Sakramente). Propheten, Gesandte in einem Scheinleib wie Christus, und Mani, weisen den Weg. Am Ende der Zeit stellt ein Weltenbrand den durch keine Vermischung mehr gestörten ewigen Dualismus wieder her.

Es gibt einen Ort auf dem Gebiet der Katharer, wo diese lebendig begraben und eingemauert wurden. Dort kann man immer noch die Stelle sehen, wo Katharer in einem Kreis saßen und sich bei den Händen haltend gestorben sind. Sie haben ihre Hände festgehalten und sind in ÜBERGABE gestorben. Es sind gewaltige ENERGIEN an *diesen* Orten vorhanden.

Was die römisch katholische Kirche dort angerichtet hat, ist wirklich unglaublich. Räubern und Mördern wurde ihre kriminelle Vergangenheit *vergeben*, wenn sie der Katholischen Kirche nachweisen konnten, daß sie Katharer getötet hatten!

Es gibt ein berühmtes Gemälde, auf dem Katharer in amethystfarbenen Kleidern dargestellt sind, die sich in das Feuer werfen. Sie konnten das tun, weil sie hundertprozentig wußten, daß der Tod nicht besteht. Nur in diesem Fall macht der Tod, der ÜBERGANG, absolut nichts aus.

Wenn Sie hundertprozentig daran glauben, daß alles nur ein ÜBERGANG von einer Phase in die andere ist und daß jeder Mensch seinen eigenen, individuellen Weg gehen soll, daß auch die Kinder in dieser Beziehung die Wahl hatten, auf die Erde zu kommen oder nicht, wo ist dann das Problem? Die Frage stellt sich: Tragen wir in dieser Beziehung dann überhaupt die Verantwortung für unsere Kinder?

Wir sind Menschen, und es ist im Grunde genommen eine *menschliche* Rationalisierung, wenn wir meinen, diese Verantwortung zu besitzen. Wenn man z. B. das Buch „Ein Kurs über Wunder" liest, dann ist das eine *menschliche* Interpretation der KRAFT GOTTES. Aber GOTTES KRAFT ist viel, viel mehr! Alles, was in diesem Buch steht, kann man mit seinem Verstand *verstehen.* Alles wird erklärt und für den Dreidimensionalen Verstand zurechtgezimmert, doch GOTT ist mehr als eine Erklärung, viel, viel mehr! - Es sind immer nur rein menschliche Überlegungen.

Wir *können nicht* verstehen!

Doch ein Gefühl in unserem Innern *resoniert* in gewissen Situationen. –

Auch das können wir *nicht* erklären.

Die Seele ist eigentlich „gefangen“ in einem materiellen Körper. Genauso sahen es die Katharer, und das einzige Ziel, welches die Katharer hatten, war, wieder zurückzukehren zu GOTT. Die Katharer hatten ein KOSMISCHES EINSEHEN, und ihr ganzen Streben lag auf der seelischen Seite und nicht so sehr auf körperlicher Seite.

Wie bereits schon häufig gesagt, hat die körperliche Seite mit der Erde zu tun, denn unser Körper gehört zur Erde. Unsere Seele dagegen ist, was wir *wirklich* sind. Diese beiden Dimensionen sollen in Harmonie miteinander kommen. So weit waren die Katharer aber noch nicht. Die ENERGIE dafür war auch noch nicht vorhanden. Das ist auch der Grund, warum so viele Sachen, die heutzutage in der Esoterik gemacht werden, aus alten Zeiten stammen. Sie waren *damals* gut, aber sie sind alt!

Es gibt in Holland viele Menschen, die die Katharer bewundern bezüglich ihrer Einstellung und ihres Handelns. Das ist gut. Aber man sollte nicht wieder zum Katharer werden! Leider ist das oft der Trend, daß Leute immer auf *alte* Sachen zurückgreifen, doch damit bekommt man *keine* NEUE WELT. –

Auch die Stille des *Zen*[22] ist fabelhaft, aber es ändert nichts am Zustand der Erde.

Alles hat seine Zeit gehabt.

Die ENERGIE ist größer geworden, und wir müssen lernen, *mit dieser* ENERGIE zu arbeiten.

---

22 **Zen** (: sen), Schule des chin. - jap. Buddhismus („Meditationsschule“), beeinflußte in China bes. die Malerei, in Japan seit dem 13. Jh. die ganze Kultur.

- *Unser Körper besitzt die Schlüssel, um die Erde in eine höhere SCHWINGUNG zu bringen.*

  Das ist unsere menschliche Aufgabe - und der Sinn unseres Lebens.

Frage: Welche GEBETE sind für die Externsteine besonders geeignet?

Antwort: Alle GEBETE, die man zusammen machen kann, wobei ein gewisser Rhythmus entsteht. Wenn dieser Rhythmus in der Gruppe spürbar wird, ist ÜBERGABE vorhanden. Auf diesen Rhythmus kann sich jeder im Kreis einstimmen. – ALLES IST EINS UND EINS IST ALLES!

Ich würde die LICHTGEBETE empfehlen, die wir auch gestern an den Externsteinen durchgeführt haben und dazwischen das „*OM*", welches eine enorme stabilisierende Wirkung hat. Das „*OM*" enthält alle Klänge, die es gibt! Wenn man öfter als Gruppe beisammen ist, benötigt man das nicht mehr, weil die Gruppe dann aufeinander *abgestimmt* ist. Am Anfang muß zuerst die EINHEIT hergestellt werden, damit man *spürt*, ich bin EINS mit der Gruppe. Die GEBETE mit KLANG sind natürlich sehr geeignet dafür, weil man etwas hört.

Frage: Was versteht man unter SANAT KUMARA?

Antwort: Wenn man die Erde in Richtung Sonne verläßt, kommen wir zwar dichter an die Sonne heran, aber *es wird kälter*! In großen Höhen über dem Erdboden herrscht eisige Kälte. Es muß eine gewisse Verbindung bestehen zwischen dem Sonnenlicht und erdgebundenen WESEN, die dafür Sorge tragen, daß Photosynthese stattfinden und damit Leben entstehen kann. Ohne Sonnenlicht und ohne diese WESEN ist das unmöglich. Das physische Sonnenlicht hat Verbindung mit den WESEN der Erde, um eine gewisse physische Energie und Dünger zu bringen, damit die Erde physisch ernährt wird.

Was wir Körper nennen, besteht im Grunde genommen aus Erdmaterie, ist DEVA-ENERGIE, verbunden mit unserer Seele. Wenn wir uns bewußt mit GOTT verbinden und geistige ENERGIE zur Erde und in unseren Körper einfließen lassen, findet Zusammenarbeit und Wechselwirkung statt, und in unserem Körper wird etwas passieren. Das geistige LICHT, das wir anziehen und in die Erde strömen lassen, ist wichtig für die Entwicklung des geistigen Teils der SANAT KUMARA, des planetaren LOGOS.

Die Zusammenarbeit mit unserem Körper von der seelischen Seite aus trägt dafür Sorge, daß die geistige Entwicklung von SANAT KUMARA, von dem Planetaren LOGOS, stattfinden kann. Das ist unsere GEBURTSINTENTION, *deswegen* sind wir auf der Erde. Unsere Aufgabe ist es, mit der geistigen ENERGIE den verborgenen Schlüssel in unserem Körper zu aktivieren, damit die geistige Entwicklung unseres Planeten stattfinden kann, wovon unser Körper *ein Teil* ist.

Aber denken Sie daran: Dies alles ist *meine persönliche* Empfindung und Interpretation!

Frage: Was ist WAHRHEIT?

Antwort: WAHRHEIT IST AUSSTRAHLUNG! Wir *sind* die WAHRHEIT, oder wir sind sie nicht.

16. Schlußmeditation

Zum Schluß dieses Seminars möchte ich mit Ihnen eine geführte Meditation durchführen. Auch dies liegt in Ihrer Wahl, daran teilzunehmen oder nicht. Diese Meditation verschafft Ihnen die Möglichkeit, sich mit Ihrem Verstand *einzuspüren*. Sie ist eine Übung der Dritten Dimension. Wir gehen durch uns selber hindurch und betreten eine *andere* Dimension. Es ist wichtig, diese Dimension mit URBRUNNEN zu benennen, denn man kann sonst auch in astrale Bereiche, also erdnahe Bereiche, gelangen.

Man kann das GEBET so abändern und ausdehnen, daß man mit den BEGLEITERN aus den astralen Bereichen in Berührung kommt. Doch das ist nicht die Absicht. Die Absicht ist zu spüren, daß die GÖTTLICHE ENERGIE vom URBRUNNEN tatsächlich da ist, um uns zu begleiten. Wenn Sie in dieser Hinsicht einen Mangel an Vertrauen besitzen, können Sie sich in diesem Bereich in ÜBERGABE hinstellen und die ENERGIE auf sich wirken lassen. Konnten Sie die Energie spüren? Es ist dabei wichtig zu wissen, daß, wenn Sie mal wieder an einem Punkt angelangt sind, wo Sie glauben, Sie könnten nicht mehr weiter, Sie dann der göttlichen ENERGIE die Chance geben, zu tun, was getan werden muß.

- *Ängste abbauen geschieht nur durch TRANSFORMATION der Ängste!*

Zunächst einmal ist aber das Vertrauen wichtig und das Wissen, daß BEGLEITUNG vorhanden ist. Es sollte Ihnen klar geworden sein, daß wir Menschen uns meistens selber festnageln, z. B. durch Gedanken wie: „Ich kann nicht!" Schon glauben wir nicht mehr an unsere Möglichkeiten.

In dieser geführten Meditation treten Sie durch sich hindurch und vertrauen sich ganz dem URBRUNNEN an. Wenn wir es selbst nicht machen können, kann es in SEINEM NAMEN gemacht werden. Das ist die Symbolik dafür. Wir haben alle von Zeit zu Zeit unsere Bedenken in Form von: „Ich kann nicht." Doch das ist ein Irrtum! - Wir Menschen können *alles*, jedoch nur, wenn wir uns in ÜBERGABE und Vertrauen begeben. Man kann es auch als eine Art von Empfangsbereitschaft bezeichnen: „Möge alles so kommen, wie es kommt. DEIN Wille geschehe und nicht meiner." In allem liegt ein höherer Sinn, den wir mit unserem dreidimensionalen Denken nicht erkennen können. Doch wir Menschen tun immer so, als ob wir alles, aber auch alles, aus uns selber machen könnten.

- Ein absoluter Beweis für *fehlendes* Vertrauen sind die menschlichen Ängste!

Nach dieser geführten Meditation haben mir Menschen erzählt, daß sich das Kreuz Ihrer Vorstellung völlig veränderte. Nicht nur in der Körperfarbe, sondern auch in seiner gesamten Form. Eine Erklärung dafür ist, so glaube ich, nicht unbedingt nötig. Manchmal gibt es Bedenken, und die Menschen zögern, durch das Kreuz hindurchzugehen. Manchmal bekommen diese Menschen von irgendwoher einen Stoß und gehen dann doch hindurch. Diesen Stoß verursache nicht ich! Ich greife grundsätzlich nicht in den individuellen Ablauf der Geschehnisse ein. Alles hat seinen Sinn, und auch dieser Stoß - woher er auch kommen mag - muß wohl manchmal sein. Auch in dem dunklen Raum soll man die ENERGIE des URBRUNNENS und die BEGLEITUNG spüren, daß Sie dort keinerlei Angst zu haben brauchen, auch nicht auf Ihrem gesamten Lebensweg.

GOTT verlangt nicht durch CHRISTUS unsere Kraft. ER ist viel stärker als wir und hat dies überhaupt nicht nötig. Er verlangt *niemals* etwas, sondern wartet geduldig auf unsere *freiwillige* ÜBERGABE in Vertrauen. Viele Menschen haben Angst vor der Dunkelheit. Doch als Sie in diesem dunklen Raum standen und die BEGLEITUNG spürten, war Ihre Angst vor der Dunkelheit wie weggeblasen. Es kann uns Menschen nichts passieren! Die Dunkelheit des Raumes soll unsere menschliche Hilflosigkeit symbolisieren. Es ist eine Art Test für das eigene Vertrauen. Manche Phobien und Psychosen brauchten nicht zu sein, wenn das echte Vertrauen vorhanden wäre.[23] -

- Angst ist ein Maß für *mangelndes Vertrauen* in die GÖTTLICHE KRAFT!

Wie kann man dies nun stabilisieren? Nur dadurch, daß die Menschen innerhalb ihrer freien Wahl das LICHT vom BRUNNEN in sich hineinziehen. Natürlich geht das nicht so einfach, man muß sich schon damit beschäftigen und etwas Zeit dafür investieren. Es könnten alle Phobien dieser Welt damit gelöst werden.

Wir sind alle durch unsere *selbst auferlegten* Beschränkungen eingeengt, und wenn wir in das LICHT treten und diese alle beseitigen, sind wir „nackt" in ÜBERGABE, und *erst dann* werden wir BEGLEITET. Wenn wir denken: „Bitte begleite uns. Wir sind ohne Hilfe", machen wir den ersten Vertrauensschritt für die *gewollte* BEGLEITUNG.

Schließen Sie nun Ihre Augen, und entspannen Sie sich ...

Nehmen Sie einige tiefe Atemzüge und kommen Sie langsam, in Ihrer eigenen Zeit, zu Ihrer Mitte.

Visualisieren Sie ein Tal mit einer grünen Wiese. Sie sitzen auf dieser Wiese und erblicken in der Ferne einige Berge. Auf der Kuppe eines terrassenförmig abfallenden Berges erkennen Sie einen Tempel. Sie sind weiter sehr entspannt und konzentrieren sich auf diesen Tempel. Von diesem Tempel strahlt ein weißes Licht aus, und mit einem Mal wird der Wunsch in Ihnen wach, dort oben hinaufzugehen. Sie möchten dort hinkommen und müssen diese terrassenförmige Bergflanke hinaufgehen.

---

23 Früher zeigten gefangene Christen, daß Ihr Vertrauen zu GOTT jegliche Angst, auch vor dem eigenen Tod, besiegen kann.

Sie erheben sich langsam aus dem Gras und verlassen Ihre grüne Wiese...

Am Fuß des Berges, der ersten Stufe, kommen Sie in einen Garten. Sie erblicken wunderbare rote Rosen, die in diesem Garten blühen. Sie gehen langsam durch den Garten wie durch ein Meer von Rosen. Die Pflanzen verströmen einen intensiven Duft. Sie nähern sich einer dieser Rosen und riechen den wunderbaren Duft ihrer Blüte. – Doch Sie müssen weiter.

Sie steigen den Berg hinauf und kommen in eine andere Grünanlage. Diese ist bepflanzt mit herrlichen orangenfarbigen Blumen. Sie halten auch hier an und lassen das üppige Pflanzenleben auf sich wirken. - Langsam verlassen Sie auch diese Anlage.

Sie steigen weiter die Bergflanke hinauf und betreten eine weitere parkähnliche Anpflanzung. Alles ist mit goldfarbigen Blumen übersät. Sie spüren die starke Ausstrahlung dieser Pflanzen. Sie gehen langsam herum und sind fasziniert von den wunderbaren Farben. - Doch Sie müssen weiter, weil Sie wissen möchten, was in dem Tempel ist.

Sie kommen zu einer weiteren Anpflanzung und finden dort die verschiedensten Grünabstufungen der blühenden Pflanzen. Es ist so, wie sich der menschliche Geist das Paradies vorstellt. Sie wandern in diesem Park herum und bewegen sich wieder in Richtung Ausgang. Sie gehen hinaus, weiter den Berg hinauf.

Sie durchqueren einen weiteren Garten, der mit blauen Blumen übersät ist, und Sie fühlen sich zu Hause, so wie Sie es noch nie gefühlt haben. - Doch Sie müssen weiter und betreten die nächste Stufe.

Hier wachsen violettfarbene Blumen. Wunderschöne Blumen in der Farbe der TRANSFORMATION. Sie schauen zurück in das Tal und erkennen den Weg, den Sie hinaufgegangen sind, bis zu den amethystfarbenen Blumen, die Sie nun umringen. - Sie verlassen langsam auch diesen Garten und stehen plötzlich vor Ihrem Ziel: dem Tempel.

Sie gehen langsam weiter und sehen eine Tür in dem Tempelgebäude, doch die Tür ist verschlossen. Links und rechts von dieser Tür und auch darüber strahlt intensiv weißes Licht hinaus nach draußen, hinaus in die Welt. Sie stehen davor und möchten in den Tempel hineingehen.

Sie öffnen die Tür und treten ein...

Der innere Bereich des Tempels ist erfüllt von weißem Licht. Das Licht hüllt Sie ein, und Sie suchen mit Ihren Augen die Quelle des Lichts. Sie sehen nach oben und erkennen, daß vom Dach aus ein Bündel intensiven Lichtes herunterkommt. Sie gehen darauf zu und stellen sich darunter und lassen das weiße LICHT, das von GOTT kommt, durch Ihren Körper strömen.

Sie verspüren zunächst eine Hitze, die dann in wohltuende Wärme übergeht. Sie fühlen eine LIEBE in sich, die mit Worten nicht zu beschreiben ist. Sie fühlen dies und alles, was dazugehört. Sie stehen und stehen und fühlen sich so zu Hause. Sie wollen diesen Platz nie wieder verlasen und aus dem LICHT heraustreten...

Aber Sie sind gekommen, um etwas zu erledigen!

Sie schauen sich um und entdecken in dem Raum eine Tür. Sie öffnen diese Tür und kommen in einen Vorraum, in dem sich eine weitere Tür befindet. Auf dieser Tür ist ein Kreuz gezeichnet, in der gleichen Art, wie Sie selbst ein Kreuz zu zeichnen pflegen. Sie stehen davor und betrachten dieses Kreuz eingehend. - Es ist I h r Kreuz!

Sie sind neugierig und gehen noch näher heran. Und auch das Kreuz kommt immer mehr auf Sie zu. Es wird größer und größer und noch größer. Sie sehen das Kreuz und erkennen die Farbe, in der es gemalt ist. Es ist genau die Farbe, in der Sie selbst ein Kreuz zu malen pflegen. Sie stehen nun dicht davor und betrachten es.

Gedanken schießen durch Ihren Kopf: Ist es wirklich mein Kreuz? –

Sie schauen noch genauer hin, und das Kreuz wird größer und größer. Nun ist es fast so groß wie Sie selbst. Es kommt weiter auf Sie zu, und Sie gehen ebenfalls auf das Kreuz zu, weil Sie es noch dichter besehen möchten. Und plötzlich - treten Sie durch das Kreuz hindurch und stehen in einem dunklen Raum, jedoch immer BEGLEITET von dem WEISSEN LICHT.

Sie sehen und fühlen um sich herum ENERGIEN. -

Sie sehen Auren und fühlen, daß Sie nicht allein sind.

Und in ÜBERGABE und VERTRAUEN erkennen Sie plötzlich, daß Sie begleitet werden auf Ihrem Weg -, schon immer begleitet wurden! Begleitet auf Ihrem Weg auf dieser Welt, was Sie sind und was Sie werden möchten. Sie spüren deutlich die Auren dieser UNSICHTBAREN WELT um sich, die Sie mit LIEBE anschauen. Voller LIEBE und mit Akzeptanz dessen, was Sie sind.–

Sie fühlen sich absolut zu Hause.

Sie fühlen sich so wohl wie noch nie.

In diesem Moment spüren Sie, daß Sie nie, aber auch niemals Angst zu haben brauchen. Daß Sie begleitet werden im NAMEN GOTTES, im NAMEN SEINES WILLENS. - Sie spüren wieder die LIEBE, die Sie durchströmt und die Sie weiter begleiten wird auf Ihrem Weg, wohin dieser Sie auch führen mag.

Sie hoffen, diesen Ort niemals verlassen zu müssen. – Aber Sie müssen zurück zur Erde. Sie haben es gefühlt und wissen nun: Es ist wirklich alles da, was ich zum Leben brauche!
Sie verspüren den Wunsch, zurück zur Erde zu gehen. Sie gehen zurück zur Tür und zurück in den mit weißem LICHT erfüllten Raum. Sie verlassen den Tempel und verschließen die Tür. Sie sehen wieder das weiße LICHT, das ausstrahlt in die Welt.

Sie gehen zurück in den Garten der amethystfarbenen Blumen. Sie durchqueren den Garten und kommen eine Stufe tiefer in die Anpflanzungen der blauen Blumen. Sie durchschreiten die parkähnlichen Landschaften der blauen Blumen und spüren deutlich die LIEBE, die überall in der Natur ist. Die LIEBE, die auch Ihre LIEBE ist.

Sie gehen weiter nach unten durch den Garten der grünen Blumen, und Sie verspüren die LIEBE in Ihnen immer stärker. Sie durchschreiten auch den Garten der goldenen Blumen. Sie wandern weiter und weiter und folgen dem Weg, den Sie gekommen sind. -

Der orangenfarbene Garten tut sich vor Ihnen auf. Sie spüren das üppige Leben und die Erfahrung, einfach nur da zu sein. Sie gehen weiter und stehen vor dem Garten der roten Rosen. Sie wandern hindurch und weiter den Pfad hinunter.

Sie kommen wieder auf Ihrer Wiese an und suchen den Platz auf, von dem Sie sich erhoben hatten. Sie legen sich wieder nieder in Übergabe und Vertrauen und schauen hinauf auf die Bergkuppe, von der Sie gekommen sind.

Sie sehen den Tempel. - Sie sehen den URBRUNNEN, die QUELLE ALLEN LEBENS und die ENERGIE, die in die Welt abgestrahlt wird.

Sie spüren, daß etwas in Ihnen verankert wurde, nämlich die absolute Gewißheit, daß Sie niemals mehr Angst zu haben brauchen.

Ihr VERTRAUEN in die göttliche LIEBE ist nun vorhanden und damit auch Ihre persönliche BEGLEITUNG.

Ende des Seminars